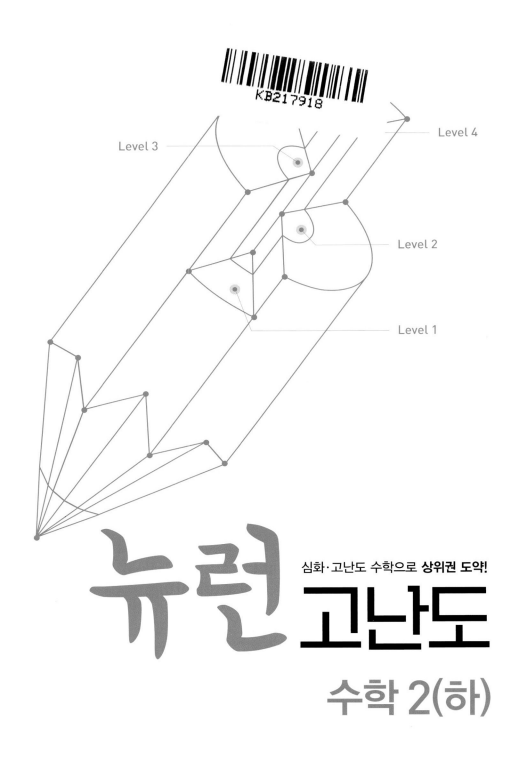

Level 3

Level 4

Level 2

Level 1

심화·고난도 수학으로 **상위권 도약!**

뉴런 고난도

수학 2(하)

고등
예비
과정

개정 교육과정
새 교과서 반영

중3 겨울방학,
고교 입학 전에 꼭 봐야 하는
EBS 필수 아이템!

- 고등학교 새 학년에 배우는 **주요 개념들을 일목요연하게 정리**
- **단기간에 쉽게** 학습할 수 있도록 구성
- 학교 시험에 쉽게 적응할 수 있는 필수 유형
- 내신 대비 서술형·주관식 문항 강화

국어 / 수학 / 영어 / 사회 / 과학 / 한국사

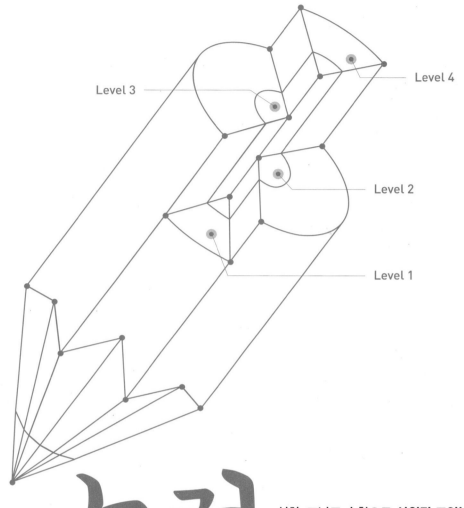

Level 3

Level 4

Level 2

Level 1

심화·고난도 수학으로 **상위권 도약!**

뉴런 고난도

수학 2(하)

Structure 구성 및 특징

고난도 대표유형·핵심개념

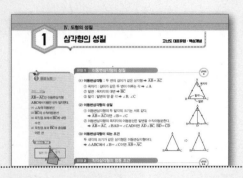

중단원별 출제 빈도가 높은 고난도 대표유형을 제시하고, 유형별 관련된 핵심개념을 구성하였습니다.
1등급 노트의 오답노트, TIP, 추가 설명 등을 통해 개념을 보다 깊이 이해할 수 있습니다.

Level 1 – Level 2 – Level 3 – Level 4

- Level ① 고난도 대표유형 연습
- Level ② 유형별 응용 문항 학습
- Level ③ 고난도 문제 집중 심화 연습
- Level ④ 최고난도 문제를 통해 수학 최상위 실력 완성

목표 수준에 따라 체계적으로 학습할 수 있도록 단계별 문제를 구성하였습니다. 단계별 문항 연습을 통해 실력을 높일 수 있습니다.

대단원 마무리 Level 종합

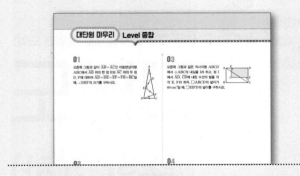

단원에서 학습한 내용을 토대로 종합적인 형태의 문제 해결 능력을 키울 수 있도록 구성하였습니다.

정답과 풀이

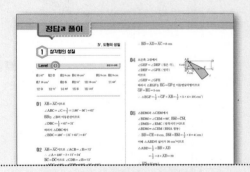

자세하고 친절한 풀이로 문제를 쉽게 설명하였습니다. 실수하기 쉬운 부분 짚어보기, 함정 피하기 등을 추가 구성하였고, Level 4에는 풀이전략을 함께 제시하였습니다.

Contents 이 책의 차례

1 삼각형의 성질

고난도 대표유형·핵심개념

1 등급 노트

TIP

$\overline{AB}=\overline{AC}$인 이등변삼각형 ABC에서 다음은 모두 일치한다.
(1) ∠A의 이등분선
(2) $\overline{BC}$의 수직이등분선
(3) 꼭짓점 A에서 $\overline{BC}$에 내린 수선
(4) 꼭짓점 A와 $\overline{BC}$의 중점을 이은 선

＋플러스 개념

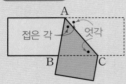

위의 그림과 같이 직사각형 모양의 종이를 $\overline{AC}$를 접는 선으로 하여 접으면 ∠BAC=∠BCA 따라서 △ABC는 $\overline{AB}=\overline{BC}$인 이등변삼각형이다.

풀이전략

직각삼각형의 합동 조건을 만족시키기 위해서는 삼각형의
(ⅰ) 한 내각이 직각(R)이고
(ⅱ) 빗변(H)의 길이가 같아야 하고
(ⅲ) 직각이 아닌 다른 한 각(A)의 크기 또는 빗변이 아닌 다른 한 변(S)의 길이가 같아야 한다.

유형 1 **이등변삼각형의 성질**

난이도 ★

(1) **이등변삼각형** : 두 변의 길이가 같은 삼각형 ➡ $\overline{AB}=\overline{AC}$
  ① 꼭지각 : 길이가 같은 두 변이 이루는 각 ➡ ∠A
  ② 밑변 : 꼭지각의 대변 ➡ $\overline{BC}$
  ③ 밑각 : 밑변의 양 끝 각 ➡ ∠B, ∠C

(2) **이등변삼각형의 성질**
  ① 이등변삼각형의 두 밑각의 크기는 서로 같다.
   ➡ $\overline{AB}=\overline{AC}$이면 ∠B=∠C
  ② 이등변삼각형의 꼭지각의 이등분선은 밑변을 수직이등분한다.
   ➡ $\overline{AB}=\overline{AC}$, ∠BAD=∠CAD이면 $\overline{AD}\perp\overline{BC}$, $\overline{BD}=\overline{CD}$

(3) **이등변삼각형이 되는 조건**
  두 내각의 크기가 같은 삼각형은 이등변삼각형이다.
   ➡ △ABC에서 ∠B=∠C이면 $\overline{AB}=\overline{AC}$

유형 2 **직각삼각형의 합동 조건**

난이도 ★★

두 직각삼각형은 다음의 각 경우에 서로 합동이다.
(1) 빗변의 길이와 한 예각의 크기가 각각 같을 때 (RHA 합동)
  ➡ ∠C=∠F=90°, $\overline{AB}=\overline{DE}$, ∠B=∠E이면
   △ABC≡△DEF

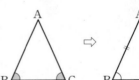

(2) 빗변의 길이와 다른 한 변의 길이가 각각 같을 때
    (RHS 합동)
  ➡ ∠C=∠F=90°, $\overline{AB}=\overline{DE}$, $\overline{AC}=\overline{DF}$이면
   △ABC≡△DEF

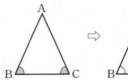

유형 3 **각의 이등분선의 성질**

난이도 ★★

(1) 각의 이등분선 위의 한 점에서 그 각을 이루는 두 변까지의 거리는 같다.
  ➡ ∠AOP=∠BOP이면 $\overline{PA}=\overline{PB}$

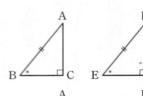

(2) 각을 이루는 두 변에서 같은 거리에 있는 점은 그 각의 이등분선 위에 있다.
  ➡ $\overline{PA}=\overline{PB}$이면 ∠AOP=∠BOP

난이도 ★★★

(1) **외접원과 외심** : △ABC의 세 꼭짓점이 한 원 위에 있을 때, 이 원은 △ABC에 외접한다고 하고, 이 원을 △ABC의 외접원, 외접원의 중심 O를 △ABC의 외심이라 한다.

(2) **삼각형의 외심의 성질**

① 삼각형의 세 변의 수직이등분선은 한 점(외심)에서 만난다.

② 삼각형의 외심에서 세 꼭짓점에 이르는 거리는 모두 같다.

➡ $\overline{OA}=\overline{OB}=\overline{OC}=$ (외접원의 반지름의 길이)

(3) **삼각형의 외심의 응용** : 점 O가 △ABC의 외심일 때

① 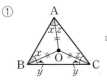 ⇨

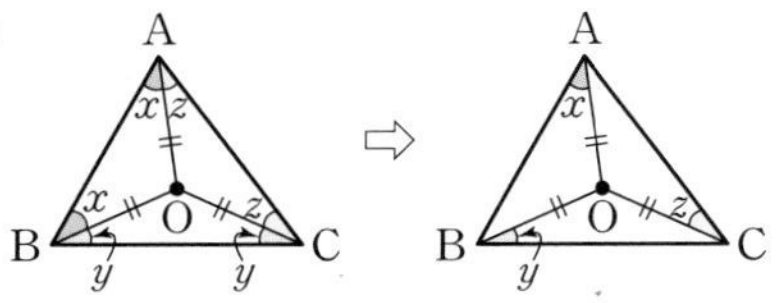

$$\angle x + \angle y + \angle z = 90°$$

② 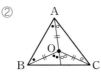 ⇨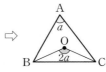

$$\angle BOC = 2\angle A$$

난이도 ★★★

(1) **내접원과 내심** : △ABC의 세 변이 한 원에 접할 때, 이 원은 △ABC에 내접한다고 하고, 이 원을 △ABC의 내접원, 내접원의 중심 I를 △ABC의 내심이라 한다.

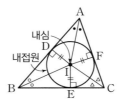

(2) **삼각형의 내심의 성질**

① 삼각형의 세 내각의 이등분선은 한 점(내심)에서 만난다.

② 삼각형의 내심에서 세 변에 이르는 거리는 모두 같다.

➡ $\overline{ID}=\overline{IE}=\overline{IF}=$ (내접원의 반지름의 길이)

(3) **삼각형의 내심의 응용** : 점 I가 △ABC의 내심일 때

① 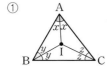 ⇨

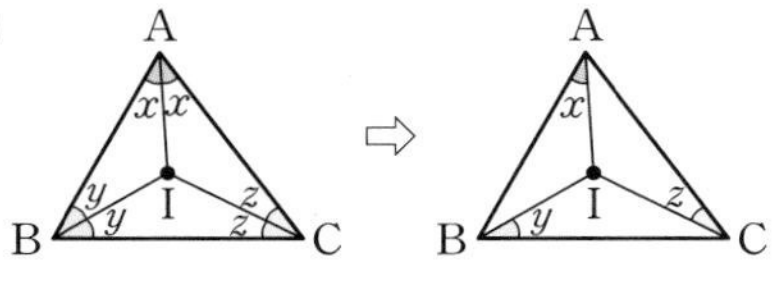

$$\angle x + \angle y + \angle z = 90°$$

② 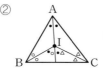 ⇨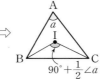

$$\angle BIC = 90° + \frac{1}{2}\angle A$$

③ △ABC의 내접원의 반지름의 길이를 r라 하고 내접원이 세 변과 만나는 점을 각각 D, E, F라 하면

㉠ △ABC=△ABI+△BCI+△CAI

$$= \frac{1}{2}r(\overline{AB}+\overline{BC}+\overline{CA})$$

㉡ $\overline{AD}=\overline{AF}$, $\overline{BD}=\overline{BE}$, $\overline{CE}=\overline{CF}$

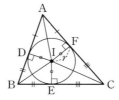

① **등급 노트**

TIP

삼각형의 외심의 위치

(1) 예각삼각형 : 삼각형의 내부

(2) 직각삼각형 : 빗변의 중점

(3) 둔각삼각형 : 삼각형의 외부

풀이전략

△ABC의 외심 O가 주어지면 외심 O와 세 꼭짓점 A, B, C를 잇는 보조선을 각각 긋고 다음을 이용한다.

(1) $\overline{OA}=\overline{OB}=\overline{OC}$

(2) △OAB, △OBC, △OCA는 모두 이등변삼각형이다.

용어 해설

접선과 접점

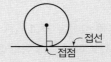

원과 직선이 한 점에서 만날 때, 이 직선은 원에 접한다고 한다. 이때 이 직선을 원의 접선이라 하고, 접선이 원과 만나는 점을 접점이라 한다.

➡ 원의 접선은 그 접점을 지나는 반지름과 수직이다.

플러스 개념

(1) 정삼각형의 외심과 내심은 일치한다.

(2) 이등변삼각형의 외심과 내심은 모두 꼭지각의 이등분선 위에 있다.

01

오른쪽 그림과 같이 $\overline{AB}=\overline{AC}$인 이등변삼각형 ABC에서 ∠B의 이등분선과 $\overline{AC}$의 교점을 D라 하자. ∠A=56°일 때, ∠BDC의 크기를 구하시오.

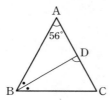

02

오른쪽 그림과 같이 $\overline{AB}=\overline{AC}$인 이등변삼각형 ABC에서 $\overline{AB}$ 위의 점 D에 대하여 $\overline{BC}=\overline{DC}$이다. ∠DBC=73°일 때, ∠ACD의 크기는?

① 38°   ② 39°
③ 40°   ④ 41°
⑤ 42°

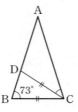

03

오른쪽 그림과 같이 $\overline{AB}=\overline{BC}$인 이등변삼각형 ABC에서 ∠A의 이등분선과 $\overline{BC}$의 교점을 D라 하자. ∠B=36°, $\overline{AC}$=8 cm일 때, $\overline{BD}$의 길이를 구하시오.

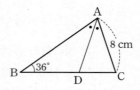

04

$\overline{AB}$=4 cm인 직사각형 ABCD를 $\overline{EF}$를 접는 선으로 하여 오른쪽 그림과 같이 접었다. $\overline{EG}$=5 cm일 때, △EGF의 넓이를 구하시오.

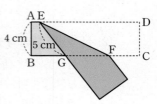

05

오른쪽 그림의 △ABC에서 점 M은 $\overline{BC}$의 중점이고, 두 꼭짓점 B, C에서 $\overline{AM}$과 그 연장선 위에 내린 수선의 발을 각각 D, E라 하자. $\overline{DE}=\overline{EC}=8$ cm이고 △ABD의 넓이가 20 cm²일 때, $\overline{AM}$의 길이를 구하시오.

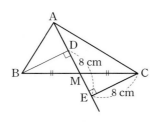

06

오른쪽 그림과 같이 ∠B=90°인 직각이등변삼각형 ABC의 두 꼭짓점 A, C에서 점 B를 지나고 선분 AC와 만나는 직선에 내린 수선의 발을 각각 D, E라 하자. $\overline{AD}=16$ cm, $\overline{CE}=7$ cm일 때, $\overline{DE}$의 길이를 구하시오. (단, 점 D는 △ABC의 내부에 있다.)

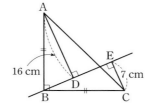

07

오른쪽 그림과 같이 ∠B=90°인 직각삼각형 ABC에서 ∠A의 이등분선과 $\overline{BC}$의 교점을 D라 하자. $\overline{AC}=12$ cm, $\overline{BD}=3$ cm일 때, △ADC의 넓이를 구하시오.

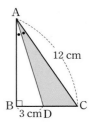

08

오른쪽 그림과 같이 ∠C=90°인 직각삼각형 ABC에서 두 점 D, E는 각각 $\overline{AB}$, $\overline{AC}$ 위의 점이고 $\overline{DE}=\overline{EC}$, $\overline{AB}\perp\overline{DE}$이다. ∠BED=62°일 때, ∠A의 크기는?

① 30°   ② 31°
③ 32°   ④ 33°
⑤ 34°

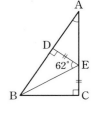

09

오른쪽 그림에서 점 O는
△ABC의 외심이다.
∠OAC=39°, ∠OCB=16°일
때, ∠ABC의 크기를 구하시오.

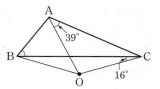

11

오른쪽 그림에서 점 O는 △ABC의
외심이다. ∠OBA=22°,
∠OBC=26°일 때, ∠C의 크기를
구하시오.

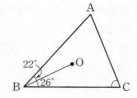

10

오른쪽 그림에서 점 O는 △ABC의
외심이다. 점 O에서 $\overline{AB}$, $\overline{BC}$, $\overline{CA}$에
내린 수선의 발을 각각 D, E, F라 하
자. $\overline{BE}=a$ cm, $\overline{OE}=b$ cm일 때,
$ab=18$이고, △ABC의 넓이는
56 cm²이다. 사각형 ADOF의 넓이를 구하시오.

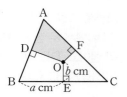

12

오른쪽 그림에서 점 O는 △ABC의 외심이
고, 점 O′은 △OBC의 외심이다. ∠A=34°
일 때, ∠OBO′의 크기는?

① 30°   ② 32°
③ 34°   ④ 36°
⑤ 38°

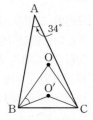

13

오른쪽 그림에서 점 I는 △ABC의 내심이고 ∠A=52°, ∠B=90°이다. $\overline{AB}$, $\overline{BC}$, $\overline{AC}$ 위의 세 점 D, E, F는 각각 △ABC의 내접원의 접점일 때, ∠FDE의 크기를 구하시오.

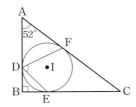

15

오른쪽 그림에서 점 I는 △ABC의 내심이다. $\overline{AB}=7$ cm, $\overline{BC}=8$ cm, $\overline{AC}=5$ cm일 때, △ABC와 △IBC의 넓이의 비는?

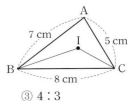

① 2:1 ② 3:2 ③ 4:3
④ 5:2 ⑤ 5:4

14

오른쪽 그림과 같이 ∠C=54°인 △ABC의 내심을 I라 하고, $\overline{BI}$의 연장선과 $\overline{AC}$의 교점을 D라 하자. $\overline{BA}=\overline{BD}$일 때, ∠IAD의 크기를 구하시오.

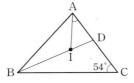

16

오른쪽 그림에서 두 점 O, I는 각각 △ABC의 외심과 내심이다. ∠OBC=50°일 때, ∠BIC의 크기를 구하시오.

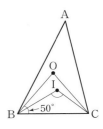

01

오른쪽 그림의 △ABC에서 점 D, E, F는 각각 $\overline{AB}$, $\overline{BC}$, $\overline{CA}$ 위의 점이고 $\overline{BD}=\overline{BE}$, $\overline{AD}=\overline{AF}$이다. ∠EDF=35°일 때, ∠ECF의 크기를 구하시오.

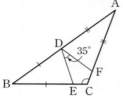

02

오른쪽 그림과 같이 $\overline{AB}=\overline{BC}$인 이등변삼각형 ABC에서 ∠B의 이등분선과 $\overline{AC}$의 교점을 D, 점 D에서 $\overline{BC}$에 내린 수선을 발을 E라 하자. $\overline{BC}=15\,cm$, $\overline{BD}=9\,cm$, $\overline{DE}=\dfrac{36}{5}\,cm$일 때, $\overline{AC}$의 길이를 구하시오.

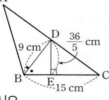

03

오른쪽 그림과 같이 $\overline{AB}=\overline{AC}$인 이등변삼각형 ABC에서 $\overline{BA}$의 연장선 위의 점 D에서 $\overline{BC}$에 내린 수선의 발을 E, $\overline{AC}$와 $\overline{DE}$의 교점을 F라 하자. $\overline{BD}=16\,cm$, $\overline{CF}=4\,cm$일 때, $\overline{AD}$의 길이를 구하시오.

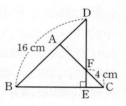

04

오른쪽 그림과 같이 $\overline{AB}=\overline{AC}$인 이등변삼각형 ABC에서 $\overline{AB}/\!/\overline{FG}$, $\overline{AC}/\!/\overline{DE}$이고 $\overline{DE}$와 $\overline{FG}$의 교점을 H라 하자. $\overline{AB}=15\,cm$, $\overline{HE}=3\,cm$일 때, 사각형 ADHF의 둘레의 길이는?

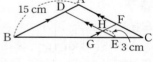

① 20 cm   ② 21 cm   ③ 22 cm
④ 23 cm   ⑤ 24 cm

05

오른쪽 그림과 같은 정사각형 ABCD에서 점 E는 ∠ADE=35°를 만족시키는 $\overline{AB}$ 위의 점이고, 점 F는 $\overline{BC}$의 연장선 위의 점이다. $\overline{DE}=\overline{DF}$ 일 때, ∠EFB의 크기를 구하시오.

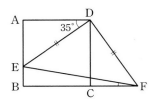

06

오른쪽 그림과 같이 ∠C=∠D=90°이고 넓이가 28 cm²인 사다리꼴 ABCD가 있다. $\overline{CD}$의 중점 M에서 $\overline{AB}$에 내린 수선의 발을 H라 할 때, $\overline{DM}=\overline{MH}$이다. $\overline{DC}$=7 cm일 때, $\overline{AB}$의 길이를 구하시오.

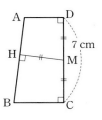

07

오른쪽 그림과 같이 ∠B=90°인 직각 삼각형 ABC에서 $\overline{AB}$ 위의 점 D에서 $\overline{AC}$에 내린 수선의 발을 E라 하자. $\overline{DB}=\overline{DE}$이고 $\overline{AB}$=8 cm, $\overline{BC}$=6 cm, $\overline{AC}$=10 cm일 때, △ADE의 넓이를 구하시오.

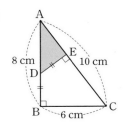

08

오른쪽 그림과 같이 $\overline{AB}=\overline{BC}$이고 ∠B=90°인 직각이등변삼각형 ABC에서 ∠A의 이등분선이 $\overline{BC}$와 만나는 점을 D라 하자. $\overline{AB}$, $\overline{BC}$의 길이를 a, $\overline{AC}$의 길이를 b라 할 때, $\overline{BD}$의 길이를 a, b를 이용하여 나타내면?

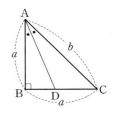

① $2a-b$ ② $b-a$ ③ $a+b$
④ $2a+b$ ⑤ $2b-a$

09

오른쪽 그림에서 점 O는 △ABC의 외심이고 ∠OCA=∠a, ∠OCB=∠b라 할 때, ∠A−∠B의 크기를 ∠a, ∠b를 이용하여 나타내면?

(단, ∠A>∠B)

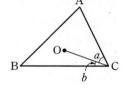

① ∠a−∠b ② 2∠b−∠a ③ ∠a+∠b
④ 2∠a+∠b ⑤ 2∠a−∠b

11

오른쪽 그림과 같이 ∠C=90°인 직각삼각형 ABC에서 $\overline{AB}$, $\overline{AC}$의 중점을 각각 M, N이라 하고, 꼭짓점 C에서 $\overline{AB}$에 내린 수선의 발을 H라 하자. ∠CHN=55°일 때, ∠MCH의 크기를 구하시오.

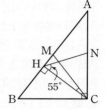

10

오른쪽 그림에서 △ABC는 ∠A=52°이고 $\overline{AB}=\overline{AC}$인 이등변삼각형이다. ∠A의 이등분선과 $\overline{BC}$의 교점을 D라 하고, 점 B에서 $\overline{AC}$에 내린 수선의 발을 E라 할 때, ∠ADE의 크기를 구하시오.

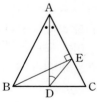

12

오른쪽 그림에서 $\overline{BC}$ 위의 점 D와 $\overline{AC}$ 위의 점 E에 대하여 $\overline{AD}$와 $\overline{BE}$의 교점 I는 △ABC의 내심이고 ∠AEB=84°, ∠ADB=102°일 때, ∠C의 크기를 구하시오.

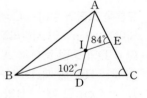

13

오른쪽 그림과 같이 △ABC
에서 $\overline{BC}$의 연장선 위에
$\overline{AC}=\overline{CD}$가 되도록 점 D를
잡아 △ACD를 만들었다.
점 I, I′은 각각 △ABC,
△ACD의 내심이고, 점 O는 $\overline{BI}$와 $\overline{DI'}$의 연장선의 교점이다.
∠BAC=64°, ∠IOI′=139°일 때, ∠ABC의 크기를 구하시
오.

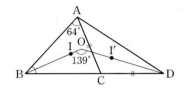

15

오른쪽 그림에서 두 점 O, I는 각각
△ABC의 외심과 내심이다.
∠A=42°일 때, ∠OBI+∠OCI의 크기
를 구하시오.

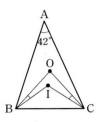

14

오른쪽 그림과 같이 ∠C=90°인 직각삼각형
ABC에서 △ABC의 넓이는 60 cm²이고,
원 I는 △ABC의 내접원이다. 내접원의 반
지름의 길이가 3 cm일 때, $\overline{AB}$의 길이는?

① 15 cm   ② 16 cm
③ 17 cm   ④ 18 cm
⑤ 19 cm

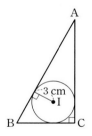

16

오른쪽 그림과 같이 ∠A=90°인 직
각삼각형 ABC의 내접원과 외접원
의 넓이는 각각 4π cm², 25π cm²이
고, 점 I는 △ABC의 내심이다. 점 I
를 지나면서 $\overline{BC}$와 평행한 직선이 $\overline{AB}$, $\overline{AC}$와 만나는 점을 각
각 D, E라 할 때, △ADE의 둘레의 길이를 구하시오.

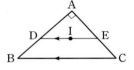

01

오른쪽 그림에서 △ABC는 $\overline{AB}=\overline{AC}$인 이등변삼각형이고, 세 점 D, E, F는 각각 $\overline{BC}$, $\overline{AC}$, $\overline{AB}$ 위의 점이다. $\overline{FB}=\overline{DC}$, $\overline{BD}=\overline{CE}$이고 ∠DEF=57°일 때, ∠A의 크기는?

① 46° ② 47° ③ 48°
④ 49° ⑤ 50°

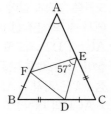

02

오른쪽 그림과 같이 $\overline{AB}=\overline{BC}$인 이등변삼각형 ABC에서 두 점 D, E는 각각 $\overline{AB}$, $\overline{BC}$ 위의 점이고 $\overline{AC}=\overline{CD}=\overline{DE}$이다. ∠BDE=10°일 때, ∠B의 크기를 구하시오.

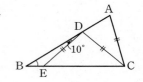

03

오른쪽 그림과 같이 직사각형 ABCD를 각각 $\overline{EF}$와 $\overline{GH}$를 접는 선으로 하여 접었다. 이때 꼭짓점 B와 C가 한 점에서 만나고, 그 점을 I라 하자. $\overline{EH}$와 $\overline{FI}$, $\overline{GI}$의 교점을 각각 J, K라 할 때, 다음 물음에 답하시오.

(1) $\overline{EH}=10$ cm, $\overline{FG}=6$ cm일 때, 사각형 JFGK의 둘레의 길이를 구하시오.

(2) ∠FEJ+∠GHK=113°일 때, ∠JIK의 크기를 구하시오.

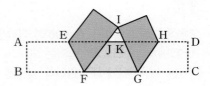

04

오른쪽 그림과 같은 △ABC에서 $\overline{AC}$의 중점을 D, ∠B의 이등분선과 $\overline{AC}$의 수직이등분선의 교점을 E, 점 E에서 $\overline{BA}$의 연장선과 $\overline{BC}$에 내린 수선의 발을 각각 F, G라 하자. $\overline{AB}$와 $\overline{BC}$의 길이의 합이 24 cm일 때, $\overline{BG}$의 길이를 구하시오. (단, $\overline{AB}<\overline{BC}$)

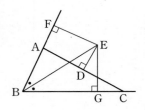

05

오른쪽 그림과 같이 ∠A=114°인 △ABC의 외심을 O라 하고, $\overline{AO}$와 $\overline{BC}$의 교점을 D라 하자. $\overline{BA}=\overline{BD}$일 때, ∠ACB의 크기는?

① 20°　　　　② 21°　　　　③ 22°

④ 23°　　　　⑤ 24°

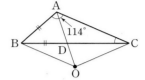

06

오른쪽 그림과 같이 ∠C=90°인 직각삼각형 ABC가 있다. $\overline{AC}$ 위의 점 D에 대하여 $\overline{BD}$의 연장선과 점 A를 지나고 $\overline{BC}$와 평행한 직선의 교점을 E라 하자. $\overline{DE}=2\overline{AB}$이고 ∠BAC=21°일 때, ∠E의 크기를 구하시오.

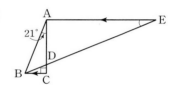

07

오른쪽 그림에서 두 점 O, I는 각각 △ABC의 외심과 내심이다. ∠B=73°, ∠C=35°일 때, ∠IAO의 크기는?

① 15°　　　　② 16°　　　　③ 17°

④ 18°　　　　⑤ 19°

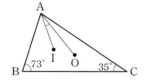

08

오른쪽 그림에서 △ABC는 $\overline{AB}=\overline{AC}$인 이등변삼각형이고 점 I는 △ABC의 내심이다. $\overline{BI}$의 연장선과 $\overline{BC}$의 연장선 위에 각각 $\overline{BD}=\overline{BE}$가 되도록 두 점 D, E를 정하면 $\overline{AC}/\!/\overline{DE}$가 된다. $\overline{BD}$와 $\overline{AC}$의 교점을 F, △DCE의 내심을 I′이라 하자. ∠ACI′=78°일 때, ∠IDI′의 크기를 구하시오.

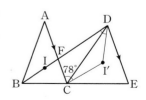

01

오른쪽 그림과 같이 ∠ACB＝21°인 △ABC의 외부에 한 점 D를 잡아 △ABC의 각 꼭짓점과 연결하였다. ∠ADB＝30°, ∠BDC＝48°, ∠ACD＝63°일 때, ∠BAC의 크기는?

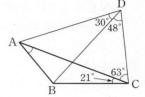

① 30° ② 31° ③ 32°

④ 33° ⑤ 34°

02

오른쪽 그림과 같이 △ABC에서 ∠B의 이등분선이 $\overline{AC}$와 만나는 점을 D, $\overline{AC}$의 중점 M에서 $\overline{BD}$와 평행한 선을 그어 $\overline{BC}$, $\overline{AB}$의 연장선과 만나는 점을 각각 E, F라 하자. $\overline{EC}$＝10 cm일 때, $\overline{AB}$와 $\overline{BC}$의 길이의 합은?

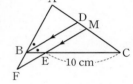

① 17 cm ② 18 cm ③ 19 cm

④ 20 cm ⑤ 21 cm

03

오른쪽 그림에서 점 O는 △ABC의 외심이고, 두 점 D, E는 각각 $\overline{BC}$와 $\overline{AO}$의 중점이다. ∠B＝7∠ODE, ∠C＝5∠ODE일 때, ∠ODE의 크기를 구하시오.

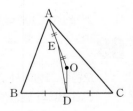

04

오른쪽 그림과 같이 ∠B＝90°인 직각삼각형 ABC에서 ∠A의 삼등분선을 그어 $\overline{BC}$와 만나는 점을 점 B에 가까운 점부터 각각 P, Q라 하자. $\overline{QC}$의 길이는 $\overline{BP}$의 길이의 2배일 때, ∠C의 크기는?

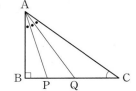

① 36°   ② 37°   ③ 38°

④ 39°   ⑤ 40°

05

오른쪽 그림에서 점 I가 △ABC의 내심일 때, $\overline{BI}$의 연장선과 $\overline{AC}$의 교점을 D, 점 D에서 $\overline{BC}$에 내린 수선의 발을 H, $\overline{IC}$와 $\overline{DH}$의 교점을 E라 하자. 점 E는 △DBC의 내심이고 ∠A＝∠DIE일 때, ∠IDE의 크기를 구하시오.

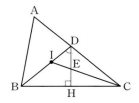

06

오른쪽 그림에서 점 I는 △ABC의 내심이고, 점 I에서 $\overline{BC}$에 내린 수선의 발을 D라 하자. 점 D에서 $\overline{BI}$, $\overline{CI}$에 내린 수선의 발을 각각 E, F라 하고, $\overline{DE}$, $\overline{DF}$의 연장선과 $\overline{AB}$, $\overline{AC}$의 교점을 각각 G, H라 할 때, 다음 물음에 답하시오.

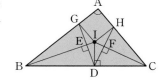

(1) ∠IGD＋∠IHD＝45°일 때, ∠A의 크기를 구하시오.

(2) $\overline{BD} : \overline{DC}＝3 : 2$, $\overline{AB} : \overline{AC}＝4 : 3$이고 △ABC의 둘레의 길이가 36 cm일 때, △ABC의 넓이를 구하시오.

① 등급 노트

기호

사각형 ABCD를 기호로
□ABCD와 같이 나타낸다.

용어 해설

사각형에서 서로 마주 보는 두
변을 대변, 서로 마주 보는 두
각을 대각이라 한다.

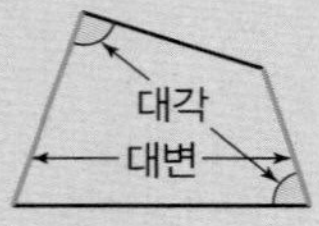

유형 1 **평행사변형의 성질** 난이도 ★

(1) **평행사변형** : 두 쌍의 대변이 각각 평행한 사각형
  ➡ □ABCD에서 $\overline{AB}/\!/\overline{DC}$, $\overline{AD}/\!/\overline{BC}$

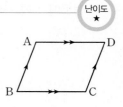

(2) **평행사변형의 성질**

① 두 쌍의 대변의 길이는 각각 같다.	② 두 쌍의 대각의 크기는 각각 같다.	③ 두 대각선은 서로 다른 것을 이등분한다.
➡ $\overline{AB}=\overline{DC}$, $\overline{AD}=\overline{BC}$	➡ $\angle A=\angle C$, $\angle B=\angle D$	➡ $\overline{AO}=\overline{CO}$, $\overline{BO}=\overline{DO}$
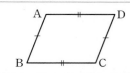	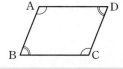	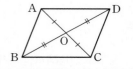
	└ 평행사변형에서 이웃하는 두 내각의 크기의 합은 180°이다. ➡ $\angle A+\angle B=\angle B+\angle C$ $=\angle C+\angle D$ $=\angle D+\angle A=180°$	└ 평행사변형의 두 대각선의 교점은 각 대각선의 중점이다.

유형 2 **평행사변형이 되는 조건** 난이도 ★

다음 중 어느 한 조건을 만족시키는 사각형은 평행사변형이다.
(1) 두 쌍의 대변이 각각 평행하다.
  ➡ $\overline{AB}/\!/\overline{DC}$, $\overline{AD}/\!/\overline{BC}$ ┐ 평행사변형의 뜻

(2) 두 쌍의 대변의 길이가 각각 같다.
  ➡ $\overline{AB}=\overline{DC}$, $\overline{AD}=\overline{BC}$

(3) 두 쌍의 대각의 크기가 각각 같다.
  ➡ $\angle A=\angle C$, $\angle B=\angle D$

(4) 두 대각선이 서로 다른 것을 이등분한다.
  ➡ $\overline{AO}=\overline{CO}$, $\overline{BO}=\overline{DO}$

(5) 한 쌍의 대변이 평행하고, 그 길이가 같다.
  ➡ $\overline{AD}/\!/\overline{BC}$, $\overline{AD}=\overline{BC}$ (또는 $\overline{AB}/\!/\overline{DC}$, $\overline{AB}=\overline{DC}$)

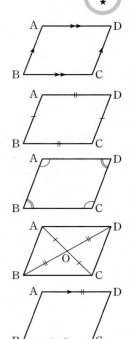

평행사변형이 되는 조건의 응용 유형 3

난이도 ★★

다음 그림의 $\square ABCD$가 평행사변형일 때, $\square EBFD$는 모두 평행사변형이다.

(1)

$\angle ABE=\angle EBF$, $\angle EDF=\angle FDC$

➡ 조건 (3) 활용

(2)

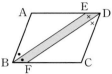

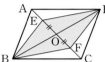

$\overline{OE}=\overline{OF}$ (또는 $\overline{AE}=\overline{CF}$)

➡ 조건 (4) 활용

(3)

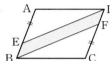

$\overline{AE}=\overline{CF}$ (또는 $\overline{EB}=\overline{FD}$)

➡ 조건 (5) 활용

(4)

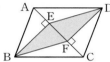

$\angle AEB=\angle CFD=90°$

➡ 조건 (5) 활용

(5)

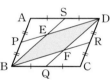

$\overline{AS}=\overline{SD}=\overline{BQ}=\overline{QC}$, $\overline{AP}=\overline{PB}=\overline{DR}=\overline{RC}$

➡ 조건 (1) 활용

평행사변형과 넓이 유형 4

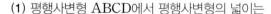

난이도 ★★★

(1) 평행사변형 ABCD에서 평행사변형의 넓이는

① 한 대각선에 의하여 이등분된다.

$\triangle ABC=\triangle BCD=\triangle CDA=\triangle DAB$

$=\frac{1}{2}\square ABCD$

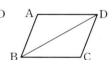

② 두 대각선에 의하여 사등분된다.

$\triangle ABO=\triangle BCO=\triangle CDO=\triangle DAO=\frac{1}{4}\square ABCD$

(단, 점 O는 두 대각선의 교점이다.)

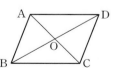

(2) 평행사변형 ABCD의 내부의 한 점 P에 대하여

$\triangle PAB+\triangle PCD=\triangle PBC+\triangle PDA=\frac{1}{2}\square ABCD$

1 등급 노트

공식

평행사변형의 넓이

$\square ABCD$가 평행사변형일 때,

$\square ABCD$

$=$(밑변의 길이)$\times$(높이)

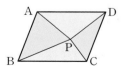

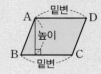

참고

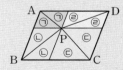

위의 그림과 같이 점 P를 지나고 $\overline{AB}$, $\overline{BC}$에 평행한 직선을 각각 그으면

$\triangle PAB+\triangle PCD$

$=$㉠$+$㉡$+$㉢$+$㉣

$=\triangle PBC+\triangle PDA$

$=\frac{1}{2}\square ABCD$

01

오른쪽 그림과 같은 평행사변형 ABCD에서 점 O는 두 대각선의 교점이다. ∠ACB=50°, ∠BDC=35°일 때, ∠x+∠y의 크기는?

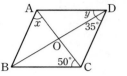

① 80° ② 85° ③ 90°
④ 95° ⑤ 100°

02

오른쪽 그림과 같은 평행사변형 ABCD에서 점 O는 두 대각선의 교점이다. $\overline{AD}$=4x-1, $\overline{AO}$=2x, $\overline{BC}$=3x+3일 때, $\overline{AC}$의 길이를 구하시오.

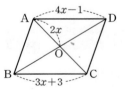

03

오른쪽 그림과 같은 평행사변형 ABCD에서 ∠A의 이등분선과 $\overline{CD}$의 교점을 E라 하고, $\overline{AE}$의 연장선과 $\overline{BC}$의 연장선의 교점을 F라 하자. $\overline{AB}$=10 cm, $\overline{CF}$=3 cm일 때, $\overline{DE}$의 길이를 구하시오.

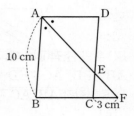

04

오른쪽 그림과 같이 ∠B=74°인 평행사변형 ABCD에서 ∠DAC의 이등분선과 $\overline{CD}$의 교점을 E라 하자. $\overline{AD}$=$\overline{AE}$일 때, ∠ACD의 크기를 구하시오.

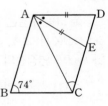

05

오른쪽 그림에서 △ABC는
$\overline{AB}=\overline{AC}$인 이등변삼각형이다.
$\overline{BC}$ 위의 한 점 D에 대하여
$\overline{AB}/\!/\overline{FD}$, $\overline{AC}/\!/\overline{ED}$인 두 점
E, F를 각각 $\overline{AB}$, $\overline{AC}$ 위에 잡았다. $\overline{AB}=7$ cm일 때,
□AEDF의 둘레의 길이는?

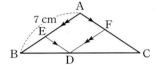

① 10 cm   ② 11 cm   ③ 12 cm

④ 13 cm   ⑤ 14 cm

06

오른쪽 그림과 같은 평행사변형
ABCD에서 ∠A, ∠B의 이등분선
과 $\overline{CD}$의 연장선의 교점을 각각 E,
F라 하고, $\overline{BF}$와 $\overline{AD}$의 교점을 G,
$\overline{AE}$와 $\overline{BC}$의 교점을 H라 하자.
$\overline{AB}=7$ cm, $\overline{AD}=12$ cm일 때,
$\overline{EF}$의 길이를 구하시오.

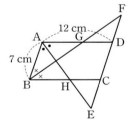

07

□ABCD가 평행사변형이 되는 조건을 <보기>에서 모두 고
르시오. (단, 점 O는 두 대각선 AC와 BD의 교점이다.)

┤ 보기 ├
ㄱ. $\overline{AB}=\overline{DC}$, $\overline{AC}=\overline{BD}$
ㄴ. $\overline{AD}/\!/\overline{BC}$, ∠OAB=∠OCD
ㄷ. $\overline{AO}=\overline{BO}$, $\overline{CO}=\overline{DO}$
ㄹ. $\overline{AB}=\overline{DC}$, ∠ABC+∠BCD=180°
ㅁ. $\overline{AB}=\overline{DC}$, ∠ADB=∠CBD

08

오른쪽 그림과 같은 평행사변형
ABCD에서 두 대각선의 교점을 O
라 하고, $\overline{BO}$, $\overline{DO}$의 중점을 각각 E,
F라 할 때, <보기>에서 옳은 것만
을 있는 대로 고른 것은?

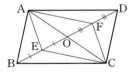

┤ 보기 ├
ㄱ. $\overline{AE}=\overline{AF}$ ㄴ. $\overline{BE}=\overline{DF}$
ㄷ. ∠AEC=∠AFC   ㄹ. △ABE≡△ADF
ㅁ. ∠ECO=∠FCO   ㅂ. △ABO≡△AFE

① ㄱ, ㄴ, ㄷ   ② ㄱ, ㄷ, ㄹ   ③ ㄴ, ㄷ, ㄹ

④ ㄴ, ㄹ, ㅁ   ⑤ ㄷ, ㅁ, ㅂ

09

오른쪽 그림과 같은 평행사변형 ABCD에서 ∠B의 이등분선과 $\overline{AD}$의 교점을 E, ∠D의 이등분선과 $\overline{BC}$의 교점을 F라 하자.
∠BED+∠BFD=290°일 때, ∠C의 크기는?

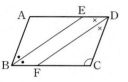

① 95°   ② 100°   ③ 105°

④ 110°   ⑤ 115°

10

오른쪽 그림과 같이 평행사변형 ABCD의 두 꼭짓점 A, C에서 대각선 BD에 내린 수선의 발을 각각 E, F라 하자. ∠CEF=38°일 때, ∠EAF의 크기를 구하시오.

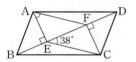

11

오른쪽 그림과 같은 평행사변형 ABCD에서 두 대각선의 교점 O를 지나는 직선이 $\overline{AB}$, $\overline{CD}$와 만나는 점을 각각 E, F라 하자. □ABCD의 넓이가 52 cm²일 때, △AEO와 △DOF의 넓이의 합은?

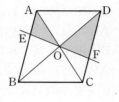

① 11 cm²   ② 12 cm²   ③ 13 cm²

④ 14 cm²   ⑤ 15 cm²

12

오른쪽 그림과 같이 평행사변형 ABCD에서 $\overline{BC}$와 $\overline{DC}$의 연장선 위에 $\overline{BC}=\overline{CE}$, $\overline{DC}=\overline{CF}$가 되도록 두 점 E, F를 각각 잡아 □BFED를 만들었다. △ABC의 넓이가 4 cm²일 때, □BFED의 넓이를 구하시오.

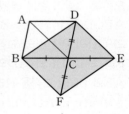

13

오른쪽 그림과 같이 직선 l과 한 점 C에서 만나는 평행사변형 ABCD가 있다. 두 점 B, D에서 직선 l에 내린 수선의 발을 각각 E, F라 하자.
$\overline{BE}=2$ cm, $\overline{EC}=6$ cm, $\overline{CF}=5$ cm, $\overline{DF}=6$ cm일 때, □ABCD의 넓이를 구하시오.

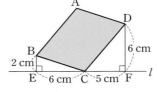

14

오른쪽 그림과 같은 평행사변형 ABCD에서 점 E, F, G는 각각 $\overline{AB}$, $\overline{CD}$, $\overline{AD}$의 중점이고, $\overline{EF}$와 $\overline{BG}$, $\overline{CG}$의 교점을 각각 P, Q라 하자. □ABCD의 넓이가 64 cm²일 때, △GPQ의 넓이를 구하시오.

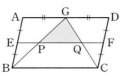

15

오른쪽 그림과 같이 밑변의 길이가 12 cm, 높이가 9 cm인 평행사변형 ABCD의 내부의 한 점 P에 대하여 △PAB의 넓이가 18 cm²일 때, △PCD의 넓이를 구하시오.

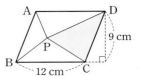

16

오른쪽 그림과 같은 평행사변형 ABCD의 내부의 한 점 P에 대하여 △PAD : △PBC=2 : 3이고, □ABCD의 넓이는 50 cm²일 때, △PBC의 넓이는?

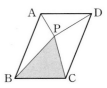

① 15 cm²   ② 16 cm²   ③ 17 cm²
④ 18 cm²   ⑤ 19 cm²

01

오른쪽 그림과 같은 평행사변형 ABCD에서 ∠B와 ∠C의 이등분선과 $\overline{AD}$의 교점을 각각 E, F라 하자. $\overline{BC}=14$ cm, $\overline{EF}=4$ cm일 때, $\overline{AB}$의 길이는?

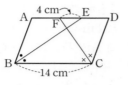

① 7 cm   ② 8 cm   ③ 9 cm

④ 10 cm   ⑤ 11 cm

03

좌표평면 위에 세 점 A(−1, 3), B(−4, −2), C(3, −4)가 주어졌을 때, □ABCD가 평행사변형이 되도록 하는 점 D의 좌표를 구하시오. (단, 점 D는 제1사분면 위에 있다.)

02

오른쪽 그림과 같은 평행사변형 ABCD에서 ∠BAC의 이등분선과 $\overline{BC}$의 교점을 E라 하고, $\overline{AE}$의 연장선과 $\overline{DC}$의 연장선의 교점을 F라 하자. ∠D=65°, ∠ACE=43°일 때, ∠EFC의 크기를 구하시오.

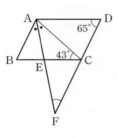

04

오른쪽 그림과 같은 평행사변형 ABCD에서 ∠A, ∠C의 이등분선이 $\overline{DC}$, $\overline{AB}$와 만나는 점을 각각 E, F라 하자. $\overline{AB}=9$ cm이고 ∠AFC=120°일 때, □AFCE의 둘레의 길이를 구하시오.

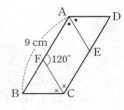

05

오른쪽 그림과 같이 $\overline{AD}$의 길이가 30 cm인 평행사변형 ABCD에서 점 P는 점 A에서 점 D까지 매초 2 cm의 속력으로, 점 Q는 점 C에서 점 B까지 매초 5 cm의 속력으로 움직이고 있다. 점 P가 점 A를 출발한 지 6초 후에 점 Q가 점 C를 출발한다면 □AQCP가 평행사변형이 되는 것은 점 Q가 출발한 지 몇 초 후인지 구하시오.

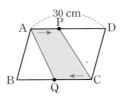

07

오른쪽 그림과 같이 $\overline{AD} /\!/ \overline{BC}$인 사다리꼴 ABCD에서 $\overline{AB}$의 중점을 M이라 하고, 점 M에서 $\overline{CD}$의 연장선에 내린 수선의 발을 E라 하자. $\overline{DC}=9$ cm, $\overline{ME}=12$ cm일 때, □ABCD의 넓이를 구하시오.

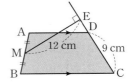

06

오른쪽 그림과 같은 평행사변형 ABCD에서 $\overline{AB}$, $\overline{CD}$의 중점을 각각 M, N이라 하고, 대각선 AC와 $\overline{MD}$, $\overline{BN}$의 교점을 각각 E, F라 하자. □MBFE의 넓이가 14 cm²일 때, □ABCD의 넓이를 구하시오.

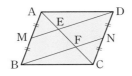

08

오른쪽 그림과 같은 평행사변형 ABCD에서 △ABD의 내부의 한 점 P에서 각 꼭짓점을 연결하면 △PAB, △PBC의 넓이는 각각 6 cm², 10 cm²가 된다. △PBD의 넓이는?

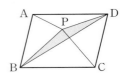

① 3 cm²
② $\frac{7}{2}$ cm²
③ 4 cm²
④ $\frac{9}{2}$ cm²
⑤ 5 cm²

01

오른쪽 그림과 같이 평행사변형 ABCD에서 $\overline{AD}$ 위에 $\overline{DC}=\overline{EC}$가 되도록 점 E를 잡고, $\overline{AC}$ 와 $\overline{BE}$의 교점을 F라 하자. $\overline{AB}=11$ cm, $\overline{AC}=17$ cm일 때, △EFC의 둘레의 길이는?

① 27 cm   ② 28 cm   ③ 29 cm
④ 30 cm   ⑤ 31 cm

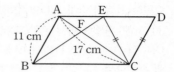

02

오른쪽 그림과 같이 △ABC의 $\overline{BC}$ 위의 한 점 D에서 $\overline{ED}\,/\!/\,\overline{AC}$, $\overline{FD}\,/\!/\,\overline{AB}$인 두 점 E, F를 $\overline{AB}$, $\overline{AC}$ 위에 각각 잡고, 같은 방법으로 $\overline{DC}$ 위의 한 점 G에서 $\overline{HG}\,/\!/\,\overline{FC}$, $\overline{IG}\,/\!/\,\overline{FD}$인 두 점 H, I를 $\overline{FD}$, $\overline{FC}$ 위에 각각 잡았다. $\overline{AB}=8$ cm, $\overline{BC}=12$ cm, $\overline{AC}=10$ cm일 때, △EBD, △HDG, △IGC의 둘레의 길이의 합을 구하시오.

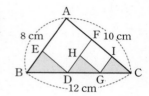

03

오른쪽 그림과 같이 평행사변형 ABCD의 두 대각선의 교점을 O라 하고, $\overline{CD}$의 연장선 위에 $\overline{CD}=\overline{DE}$가 되도록 점 E를 잡았다. ∠AEO＝∠OEC일 때, 다음 물음에 답하시오.

⑴ $\overline{AB}=8$ cm일 때, $\overline{AE}$의 길이를 구하시오.

⑵ ∠BOC＝116°일 때, ∠AEO의 크기를 구하시오.

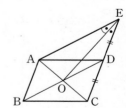

정답과 풀이 ▶ 16쪽

04

좌표평면 위에 세 점 A(1, 3), B(−1, 1), C(3, 0)이 있다. 이 좌표평면 위에 점 D를 잡아 네 점 A, B, C, D를 꼭짓점으로 하는 평행사변형을 만들려고 한다. 이를 만족시키는 점 D의 좌표를 모두 구하시오.

05

오른쪽 그림과 같은 평행사변형 ABCD에서 $\overline{AB}$, $\overline{AD}$의 중점을 각각 E, F라 하자. □ABCD의 넓이가 48 cm²일 때, △FEC의 넓이는?

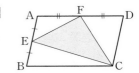

① 16 cm²　　　　② 18 cm²　　　　③ 20 cm²

④ 22 cm²　　　　⑤ 24 cm²

06

오른쪽 그림과 같이 $\overline{AB}$=10 cm, $\overline{AD}$=6 cm인 평행사변형 ABCD에서 ∠A의 이등분선과 $\overline{DC}$의 교점을 E, ∠D의 이등분선과 $\overline{AB}$의 교점을 F라 하고, $\overline{AE}$와 $\overline{DF}$의 교점을 G라 하자. △AGD의 넓이가 9 cm²일 때, □ABCD의 넓이를 구하시오.

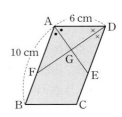

01

오른쪽 그림과 같은 평행사변형 ABCD에서 $\overline{BC}$의 중점을 E라 하고, 점 A에서 $\overline{DE}$에 내린 수선의 발을 F라 하자. ∠AFB=66°일 때, ∠CDE의 크기를 구하시오.

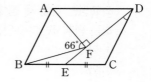

02

오른쪽 그림과 같이 $\overline{AB}=2\overline{AD}$인 평행사변형 ABCD의 점 D에서 $\overline{BC}$의 연장선에 내린 수선의 발을 E라 하고 $\overline{AB}$의 중점을 F라 하자. ∠AFE=105°일 때, ∠B의 크기는?

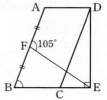

① 60°   ② 65°   ③ 70°
④ 75°   ⑤ 80°

03

오른쪽 그림과 같이 $\overline{AB}=6$ cm, $\overline{AD}=9$ cm, $\overline{AC}=10$ cm인 평행사변형 ABCD에서 $\overline{BC}$ 위의 점 P에 대하여 ∠PAD의 이등분선과 $\overline{BC}$ 또는 그 연장선의 교점을 Q라 하자. 점 P가 점 B에서 점 C까지 움직일 때, 점 Q가 움직인 거리를 구하시오.

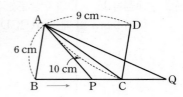

04

오른쪽 그림과 같이 △ABC의 세 변 AB, BC, AC를 각각 한 변으로 하는 정삼각형 DBA, EBC, FAC가 있다. ∠EDA + ∠EFA = 34°일 때, ∠BAC의 크기는?

① 75° ② 76° ③ 77°
④ 78° ⑤ 79°

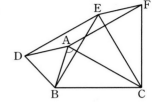

05

오른쪽 그림과 같이 △ABC의 두 변 AB, AC를 각각 한 변으로 하는 정사각형 EDBA, ACGF를 그렸다. $\overline{EF}$의 중점을 P, $\overline{PA}$의 연장선과 $\overline{BC}$의 교점을 Q라 하자.

(1) ∠AQC의 크기를 구하시오.

(2) $\overline{PQ} = 7\,cm$, $\overline{BC} = 6\,cm$일 때, △EAF의 넓이를 구하시오.

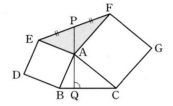

06

오른쪽 그림과 같이 평행사변형 ABCD의 내부의 두 점 P, Q에 대하여 △PAB = 10 cm², △PDA = 19 cm², △QBC = 15 cm², △QCD = 8 cm²일 때, □APCQ의 넓이를 구하시오.

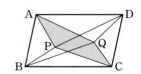

3 여러 가지 사각형

고난도 대표유형 · 핵심개념

등급 노트

유형 1   직사각형

난이도 ★

(1) **직사각형** : 네 내각의 크기가 모두 같은 사각형
➡ ∠A=∠B=∠C=∠D=90° ─ 두 쌍의 대각의 크기가 각각 같으므로 평행사변형이다.

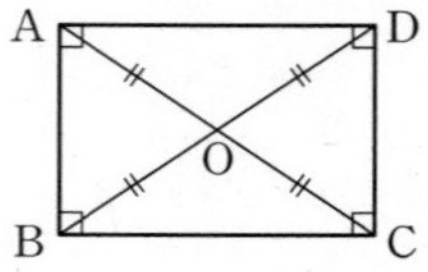

(2) **직사각형의 성질** : 직사각형의 두 대각선은 길이가 같고, 서로 다른 것을 이등분한다.
➡ $\overline{AC}=\overline{BD}$, $\overline{AO}=\overline{BO}=\overline{CO}=\overline{DO}$ (단, 점 O는 두 대각선의 교점이다.)

(3) **평행사변형이 직사각형이 되는 조건**
① 한 내각이 직각이다.　　　　② 두 대각선의 길이가 같다.

참고

마름모에서 두 대각선에 의해 나누어져 생긴 4개의 삼각형 ABO, BCO, CDO, DAO는 모두 합동인 직각삼각형이다.

유형 2   마름모

난이도 ★

(1) **마름모** : 네 변의 길이가 모두 같은 사각형
➡ $\overline{AB}=\overline{BC}=\overline{CD}=\overline{DA}$ ─ 두 쌍의 대변의 길이가 각각 같으므로 평행사변형이다.

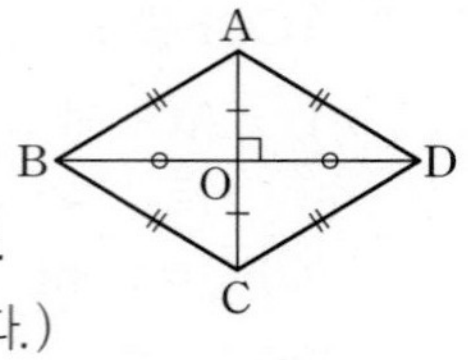

(2) **마름모의 성질** : 마름모의 두 대각선은 서로 다른 것을 수직이등분한다.
➡ $\overline{AC}\perp\overline{BD}$, $\overline{AO}=\overline{CO}$, $\overline{BO}=\overline{DO}$ (단, 점 O는 두 대각선의 교점이다.)

(3) **평행사변형이 마름모가 되는 조건**
① 이웃하는 두 변의 길이가 같다.　　　② 두 대각선이 수직으로 만난다.

참고

정사각형에서 두 대각선에 의해 나누어져 생긴 4개의 삼각형 OAB, OBC, OCD, ODA는 모두 합동인 직각이등변삼각형이다.

유형 3   정사각형

난이도 ★★

(1) **정사각형** : 네 내각의 크기가 모두 같고, 네 변의 길이가 모두 같은 사각형
➡ ∠A=∠B=∠C=∠D=90°, $\overline{AB}=\overline{BC}=\overline{CD}=\overline{DA}$

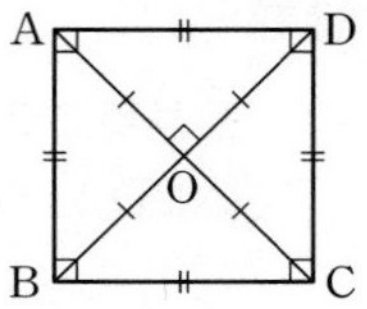

(2) **정사각형의 성질** : 정사각형의 두 대각선은 길이가 같고, 서로 다른 것을 수직이등분한다. ─ 직사각형과 마름모의 성질을 동시에 가지고 있다.
➡ $\overline{AC}=\overline{BD}$, $\overline{AC}\perp\overline{BD}$, $\overline{AO}=\overline{BO}=\overline{CO}=\overline{DO}$ (단, 점 O는 두 대각선의 교점이다.)

(3) **직사각형이 정사각형이 되는 조건**
① 이웃하는 두 변의 길이가 같다.　　　② 두 대각선이 수직으로 만난다.

(4) **마름모가 정사각형이 되는 조건**
① 한 내각이 직각이다.　　　　② 두 대각선의 길이가 같다.

난이도 ★★

(1) **등변사다리꼴** : 밑변의 양 끝 각의 크기가 같은 사다리꼴
  ➡ $\overline{AD} \parallel \overline{BC}$, $\angle B = \angle C$

(2) **등변사다리꼴의 성질** : 평행하지 않은 한 쌍의 대변의 길이가
  같고, 두 대각선의 길이가 같다.
  ➡ $\overline{AB} = \overline{DC}$, $\overline{AC} = \overline{BD}$

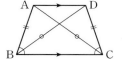

난이도 ★★

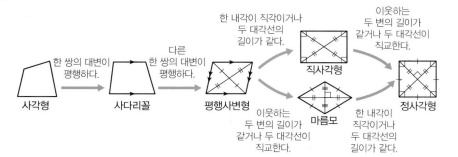

사각형 → (한 쌍의 대변이 평행하다.) → 사다리꼴 → (다른 한 쌍의 대변이 평행하다.) → 평행사변형

평행사변형 → (한 내각이 직각이거나 두 대각선의 길이가 같다.) → 직사각형

평행사변형 → (이웃하는 두 변의 길이가 같거나 두 대각선이 직교한다.) → 마름모

직사각형 → (이웃하는 두 변의 길이가 같거나 두 대각선이 직교한다.) → 정사각형

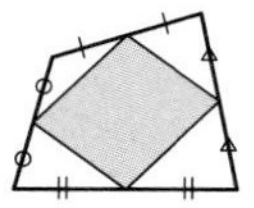

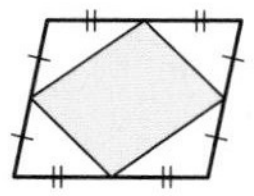

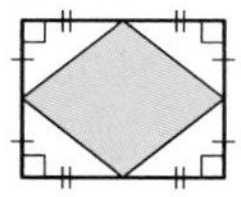

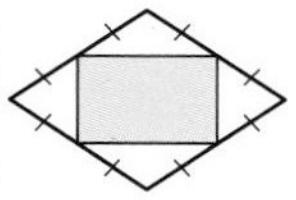

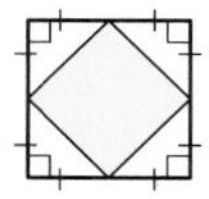

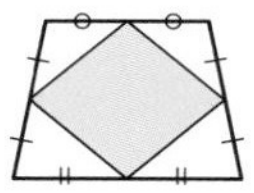

마름모 → (한 내각이 직각이거나 두 대각선의 길이가 같다.) → 정사각형

난이도 ★★★

사각형	평행사변형	직사각형	마름모	정사각형	등변사다리꼴
➡ 평행사변형	➡ 평행사변형	➡ 마름모	➡ 직사각형	➡ 정사각형	➡ 마름모

난이도 ★★★

(1) **평행선과 삼각형의 넓이** : 오른쪽 그림과 같이 두 직선 l과 m
  이 평행할 때, $\triangle ABC$와 $\triangle DBC$의 밑변 BC가 공통이고 높이
  는 h로 같으므로 두 삼각형의 넓이는 같다.
  ➡ $l \parallel m$이면 $\triangle ABC = \triangle DBC = \dfrac{1}{2}ah$

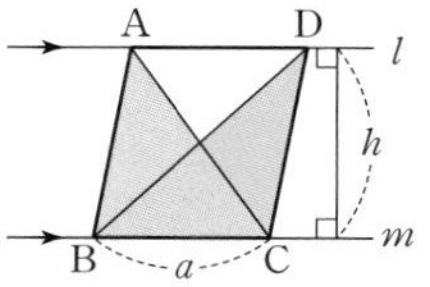

(2) **높이가 같은 삼각형의 넓이의 비** : 높이가 같은 두 삼각형의 넓
  이의 비는 밑변의 길이의 비와 같다.
  ➡ 오른쪽 그림과 같은 $\triangle ABC$와 $\triangle ACD$에서
  $\overline{BC} : \overline{CD} = m : n$이면 $\triangle ABC : \triangle ACD = m : n$
  $\triangle ABC = \dfrac{m}{m+n}\triangle ABD$, $\triangle ACD = \dfrac{n}{m+n}\triangle ABD$

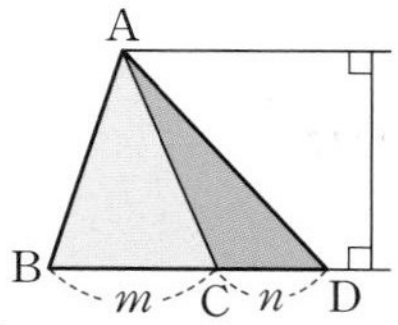

---

① 등급 노트

➕ 플러스 개념

$\overline{AD} \parallel \overline{BC}$인 등변사다리꼴
ABCD에서

(1)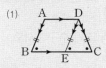
  ➡ □ABED는 평행사변형
  ➡ △DEC는 이등변삼각형

(2)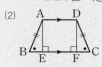
  ➡ △ABE ≡ △DCF
  (RHA 합동)

참고

대각선의 성질
(1) 서로 다른 것을 이등분한다.
  ➡ 평행사변형, 직사각형, 마름모, 정사각형
(2) 길이가 같다. ➡ 직사각형, 정사각형, 등변사다리꼴
(3) 직교한다. ➡ 마름모, 정사각형

➕ 플러스 개념

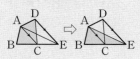

□ABCD
$= \triangle ABC + \triangle ACD$
$= \triangle ABC + \triangle ACE$
$= \triangle ABE$

참고

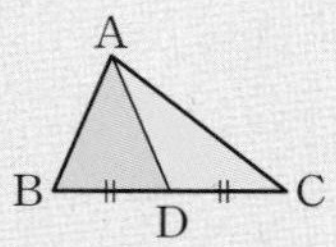

$\overline{BD} = \overline{DC}$일 때,
$\triangle ABD = \triangle ADC$
$= \dfrac{1}{2}\triangle ABC$

01

오른쪽 그림과 같이 직사각형 ABCD 를 $\overline{BE}$를 접는 선으로 하여 꼭짓점 C 가 $\overline{AD}$ 위의 한 점 F에 오도록 접었 다. ∠DEF=46°일 때, ∠FBE의 크기를 구하시오.

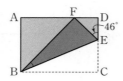

02

오른쪽 그림과 같은 평행사변형 ABCD에서 $\overline{AB}$=10 cm, $\overline{AO}$=6 cm일 때, 다음 중 □ABCD가 직사각형이 되기 위한 조건이 <u>아닌</u> 것은? (단, 점 O는 두 대각선의 교점이다.)

① ∠ABC=∠BAD   ② ∠AOB=90°
③ ∠OAB=∠OBA   ④ $\overline{BO}=\overline{CO}$
⑤ $\overline{BD}$=12 cm

03

오른쪽 그림과 같이 마름모 ABCD 의 꼭짓점 A에서 $\overline{BC}$, $\overline{CD}$에 내린 수선의 발을 각각 E, F라 하자. ∠AEF=62°일 때, ∠B의 크기를 구하시오.

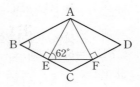

04

오른쪽 그림과 같은 평행사변형 ABCD에서 ∠ABD=24°, ∠ACD=66°일 때, ∠DAC와 ∠CBD의 크기의 차를 구하시오.

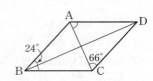

05

오른쪽 그림과 같은 정사각형 ABCD에서 대각선 AC 위의 한 점 P에 대하여 ∠PDC=65°일 때, ∠APB의 크기를 구하시오.

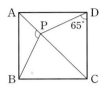

06

다음 중 평행사변형 ABCD가 정사각형이 되는 조건으로 알맞은 것을 모두 고르면? (정답 2개)

① $\overline{AB}=\overline{BC}$, ∠B=90°
② $\overline{AB}=\overline{BC}$, $\overline{AC}\perp\overline{BD}$
③ $\overline{AC}=\overline{BD}$, ∠B=90°
④ $\overline{AC}\perp\overline{BD}$, ∠A=∠B
⑤ $\overline{AC}=\overline{BD}$, ∠A=∠B

07

오른쪽 그림과 같이 $\overline{AD}\,/\!/\,\overline{BC}$인 등변사다리꼴 ABCD에서 $\overline{AD}=\overline{DC}$이고 ∠BDC=75°일 때, ∠C의 크기는?

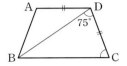

① 68° ② 69°
③ 70° ④ 71°
⑤ 72°

08

오른쪽 그림과 같이 $\overline{AD}\,/\!/\,\overline{BC}$인 등변사다리꼴 ABCD에서 $\overline{AB}=6\ cm$, $\overline{AD}=7\ cm$, ∠A=120°일 때, □ABCD의 둘레의 길이를 구하시오.

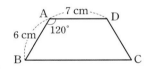

09

다음 여러 가지 사각형에 대한 설명 중 옳은 것은?

① 이웃하는 두 변의 길이가 같은 평행사변형은 정사각형이다.
② 두 대각선의 길이가 같은 평행사변형은 마름모이다.
③ 한 내각이 직각인 마름모는 정사각형이다.
④ 두 대각선의 길이가 같은 사각형은 직사각형이다.
⑤ 두 대각선이 서로 다른 것을 수직이등분하는 평행사변형은 정사각형이다.

10

다음 그림은 여러 가지 사각형 사이의 관계를 나타낸 것이다. (개)~(매)에 필요한 조건으로 옳지 <u>않은</u> 것은?

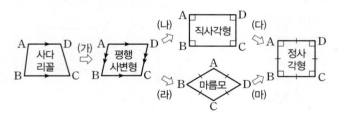

① (개) : $\overline{AB} /\!/ \overline{DC}$
② (나) : $\angle A = 90°$
③ (다) : $\overline{AC} \perp \overline{BD}$
④ (래) : $\overline{AC} = \overline{BD}$
⑤ (매) : $\angle A = \angle B$

11

오른쪽 그림과 같은 직사각형 ABCD에서 $\overline{AB}$, $\overline{BC}$, $\overline{CD}$, $\overline{DA}$의 중점을 각각 E, F, G, H라 하자. $\overline{BC} = 8$ cm, $\overline{CD} = 6$ cm, $\overline{EH} = 5$ cm일 때, □EFGH의 둘레의 길이와 넓이를 각각 구하시오.

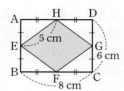

12

오른쪽 그림과 같은 마름모 ABCD에서 $\overline{AB}$, $\overline{BC}$, $\overline{CD}$, $\overline{DA}$의 중점을 각각 E, F, G, H라 할 때, 다음 중 □EFGH에 대한 설명으로 옳지 <u>않</u>은 것을 모두 고르면? (정답 2개)

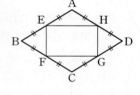

① 이웃하는 두 내각의 크기가 같다.
② 이웃하는 두 변의 길이가 같다.
③ 두 대각선의 길이가 같다.
④ 두 대각선이 서로 다른 것을 이등분한다.
⑤ 두 대각선이 직교한다.

13

오른쪽 그림과 같이 □ABCD의 꼭짓점 A를 지나고 $\overline{DB}$에 평행한 직선이 $\overline{CB}$의 연장선과 만나는 점을 E, 점 D에서 $\overline{BC}$에 내린 수선의 발을 F라 하자. $\overline{EB}=6$ cm, $\overline{BC}=9$ cm, $\overline{DF}=8$ cm일 때, □ABCD의 넓이를 구하시오.

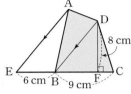

14

오른쪽 그림과 같이 중심이 O인 원 위의 네 점 A, B, C, D에 대하여 $\overline{AB}$는 원의 지름이고 $\overline{AB}/\!/\overline{CD}$이다. $\overline{AB}=12$ cm 이고 $\overset{\frown}{CD}$의 길이가 원주의 $\frac{1}{3}$일 때, 색칠한 부분의 넓이는?

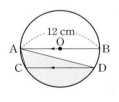

① 11π cm^2 ② 12π cm^2 ③ 13π cm^2
④ 14π cm^2 ⑤ 15π cm^2

15

오른쪽 그림과 같은 △ABC에서 점 M은 $\overline{BC}$의 중점이고, $\overline{AM}$ 위의 점 P에 대하여 $\overline{AP}:\overline{PM}=1:2$이다. △ABC의 넓이가 48 cm^{2}일 때, △PBM의 넓이를 구하시오.

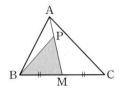

16

오른쪽 그림과 같이 $\overline{AD}/\!/\overline{BC}$인 사다리꼴 ABCD에서 점 O는 두 대각선의 교점이고 $\overline{AO}:\overline{OC}=1:2$이다. △ACD의 넓이가 36 cm^{2}일 때, △ABC의 넓이를 구하시오.

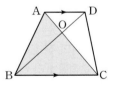

01

오른쪽 그림과 같은 직사각형 ABCD 에서 점 O는 두 대각선의 교점이고, ∠ABO의 이등분선이 $\overline{AO}$와 만나는 점을 E, 점 O에서 $\overline{BC}$에 내린 수선의 발을 F라 하자. ∠AEB=93°일 때, ∠BOF의 크기를 구하시오.

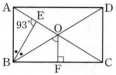

02

오른쪽 그림과 같은 마름모 ABCD 에서 점 O는 두 대각선의 교점이고, $\overline{CD}$ 위의 점 E에 대하여 $\overline{AE}$와 $\overline{BD}$ 의 교점을 F라 하자. $\overline{BD}$=16 cm, $\overline{DE}=\overline{DF}$=6 cm이고 △ABD의 넓이가 48 cm²일 때, △AOF의 넓이를 구하시오.

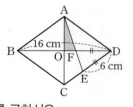

03

오른쪽 그림에서 □ABCD는 정사각형이고 △DCE는 $\overline{DC}=\overline{DE}$인 이등변삼각형일 때, ∠AEC의 크기는? (단, 점 E는 □ABCD의 외부에 있다.)

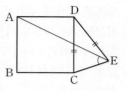

① 42°
② 43°
③ 44°
④ 45°
⑤ 46°

04

오른쪽 그림과 같이 $\overline{AD} /\!/ \overline{BC}$인 등변 사다리꼴 ABCD에서 두 대각선의 교점을 O, 점 O를 지나고 $\overline{DC}$에 수직인 직선이 $\overline{AB}$, $\overline{DC}$와 만나는 점을 각각 E, F라 하자. ∠AOD=90°, $\overline{DC}$=8 cm일 때, $\overline{EO}$의 길이를 구하시오.

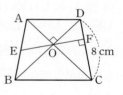

05

30개의 평행사변형 중 직사각형이 17개, 마름모가 15개, 정사각형이 8개 있을 때, 직사각형도 마름모도 아닌 평행사변형의 개수를 구하시오.

06

다음 그림과 같이 두 직선 l, m에 대하여 l // m일 때, 사각형 (가), (나), (다), (라), (마)의 각 변의 중점을 연결하여 만든 사각형을 차례로 (a), (b), (c), (d), (e)라 하자. 각 사각형에 대한 설명으로 옳은 것을 보기에서 모두 고르시오.

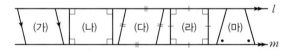

보기
ㄱ. (a)~(e) 중 네 변의 길이가 모두 같은 사각형은 3개이다.
ㄴ. (a)~(e) 중 네 내각의 크기가 모두 같은 사각형은 3개이다.
ㄷ. (a)~(e) 중 두 대각선의 길이가 같은 사각형은 2개이다.
ㄹ. (c)의 두 대각선은 길이가 같고 서로를 수직이등분한다.
ㅁ. (e)의 두 대각선은 서로를 수직이등분한다.

07

오른쪽 그림과 같은 평행사변형 ABCD에서 두 점 E, F는 각각 $\overline{AD}$, $\overline{CD}$ 위의 점이다. $\overline{AC}$ // $\overline{EF}$일 때, 다음 중 넓이가 나머지 넷과 <u>다른</u> 삼각형은?

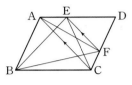

① △ABE   ② △ACF   ③ △AFD
④ △ACE   ⑤ △BCF

08

오른쪽 그림과 같은 △ABC에서 $\overline{AB}$, $\overline{AC}$ 위에 $\overline{BC}$ // $\overline{DE}$가 되도록 두 점 D, E를 각각 잡고, $\overline{BE}$와 $\overline{CD}$의 교점을 O라 하자. $\overline{AE} : \overline{EC} = 2 : 3$이고 △ABC의 넓이가 35 cm²일 때, △DBO의 넓이를 구하시오.

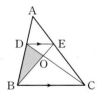

01

오른쪽 그림과 같은 직사각형 ABCD에서 $\overline{AB}:\overline{BC}=3:4$이다. $\overline{CE}:\overline{ED}=2:1$이 되도록 $\overline{CD}$ 위에 점 E를 잡고, $\overline{AF}:\overline{FD}=1:3$이 되도록 $\overline{AD}$ 위에 점 F를 잡았다. ∠CBE+∠DFE의 크기는?

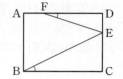

① 30°   ② 35°   ③ 40°

④ 45°   ⑤ 50°

02

오른쪽 그림과 같은 마름모 ABCD에서 점 O는 두 대각선의 교점이고, $\overline{AD}$ 위를 움직이는 한 점 E에서 두 대각선 AC, BD에 내린 수선의 발을 각각 F, G라 하자. $\overline{AB}=5$ cm, $\overline{AC}=6$ cm, $\overline{BD}=8$ cm일 때, $\overline{FG}$의 길이의 최솟값을 구하시오.

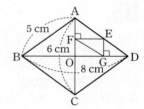

03

오른쪽 그림과 같이 정사각형 ABCD의 $\overline{BC}$ 위에 ∠BAE=12°가 되도록 점 E를 잡고, $\overline{DC}$ 위에 ∠DAF=33°가 되도록 점 F를 잡아 △AEF를 그렸다. 다음 물음에 답하시오.

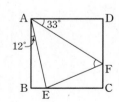

(1) ∠AFE의 크기를 구하시오.

(2) $\overline{BE}=a$, $\overline{DF}=b$라 할 때, $\overline{EF}$의 길이를 a, b를 사용하여 나타내시오.

04

오른쪽 그림과 같은 평행사변형 ABCD에서 $\overline{AB}$, $\overline{CD}$ 위의 점을 각각 E, F라 할 때, $\overline{EF}$를 접는 선으로 하여 점 A가 점 C에 오도록 접었더니 오각형 EBCGF가 만들어졌다. 이때 사각형 FECG는 등변사다리꼴이고 ∠BCG=80°일 때, ∠ECF의 크기를 구하시오. (단, $\overline{AB}>\overline{AD}$)

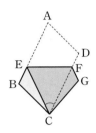

05

오른쪽 그림과 같이 $\overline{AD}/\!/\overline{BC}$이고 ∠B=90°인 사다리꼴 ABCD에서 점 B를 지나고 $\overline{DC}$에 평행한 직선과 점 D를 지나고 $\overline{AC}$에 평행한 직선의 교점을 E라 하자. $\overline{AB}=4$ cm, $\overline{AD}=5$ cm, $\overline{BC}=6$ cm일 때, △EAD의 넓이를 구하시오.

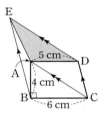

06

오른쪽 그림과 같은 평행사변형 ABCD에서 $\overline{AD}$의 연장선 위에 한 점 E를 잡고, $\overline{BE}$와 $\overline{CD}$의 교점을 F, $\overline{BD}$와 $\overline{AF}$의 교점을 G라 할 때, $\overline{AG}:\overline{GF}=5:2$이다. □ABCD=70 cm²일 때, △EFC의 넓이를 구하시오.

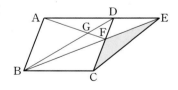

01

오른쪽 그림과 같이 중심이 O이고 넓이가 8π cm²인 반원에 직사각형 ABCD가 내접한다. 점 E가 $\overline{AD}$ 위를 움직일 때, $\overline{BE}+\overline{EC}$의 길이의 최솟값을 구하시오.

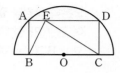

02

오른쪽 그림과 같은 마름모 ABCD에서 점 O는 두 대각선의 교점이고 $\overline{AC}=20$ cm, $\overline{BD}=30$ cm 이다. 두 점 E, F는 각각 $\overline{BC}$, $\overline{CD}$의 중점이고 $\overline{AE}$, $\overline{AF}$와 $\overline{BD}$의 교점을 각각 P, Q라 할 때, $\triangle APQ$의 넓이를 구하시오.

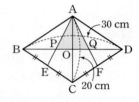

03

오른쪽 그림과 같은 정사각형 ABCD에서 $\overline{AB}$ 위의 점 P에 대하여 $\angle PDC$의 이등분선이 $\overline{BC}$, $\overline{AB}$의 연장선과 만나는 점을 각각 E, F라 하자. $\triangle APD$와 $\triangle DEC$의 넓이의 비가 $5:8$일 때, $\overline{AP}:\overline{PF}$는?

① $2:7$ ② $3:7$ ③ $4:11$
④ $5:13$ ⑤ $6:19$

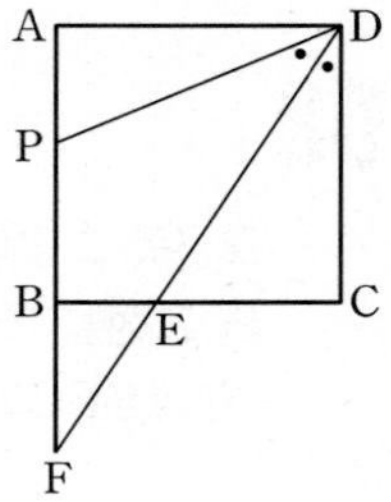

04

오른쪽 그림과 같이 $\overline{AD}\,/\!/\,\overline{BC}$인 등변사다리꼴 ABCD의 대각선 BD의 연장선 위에 $\overline{BD}=\overline{DE}$가 되도록 하는 점 E를 잡고, 점 E에서 $\overline{BC}$의 연장선에 내린 수선의 발을 F라 하자. $\overline{AD}=7$ cm, $\overline{BC}=13$ cm일 때, $\overline{BF}$의 길이를 구하시오.

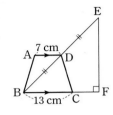

05

오른쪽 그림과 같은 평행사변형 ABCD에서 $\overline{AB}$, $\overline{AD}$ 위의 두 점 E, F에 대하여 $\overline{EF}\,/\!/\,\overline{BD}$이고 $\overline{AF}:\overline{FD}=2:3$이다. □ABCD의 넓이가 50 cm²일 때, △FEC의 넓이는?

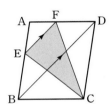

① 15 cm²   ② 16 cm²   ③ 17 cm²
④ 18 cm²   ⑤ 19 cm²

06

좌표평면 위에 네 점 A(-2, 4), B(-4, -3), C(3, -1), D(2, 3)이 있다. $\overline{AD}$의 연장선 위에 □ABCD=△ABE가 되도록 하는 점 E를 잡을 때, 점 E의 좌표를 구하시오. (단, 점 E는 제1사분면 위에 있다.)

01

오른쪽 그림과 같이 $\overline{AB}=\overline{AC}$인 이등변삼각형 ABC에서 $\overline{AB}$ 위의 한 점 E와 $\overline{AC}$ 위의 두 점 D, F에 대하여 $\overline{AD}=\overline{DE}=\overline{EF}=\overline{FB}=\overline{BC}$일 때, $\angle DEF$의 크기를 구하시오.

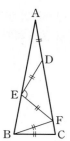

02

오른쪽 그림과 같은 $\triangle ABC$에서 점 O, I는 각각 $\triangle ABC$의 외심, 내심이다. $\angle A=34°$일 때, $\angle BIC-\angle BOC$의 크기는?

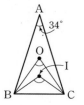

① $38°$ ② $39°$

③ $40°$ ④ $41°$

⑤ $42°$

03

오른쪽 그림과 같은 직사각형 ABCD 에서 $\triangle ABC$의 내심을 I라 하고, 점 I 에서 $\overline{AD}$, $\overline{CD}$에 내린 수선의 발을 각 각 E, F라 하자. $\Box ABCD$의 넓이가 60 cm^2일 때, $\Box EIFD$의 넓이를 구하시오.

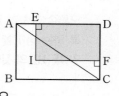

04

오른쪽 그림과 같은 직사각형 ABCD에서 $\angle ABD$의 이등분선이 $\overline{AD}$와 만나는 점을 E, 점 E에서 $\overline{BD}$에 내린 수선의 발을 F라 하자. $\overline{BF}=\overline{FC}$일 때, $\angle FBC$의 크기를 구하시오.

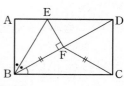

05

오른쪽 그림에서 □ABCD와
□CEFG는 모두 정사각형이고
□CEFG의 한 꼭짓점 G는 $\overline{AD}$ 위
에 있다. □ABCD의 넓이가 36 cm²
일 때, △DCE의 넓이는?

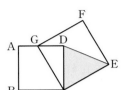

① 10 cm²　　② 12 cm²　　③ 14 cm²
④ 16 cm²　　⑤ 18 cm²

06

오른쪽 그림과 같은 평행사변형
ABCD에서
△ABE=□AECF=△AFD가
되도록 $\overline{BC}$, $\overline{CD}$ 위에 각각 점 E, F
를 잡았다. $\overline{AB}$=8 cm, $\overline{AD}$=12 cm
일 때, $\overline{EC}$의 길이를 구하시오.

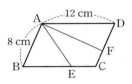

07

오른쪽 그림과 같은 평행사변형
ABCD에서 점 O는 두 대각선 AC와
BD의 교점이고, $\overline{AE}:\overline{EO}=2:1$,
$\overline{CF}:\overline{FO}=2:1$을 만족시키는 두 점 E,
F가 각각 $\overline{AO}$, $\overline{CO}$ 위에 있다. □ABCD의 넓이가 45 cm²일
때, □EBFD의 넓이를 구하시오.

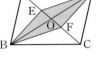

08

오른쪽 그림과 같이 평행사변형
ABCD의 내부의 한 점 P에 대하여
$\overline{DP}$의 연장선과 $\overline{BC}$의 교점을 E라 할
때, $\overline{DP}:\overline{PE}=2:3$이다.
△PBC=15 cm²일 때, □ABCD의 넓이는?

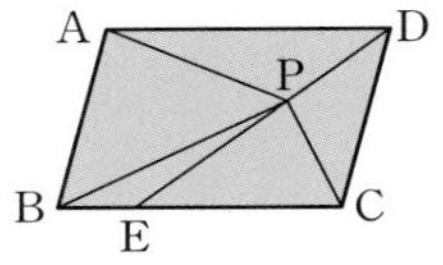

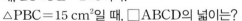

① 46 cm²　　② 50 cm²　　③ 54 cm²
④ 58 cm²　　⑤ 62 cm²

4 도형의 닮음

고난도 대표유형 · 핵심개념

1 등급 노트

참고

△ABC와 △DEF에 대하여

(1) 두 삼각형이 합동일 때
➡ △ABC≡△DEF

(2) 두 삼각형이 닮음일 때
➡ △ABC∽△DEF

(3) 두 삼각형의 넓이가 같을 때
➡ △ABC=△DEF

예시

(1) 항상 닮음인 평면도형
  ① 두 원
  ② 두 직각이등변삼각형
  ③ 중심각의 크기가 같은 두 부채꼴
  ④ 변의 개수가 같은 두 정다각형

(2) 항상 닮음인 입체도형
  ① 두 구
  ② 면의 개수가 같은 두 정다면체

TIP

대응하는 변 또는 모서리가 존재하지 않는 원 또는 구에서의 닮음비는 반지름의 길이의 비와 같다.

참고

닮음비가 1:1인 두 도형은 합동이다.

유형 1   닮은 도형

난이도 ★

(1) **닮은 도형** : 한 도형을 일정한 비율로 확대 또는 축소한 도형이 다른 도형과 합동일 때, 이 두 도형은 서로 닮음인 관계에 있다 하고, 닮음인 관계에 있는 두 도형을 닮은 도형이라 한다.

(2) **닮음의 기호** : 두 도형이 닮은 도형일 때, 기호 ∽를 써서 나타낸다.

➡ △ABC와 △DEF가 닮은 도형이면
  △ABC∽△DEF와 같이 나타낸다.
  └ 두 도형의 꼭짓점은 대응하는 순서대로 쓴다.

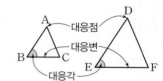

유형 2   닮음의 성질

난이도 ★

(1) **평면도형에서의 닮음의 성질** : 서로 닮은 두 평면도형에서
  ① 대응변의 길이의 비는 일정하다.
  ② 대응각의 크기는 각각 같다.
  └ 일반적으로 닮음비는 가장 간단한 자연수의 비로 나타낸다.

(2) **닮음비** : 두 닮은 도형에서 대응하는 변의 길이의 비
  예 △ABC∽△DEF이고 $\overline{AB}:\overline{DE}=1:2$ 일 때, △ABC와 △DEF의 닮음비는 1:2이다.

(3) **입체도형에서의 닮음의 성질** : 서로 닮은 두 입체도형에서
  ① 대응하는 모서리의 길이의 비는 일정하다. (닮음비)
  ② 대응하는 면은 서로 닮은 도형이다.

유형 3   닮은 도형의 넓이의 비와 부피의 비

난이도 ★★

(1) 닮은 두 평면도형의 닮음비가 $m:n$일 때
  ① 둘레의 길이의 비 ➡ $m:n$
  ② 넓이의 비 ➡ $m^2:n^2$

(2) 닮은 두 입체도형의 닮음비가 $m:n$일 때
  ① 겉넓이의 비 ➡ $m^2:n^2$
  ② 부피의 비 ➡ $m^3:n^3$

난이도 ★★

두 삼각형 ABC와 A′B′C′은 다음 각 경우에 닮은 도형이다.

(1) 세 쌍의 대응변의 길이의 비가 같을 때 (SSS 닮음)

➡ $a:a'=b:b'=c:c'$

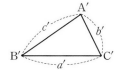

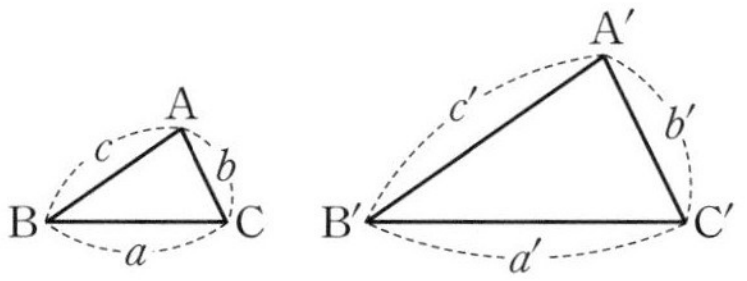

(2) 두 쌍의 대응변의 길이의 비가 같고, 그 끼인각의 크기가 같을 때 (SAS 닮음)

➡ $a:a'=c:c'$, $\angle B=\angle B'$

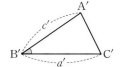

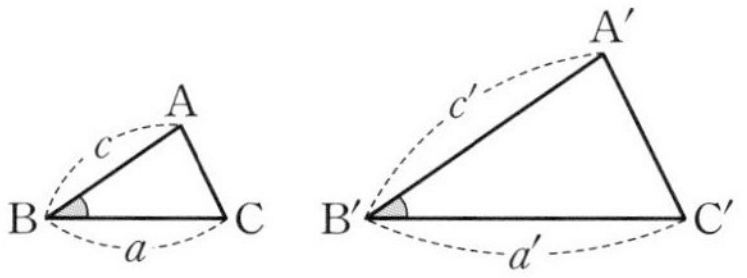

(3) 두 쌍의 대응각의 크기가 각각 같을 때 (AA 닮음)

➡ $\angle B=\angle B'$, $\angle C=\angle C'$

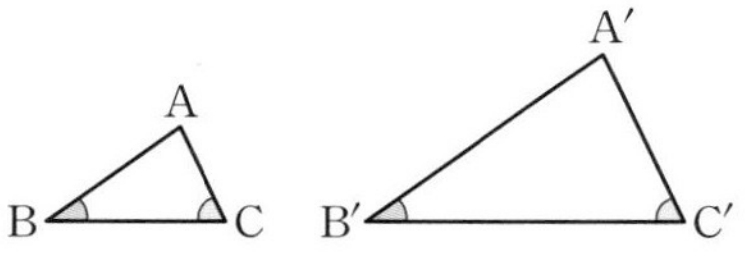

난이도 ★★★

(1) **직각삼각형의 닮음**

$\angle A=90°$인 직각삼각형 ABC의 꼭짓점 A에서 빗변 BC에 내린 수선의 발을 H라 할 때,

$\triangle ABC \backsim \triangle HBA \backsim \triangle HAC$ (AA 닮음)

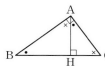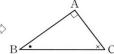

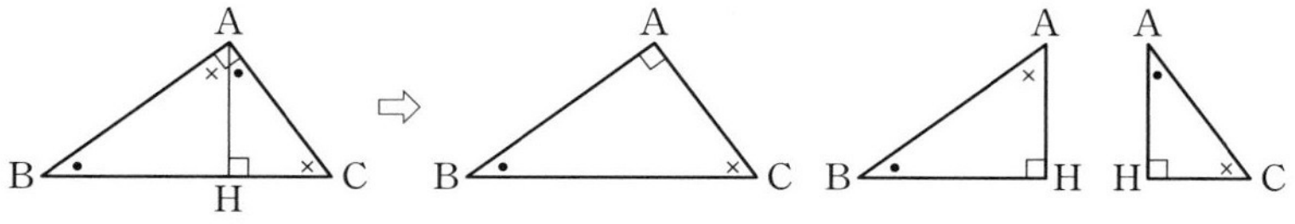

(2) **직각삼각형의 닮음의 응용**

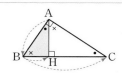	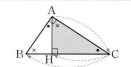	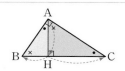
$\triangle ABC \backsim \triangle HBA$이므로 $\overline{AB}:\overline{HB}=\overline{BC}:\overline{BA}$ ➡ $\overline{AB}^2=\overline{BH}\times\overline{BC}$	$\triangle ABC \backsim \triangle HAC$이므로 $\overline{BC}:\overline{AC}=\overline{CA}:\overline{CH}$ ➡ $\overline{AC}^2=\overline{CH}\times\overline{CB}$	$\triangle HBA \backsim \triangle HAC$이므로 $\overline{BH}:\overline{AH}=\overline{AH}:\overline{CH}$ ➡ $\overline{AH}^2=\overline{BH}\times\overline{CH}$

1 등급 노트

참고

삼각형의 합동 조건과 닮음 조건의 차이점

삼각형의 합동 조건	삼각형의 닮음 조건
대응변의 길이가 같다.	대응변의 길이의 비가 일정하다.

풀이전략

(1) 두 삼각형이 서로 닮음인지 알아볼 때, 삼각형이 뒤집혀 있거나 방향이 바뀌어 있는 경우에는 반드시 대응변이나 대응각을 찾아서 확인한다.

(2) 닮음인 두 삼각형을 찾을 때

① 각의 크기가 주어지지 않은 경우에는 대응하는 세 쌍의 변의 길이의 비를 비교한다.

② 각의 크기가 한 쌍만 주어진 경우에는 그 각을 끼인각으로 하는 두 쌍의 변의 길이의 비를 비교한다.

③ 변의 길이가 주어져 있지 않은 경우에는 각의 크기를 비교하여 두 쌍의 각의 크기가 각각 같은지 확인한다.

참고

한 예각의 크기가 같은 두 직각삼각형은 닮은 도형이다.

➡ 직각삼각형의 한 내각의 크기는 90°이므로 나머지 두 내각 중에서 한 내각의 크기만 서로 같으면 AA 닮음에 의하여 닮은 삼각형이 된다.

01

아래 그림의 도형 ㉯는 도형 ㉮를 축소한 도형과 합동이다. 다음 보기 중 옳은 것을 모두 고르시오.

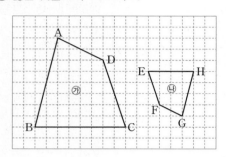

┨ 보기 ┠

ㄱ. 두 도형 ㉮와 ㉯는 합동이다.

ㄴ. 점 C에 대응하는 점은 점 H이다.

ㄷ. $\overline{AD}$의 대응변은 $\overline{GF}$이다.

ㄹ. $\angle D = \angle F$

ㅁ. 도형 ㉮와 도형 ㉯의 닮음비는 $1 : 2$이다.

ㅂ. $\overline{AB} : \overline{GH} = 2 : 1$

02

다음 중 항상 닮은 도형인 것을 모두 고르면? (정답 2개)

① 꼭지각의 크기가 같은 두 이등변삼각형

② 한 내각의 크기가 서로 같은 두 평행사변형

③ 한 내각의 크기가 서로 같은 두 마름모

④ 반지름의 길이가 서로 같은 두 부채꼴

⑤ 윗변과 아랫변의 길이의 비가 서로 같은 두 등변사다리꼴

03

오른쪽 그림과 같은 직사각형 모양의 두 액자는 닮은 도형이다. 닮음비가 $5 : 3$일 때, 두 액자의 둘레의 길이의 차를 구하시오. (단, 액자의 폭은 무시한다.)

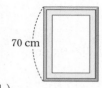

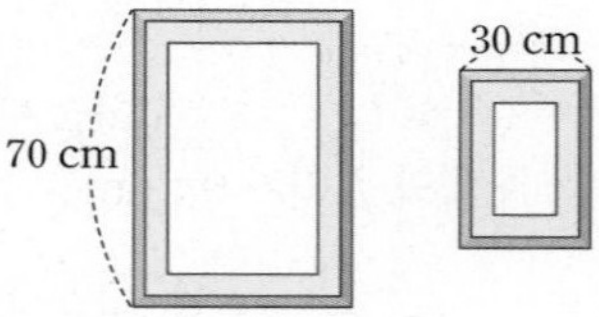

04

다음 그림의 두 삼각기둥은 닮은 도형이고 면 BEFC에 대응하는 면이 B′E′F′C′일 때, $x+y$의 값을 구하시오.

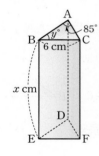
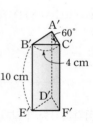

05

다음 그림에서 높이가 12 cm인 큰 원뿔과 밑면의 반지름의 길이가 3 cm인 작은 원뿔은 서로 닮은 도형이다. 큰 원뿔의 밑면의 둘레의 길이가 9π cm일 때, 작은 원뿔의 높이를 구하시오.

06

오른쪽 그림에서 □ABCD∽□AEFG이고 $\overline{DC}=8$ cm, $\overline{GF}=12$ cm이다. □AEFG의 넓이가 126 cm²일 때, 색칠한 부분의 넓이는?

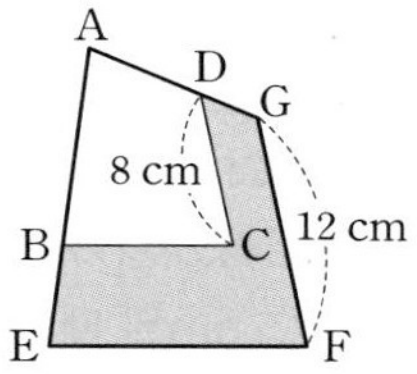

① 60 cm²   ② 65 cm²

③ 70 cm²   ④ 75 cm²

⑤ 80 cm²

07

오른쪽 그림과 같은 △ABC에서 $\overline{AB}$를 사등분하는 점을 점 A에서 가까운 순서대로 D, E, F라 하고, $\overline{AC}$를 사등분하는 점을 점 A에서 가까운 순서대로 G, H, I라 하자. □FBCI의 넓이가 140 cm²일 때, □DEHG의 넓이를 구하시오.

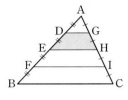

08

다음 그림에서 높이가 각각 6 cm, 9 cm인 두 원기둥은 서로 닮은 도형이다. 작은 원기둥의 부피가 72π cm³일 때, 큰 원기둥의 밑넓이를 구하시오.

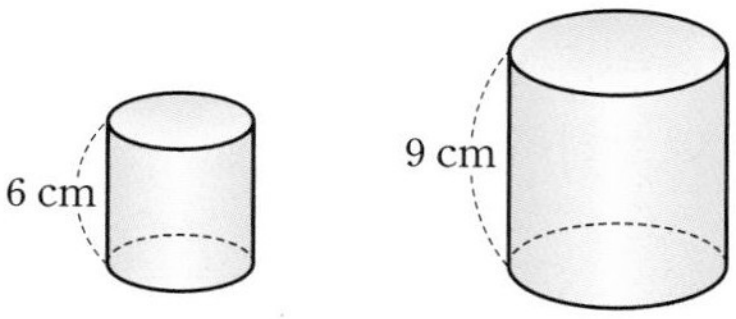

09

다음 그림의 두 삼각형이 서로 닮은 도형이 되게 하는 조건은?

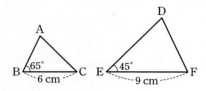

① $\overline{AB}=4$ cm, $\overline{DE}=12$ cm
② $\overline{AB}=4$ cm, $\overline{DF}=6$ cm
③ $\overline{AC}=8$ cm, $\overline{DE}=12$ cm
④ $\angle A=75°$, $\angle D=75°$
⑤ $\angle A=70°$, $\angle F=65°$

10

오른쪽 그림과 같은 △ABC에서 $\overline{BC}$ 위의 점 D에 대하여 $\overline{AB}=18$ cm, $\overline{AC}=15$ cm, $\overline{BD}=12$ cm, $\overline{DC}=15$ cm일 때, $\overline{AD}$의 길이를 구하시오.

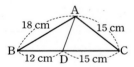

11

오른쪽 그림과 같은 △ABC에서 $\overline{AC}$ 위의 점 D에 대하여 $\angle ABD=\angle ACB$이고 $\overline{AB}=15$ cm, $\overline{AD}=9$ cm일 때, $\overline{DC}$의 길이를 구하시오.

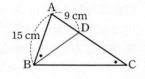

12

오른쪽 그림과 같이 한 변의 길이가 12 cm인 정사각형 ABCD에서 $\overline{AB}$ 위에 한 점 E를 잡고 $\overline{DE}$의 연장선과 $\overline{CB}$의 연장선이 만나는 점을 F라 하자. $\overline{FC}=16$ cm, $\overline{FE}=5$ cm일 때, △AED의 둘레의 길이를 구하시오.

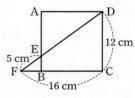

13

오른쪽 그림과 같이 $\overline{BC}$=6 cm, $\overline{AC}$=12 cm이고 ∠C=90°인 직각삼각형 ABC가 있다. $\overline{AB}$, $\overline{BC}$, $\overline{AC}$ 위에 각각 점 D, E, F를 잡아 정사각형 DECF를 그렸을 때, □DECF의 둘레의 길이를 구하시오.

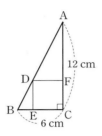

15

오른쪽 그림과 같이 ∠C=90°인 직각삼각형 ABC에서 $\overline{AB}\perp\overline{CD}$, $\overline{BC}\perp\overline{DE}$일 때, 다음 <보기>에서 옳은 것을 모두 고르시오.

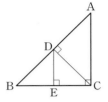

보기

ㄱ. $\overline{AC}^2=\overline{AB}\times\overline{AD}$ ㄴ. $\overline{BC}^2=\overline{AD}\times\overline{BD}$
ㄷ. $\overline{CD}^2=\overline{AD}\times\overline{BD}$ ㄹ. $\overline{DE}^2=\overline{BE}\times\overline{BC}$

14

오른쪽 그림과 같이 ∠A=90°인 직각삼각형 ABC에서 $\overline{AH}\perp\overline{BC}$이고 $\overline{AB}$=20 cm, $\overline{BH}$=16 cm일 때, △ABC의 넓이는?

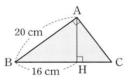

① 120 cm² ② 130 cm² ③ 140 cm²
④ 150 cm² ⑤ 160 cm²

16

오른쪽 그림과 같이 ∠A=90°인 직각삼각형 ABC에서 $\overline{AD}\perp\overline{BC}$이고 $\overline{AC}$=10 cm, $\overline{AD}$=8 cm, $\overline{DC}$=6 cm일 때, $\overline{AB}$와 $\overline{BD}$의 길이의 차를 구하시오.

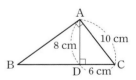

01

다음 중 닮음에 대한 설명으로 옳은 것을 <보기>에서 모두 고르시오.

┌ 보기 ┐
ㄱ. 모든 직각이등변삼각형은 닮은 도형이다.
ㄴ. 한 내각의 크기가 같은 두 이등변삼각형은 닮은 도형이다.
ㄷ. 한 예각의 크기가 같은 두 직각삼각형은 닮은 도형이다.
ㄹ. 모든 정육면체는 닮은 도형이다.
ㅁ. 대응하는 변의 길이의 비가 일정한 두 평면도형은 서로 닮음이다.
ㅂ. 두 닮은 입체도형에서 대응하는 모서리의 길이의 비는 닮음비와 같다.

02

오른쪽 그림과 같은 △ABC에서 두 점 D, E는 $\overline{AC}$ 위의 점이고, 점 F는 $\overline{AB}$ 위의 점일 때, △ABC, △AEF, △BDC는 모두 닮은 도형이다.
$\overline{AE}=6$ cm, $\overline{AF}=8$ cm,
$\overline{FB}=10$ cm, $\overline{BC}=12$ cm일 때,
□FBDE의 둘레의 길이를 구하시오.

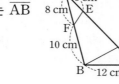

03

오른쪽 그림에서 [그림 1]과 같이 중심이 같은 세 원의 반지름의 길이의 비는 $1:2:3$이고, 나누어진 세 부분을 각각 A, B, C라 하자. A, B, C를 각각 밑면으로 하여 [그림 2]와 같이 높이가 같은 기둥을 만들었을 때, 세 기둥의 부피의 비를 가장 간단한 자연수의 비로 나타내시오.

[그림 1]

[그림 2]

04

오른쪽 그림과 같은 원뿔 모양의 그릇에 일정한 속도로 물을 채우고 있다. 물을 전체 높이의 $\frac{3}{5}$만큼 채우는 데 1분 21초가 걸렸다면 가득 채울 때까지 시간이 얼마나 더 걸리는지 구하시오.
(단, 그릇의 두께는 생각하지 않는다.)

05

오른쪽 그림과 같이 정삼각형 모양의 종이 ABC를 $\overline{DF}$를 접는 선으로 하여 꼭짓점 A가 $\overline{BC}$ 위의 점 E에 오도록 접었다. $\overline{BD}=8$ cm, $\overline{DE}=10$ cm이고 $\overline{BE}:\overline{EC}=2:1$일 때, $\overline{CF}$의 길이를 구하시오.

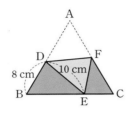

07

오른쪽 그림과 같은 △ABC의 내부의 세 점 D, E, F에 대하여 ∠BAE=∠CBF=∠ACD이고 $\overline{AB}=16$ cm, $\overline{BC}=12$ cm, $\overline{AC}=20$ cm, $\overline{EF}=3$ cm일 때, △DEF의 둘레의 길이를 구하시오.

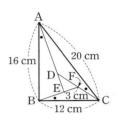

06

오른쪽 그림과 같은 정사각형 모양의 종이 ABCD를 $\overline{EF}$를 접는 선으로 하여 꼭짓점 A가 $\overline{BC}$의 중점 M에 오도록 접었다. $\overline{BC}=24$ cm, $\overline{BE}=9$ cm일 때, $\overline{MH}$의 길이는?

① 18 cm   ② 19 cm   ③ 20 cm
④ 21 cm   ⑤ 22 cm

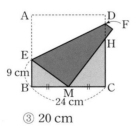

08

오른쪽 그림과 같이 ∠B=90°인 직각삼각형 ABC의 점 B에서 $\overline{AC}$에 내린 수선의 발을 D, 점 D에서 $\overline{AB}$에 내린 수선의 발을 E라 하자. $\overline{AB}=15$ cm, $\overline{BC}=20$ cm, $\overline{AC}=25$ cm일 때, $\overline{AE}$의 길이를 구하시오.

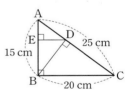

01

오른쪽 그림과 같이 직선 $y=\frac{1}{2}x+1$과 x축 사이에 세 정사각형 A, B, C가 순서대로 이웃해 있다. 이때 세 정사각형 A, B, C의 넓이의 비를 가장 간단한 자연수의 비로 나타내시오. (단, 정사각형 A의 한 변의 길이는 1보다 크다.)

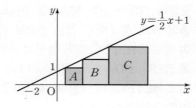

02

오른쪽 그림과 같이 한 모서리의 길이가 서로 같은 정팔면체 1개와 정사면체 4개를 붙이면 큰 정사면체 1개를 만들 수 있다. 작은 정사면체 하나를 A, 정팔면체를 B, 큰 정사면체를 C라 할 때, A, B, C의 부피의 비를 가장 간단한 자연수의 비로 나타내시오.

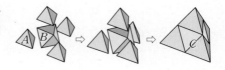

03

오른쪽 그림에서 $\triangle ABC \backsim \triangle DCE$이고 세 점 B, C, E는 한 직선 위에 있다. 점 F는 $\overline{AC}$와 $\overline{BD}$의 교점이고 $\overline{BC}=9\,\text{cm}$, $\overline{CE}=6\,\text{cm}$, $\overline{DE}=10\,\text{cm}$일 때, $\overline{AF}$의 길이는?

① 6 cm   ② 7 cm   ③ 8 cm
④ 9 cm   ⑤ 10 cm

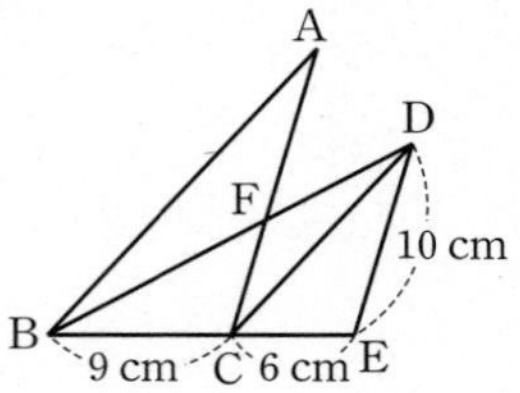

04

오른쪽 그림과 같은 △ABC에서 ∠A의 이등분선이 $\overline{BC}$와 만나는 점을 D라 하고, 점 B에서 $\overline{AD}$에 내린 수선의 발을 E라 하자. 점 M은 $\overline{BC}$의 중점이고 $\overline{AB}=5$ cm, $\overline{AC}=11$ cm일 때, $\overline{EM}$의 길이를 구하시오.

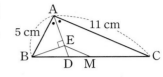

05

오른쪽 그림과 같이 평행사변형 ABCD를 $\overline{EC}$를 접는 선으로 하여 접었더니 점 D가 $\overline{AB}$의 중점 M에 놓여졌다. $\overline{BC}=12$ cm, $\overline{CD}=10$ cm일 때, $\overline{ME}$의 길이는?

① 5 cm ② 6 cm ③ 7 cm
④ 8 cm ⑤ 9 cm

06

오른쪽 그림과 같이 ∠A=90°인 직각삼각형 ABC에서 점 M은 $\overline{BC}$의 중점이다. 점 A에서 $\overline{BC}$에 내린 수선의 발을 D라 하고, 점 D에서 $\overline{AM}$에 내린 수선의 발을 E라 하자. $\overline{BD}=2$ cm, $\overline{DC}=8$ cm일 때, △EDM의 둘레의 길이를 구하시오.

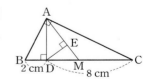

01

다음 남매의 대화를 읽고 원뿔대 모양의 컵의 두 밑면의 지름의 길이가 각각 8 cm, 4 cm일 때, 동생이 마신 음료수의 양과 남긴 음료수의 양의 비를 가장 간단한 자연수의 비로 나타내시오. (단, 컵의 두께는 생각하지 않는다.)

> 누나 : (원뿔대 모양의 컵에 음료수를 따르고 있다.)
> 동생 : 누나, 나도 음료수 마시고 싶어.
> 누나 : 컵에 음료수가 가득 차 있으니까 조심해서 딱 절반만 마시고 남겨 줘.
> 동생 : 응!
> 누나 : (잠시 후, 남은 음료수가 담긴 컵을 보고) 이렇게 많이 마시면 어떻게 해!
> 동생 : 왜? 컵 높이의 딱 반만큼 남겼는데…

02

지름의 길이가 3 cm, 4 cm, 5 cm인 쇠구슬이 하나씩 있다. 세 쇠구슬을 모두 녹여 지름의 길이가 1 cm, 2 cm인 두 종류의 작은 쇠구슬을 각각 a개씩 만들려고 한다. 새로 만든 작은 쇠구슬 전체의 겉넓이의 합은 녹이기 전 세 쇠구슬의 겉넓이의 합의 b배가 된다고 할 때, $a+5b$의 값을 구하시오. (단, 쇠구슬은 모두 구 모양이고, 녹인 쇠구슬은 남김없이 다 사용한다.)

03

오른쪽 그림과 같이 정삼각형 ABC에서 $\overline{AC}$ 위에 $\overline{AD}:\overline{DC}=5:2$를 만족시키는 점 D를 잡아 $\overline{AD}$를 한 변으로 하는 정삼각형 ADE를 그렸다. $\overline{CE}$와 $\overline{BD}$의 연장선이 만나는 점을 F라 할 때, $\dfrac{\overline{FC}}{\overline{DF}}$의 값을 구하시오.

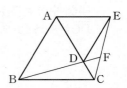

04

오른쪽 그림과 같은 △ABC에서 $\overline{AB}$의 길이를 40 % 줄이고 $\overline{BC}$의 길이를 35 % 늘여서 △DBE를 만들었다. △DBE의 넓이는 △ABC의 넓이보다 몇 % 줄어든 것인가?

① 18 %　　　　　② 19 %　　　　　③ 20 %

④ 21 %　　　　　⑤ 22 %

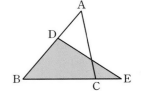

05

다음 그림과 같이 [1단계]에서 정사각형 ABCD의 $\overline{BC}$의 삼등분점 중 점 B에 가까운 점을 B_1, $\overline{DC}$의 삼등분점 중 점 D에 가까운 점을 D_1이라 하자. 점 B_1을 지나고 $\overline{AB}$에 평행한 선분과 점 D_1을 지나고 $\overline{AD}$에 평행한 선분을 그어 그 교점을 A_1이라 한 후, 선분 AA_1을 대각선으로 하는 정사각형을 색칠한다. [2단계]에서 정사각형 $A_1B_1CD_1$의 $\overline{B_1C}$의 삼등분점 중 점 B_1에 가까운 점을 B_2, $\overline{D_1C}$의 삼등분점 중 점 D_1에 가까운 점을 D_2라 하자. 점 B_2를 지나고 $\overline{A_1B_1}$에 평행한 선분과 점 D_2를 지나고 $\overline{A_1D_1}$에 평행한 선분을 그어 그 교점을 A_2라 한 후, 선분 A_1A_2를 대각선으로 하는 정사각형을 색칠한다. 이와 같은 방법으로 [3단계], [4단계], …의 그림을 그리고 색칠할 때, 색이 칠해지지 않은 처음의 정사각형과 [4단계]에서 새로 색칠되는 정사각형의 닮음비를 가장 간단한 자연수의 비로 나타내시오.

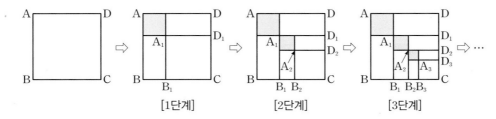

[1단계]　　　　[2단계]　　　　[3단계]

06

오른쪽 그림과 같이 ∠A=90°인 직각삼각형 ABC에서 $\overline{AH}\perp\overline{BC}$이고, $\overline{AB}=20\,\text{cm}$, $\overline{BC}=25\,\text{cm}$, $\overline{CA}=15\,\text{cm}$이다. △ABH의 내접원과 △AHC의 내접원이 $\overline{AH}$에 접하는 점을 각각 D, E라 할 때, $\overline{DE}$의 길이를 구하시오.

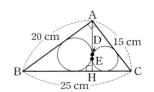

5 평행선 사이의 선분의 길이의 비 고난도 대표유형·핵심개념

1 등급 노트

✓ **주의**

$\overline{AD}:\overline{DB}=\overline{AE}:\overline{EC}$
$\neq\overline{DE}:\overline{BC}$
임에 주의한다.

참고

삼각형의 내각의 이등분선과 삼각형의 넓이의 비
△ABC에서 ∠A의 이등분선과 $\overline{BC}$가 만나는 점을 D라 하면
➡ △ABD : △ADC$=c:d$
$=a:b$

TIP

△ABC에서 $\overline{BC}$의 중점을 D, $\overline{AB}$의 삼등분점을 E, F라 하면
(1) △EBC에서
$\overline{BF}=\overline{FE}$, $\overline{BD}=\overline{DC}$
이므로
$\overline{FD}/\!/\overline{EC}$, $\overline{EC}=2\overline{FD}$
(2) △AFD에서
$\overline{AE}=\overline{EF}$, $\overline{EP}/\!/\overline{FD}$이므로
$\overline{AP}=\overline{PD}$, $\overline{FD}=2\overline{EP}$

유형 1 삼각형에서 평행선과 선분의 길이의 비

난이도 ★★

△ABC에서 변 AB, 변 AC 또는 그 연장선 위에 각각 점 D, E가 있을 때
$\overline{BC}/\!/\overline{DE}$이면 $a:a'=b:b'=c:c'$, $a':a''=b':b''$

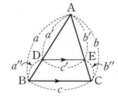 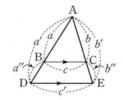

유형 2 삼각형의 각의 이등분선

난이도 ★★★

(1) **삼각형의 내각의 이등분선 :** △ABC에서 ∠A의 이등분선과 $\overline{BC}$가 만나는 점을 D라 하면
➡ $a:b=c:d$

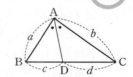

(2) **삼각형의 외각의 이등분선 :** △ABC에서 ∠A의 외각의 이등분선과 $\overline{BC}$의 연장선이 만나는 점을 D라 하면
➡ $a:b=c:d$

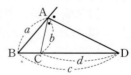

유형 3 삼각형의 두 변의 중점을 연결한 선분의 성질

난이도 ★★★

(1) △ABC에서 $\overline{AM}=\overline{MB}$, $\overline{AN}=\overline{NC}$이면
$\overline{MN}/\!/\overline{BC}$, $\overline{MN}=\dfrac{1}{2}\overline{BC}$

(2) △ABC에서 $\overline{AM}=\overline{MB}$, $\overline{MN}/\!/\overline{BC}$이면 $\overline{AN}=\overline{NC}$

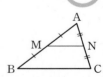

(3) $\overline{AD}/\!/\overline{BC}$인 사다리꼴 ABCD에서 $\overline{AB}$, $\overline{DC}$의 중점을 각각 M, N이라 하면
① $\overline{AD}/\!/\overline{MN}/\!/\overline{BC}$
② $\overline{MN}=\overline{MP}+\overline{PN}=\dfrac{1}{2}(\overline{AD}+\overline{BC})$
③ $\overline{PQ}=\overline{MQ}-\overline{MP}=\dfrac{1}{2}(\overline{BC}-\overline{AD})$(단, $\overline{BC}>\overline{AD}$)

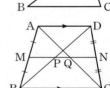

유형 4 평행선과 선분의 길이의 비

난이도 ★★

(1) **평행선 사이에 있는 선분의 길이의 비**
세 개의 평행선이 다른 두 직선과 만나서 생긴 선분의 길이의 비는 같다.
➡ $l/\!/m/\!/n$이면 $a:b=a':b'$

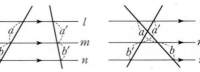

(2) 사다리꼴에서 평행선과 선분의 길이의 비

사다리꼴 ABCD에서 $\overline{AD} /\!/ \overline{BC} /\!/ \overline{EF}$이고
$\overline{AD}=a$, $\overline{BC}=b$, $\overline{AE}=m$, $\overline{EB}=n$일 때,

$$\overline{EF}=\frac{an+bm}{m+n}$$

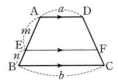

(3) 평행선과 선분의 길이의 비의 응용

$\overline{AC}$와 $\overline{BD}$의 교점을 E라 할 때
$\overline{AB} /\!/ \overline{EF} /\!/ \overline{DC}$이고 $\overline{AB}=a$, $\overline{CD}=b$이면

① $\overline{EF}=\dfrac{ab}{a+b}$ ② $\overline{BF}:\overline{FC}=a:b$

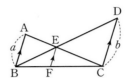

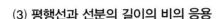 **삼각형의 중선과 무게중심** **유형 5**

(1) 삼각형의 중선 : 삼각형에서 한 꼭짓점과 그 대변의 중점을 연결한 선분을 중선이라 하고, 삼각형의 중선은 그 삼각형의 넓이를 이등분한다.

➡ $\overline{AD}$가 △ABC의 중선일 때,
　　△ABD=△ADC

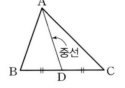

(2) 삼각형의 무게중심 : 삼각형의 세 중선이 한 점에서 만날 때, 이 점을 무게중심이라 하고, 삼각형의 무게중심은 세 중선의 길이를 꼭짓점으로부터 각각 2 : 1로 나눈다.

➡ △ABC의 무게중심이 G일 때,
　　$\overline{AG}:\overline{GD}=\overline{BG}:\overline{GE}=\overline{CG}:\overline{GF}=2:1$

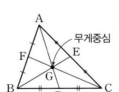

 삼각형의 무게중심의 활용 **유형 6**

(1) 삼각형의 세 중선에 의해 나누어지는 여섯 개의 삼각형의 넓이는 모두 같다

➡ △GAF=△GFB=△GBD=△GDC
　　=△GCE=△GEA=$\dfrac{1}{6}$△ABC
　　└ △GAB=△GBC=△GCA=$\dfrac{1}{3}$△ABC

(2) 평행사변형 ABCD에서 $\overline{BC}$, $\overline{CD}$의 중점을 각각 M, N이라 하면

① 점 P, Q는 각각 △ABC, △ACD의 무게중심이다.

② $\overline{BP}=\overline{PQ}=\overline{QD}=\dfrac{1}{3}\overline{BD}$

③ $\overline{PO}=\overline{QO}=\dfrac{1}{6}\overline{BD}$

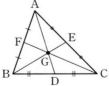

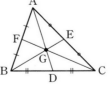

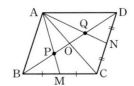

① 등급 노트

풀이전략

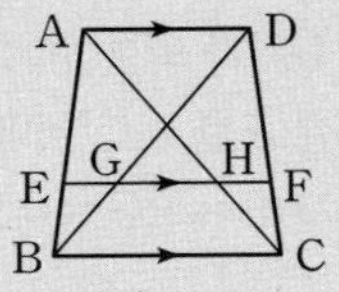

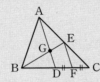

사다리꼴 ABCD에서
$\overline{AD} /\!/ \overline{EF} /\!/ \overline{BC}$일 때, $\overline{GH}$의 길이는 다음 순서로 구한다.

(1) △ABC에서 $\overline{EH}$의 길이를 구하고, △BDA에서 $\overline{EG}$의 길이를 구한다.

(2) $\overline{GH}=\overline{EH}-\overline{EG}$임을 이용한다.

TIP

점 G가 △ABC의 무게중심이고 $\overline{DF}=\overline{FC}$일 때,
△ADC에서 $\overline{AD}=2\overline{EF}$

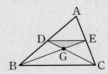

➕ 플러스 개념

점 G가 △ABC의 무게중심일 때, △DBE에서
$\overline{BG}:\overline{GE}=2:1$이므로
△DBG : △DGE=2:1

➡ △DGE=$\dfrac{1}{2}$△DBG
　　　　　=$\dfrac{1}{12}$△ABC

01

오른쪽 그림의 △ABC에서 $\overline{BC}\,/\!/\,\overline{DE}$가 되는 점 D를 $\overline{AB}$ 위에 잡고, 점 E를 $\overline{AC}$ 위에 잡는다. $\overline{AE}=9\,cm$, $\overline{EC}=6\,cm$일 때, $\dfrac{\overline{AB}}{\overline{DB}}$의 값은?

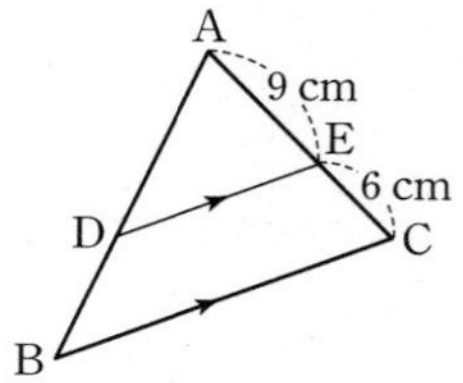

① $\dfrac{5}{2}$ 　　② 2 　　③ $\dfrac{7}{4}$

④ $\dfrac{8}{5}$ 　　⑤ $\dfrac{3}{2}$

02

오른쪽 그림과 같이 △ABC에서 $\overline{BA}$와 $\overline{CA}$의 연장선 위에 $\overline{BC}\,/\!/\,\overline{ED}$가 되도록 각각 점 D와 점 E를 잡는다. 점 M, N은 각각 $\overline{BD}$와 $\overline{CE}$의 중점이고 $\overline{ED}=6\,cm$, $\overline{BC}=8\,cm$일 때, $\overline{MN}$의 길이는?

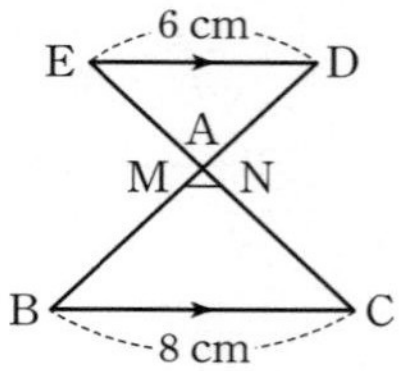

① $\dfrac{3}{4}\,cm$ 　　② $1\,cm$ 　　③ $\dfrac{5}{4}\,cm$

④ $\dfrac{3}{2}\,cm$ 　　⑤ $\dfrac{7}{4}\,cm$

03

다음 그림과 같이 직선 l 위에 네 점 A, B, C, D가 있다. 직선 l과 평행하지 않은 다른 직선 위의 세 점 E, F, G는 세 선분 AB, BC, CD를 각각 한 변으로 하는 정삼각형 ABE, BCF, CDG의 한 꼭짓점이고, $\overline{AB}$와 $\overline{EF}$의 연장선이 만나는 점이 H이다. $\overline{AE}=3\,cm$, $\overline{AH}=8\,cm$일 때, $\overline{DH}$의 길이는?

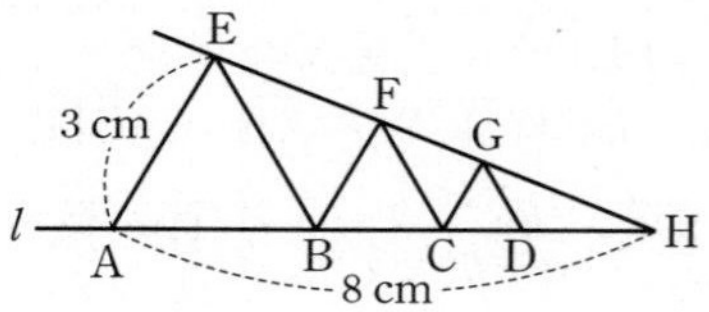

① $\dfrac{123}{64}\,cm$ 　　② $\dfrac{125}{64}\,cm$ 　　③ $\dfrac{127}{64}\,cm$

④ $\dfrac{129}{64}\,cm$ 　　⑤ $\dfrac{131}{64}\,cm$

04

오른쪽 그림과 같이 $\overline{AB}=6\,cm$, $\overline{AC}=9\,cm$인 △ABC가 있다. 직선 AD는 ∠A의 이등분선이고 두 점 E와 F는 각각 두 꼭짓점 B와 C에서 직선 AD에 내린 수선의 발이다. $\overline{DE}=2\,cm$일 때, $\overline{DF}$의 길이는?

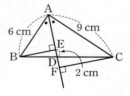

① $3\,cm$ 　　② $\dfrac{10}{3}\,cm$ 　　③ $\dfrac{11}{3}\,cm$

④ $4\,cm$ 　　⑤ $\dfrac{13}{3}\,cm$

05

오른쪽 그림과 같은 △ABC에서 ∠A의 이등분선과 $\overline{BC}$의 교점을 D, 점 D에서 $\overline{AB}$에 내린 수선의 발을 E라 하자. △ABC의 넓이가 36 cm²이고, $\overline{AC}$=8 cm, $\overline{DE}$=4 cm일 때, $\overline{AB}$의 길이는?

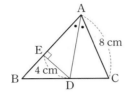

① 9 cm   ② 10 cm   ③ 11 cm
④ 12 cm   ⑤ 13 cm

06

오른쪽 그림과 같이 $\overline{AB}$=6 cm, $\overline{AC}$=4 cm인 △ABC가 있다. ∠A의 이등분선과 $\overline{BC}$의 교점을 D, ∠A의 외각의 이등분선과 $\overline{BC}$의 연장선의 교점을 E라 하자. $\overline{BD}$=3 cm이고 △ACE의 넓이가 20 cm²일 때, △ABD의 넓이는?

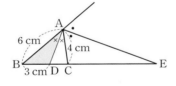

① $\dfrac{26}{5}$ cm²   ② $\dfrac{27}{5}$ cm²   ③ $\dfrac{28}{5}$ cm²
④ $\dfrac{29}{5}$ cm²   ⑤ 6 cm²

07

오른쪽 그림과 같은 △ABC에서 $\overline{AB}$ 위의 점 F와 $\overline{AC}$ 위의 두 점 D와 E는 $\overline{BD}/\!/\overline{FE}$를 만족시킨다. $\overline{CB}$와 $\overline{EF}$의 연장선이 만나는 점을 G라 하면 $\overline{GB}=\overline{BC}$이다. $\overline{AF}$=12 cm, $\overline{FE}$=9 cm, $\overline{FB}$=4 cm일 때, $\overline{FG}$의 길이는?

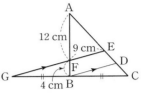

① 11 cm   ② 12 cm   ③ 13 cm
④ 14 cm   ⑤ 15 cm

08

오른쪽 그림과 같은 △ABC에서 $\overline{BC}$ 위의 점 D에 대하여 $\overline{AB}:\overline{AD}$=4:3이다. ∠BAD=30°, ∠DAC=75°이고 $\overline{BD}$=10 cm일 때, $\overline{DC}$의 길이는?

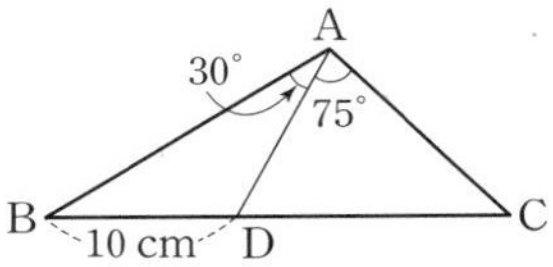

① 22 cm   ② 24 cm   ③ 26 cm
④ 28 cm   ⑤ 30 cm

09

오른쪽 그림의 △ABC에서 점 E는 $\overline{AB}$의 중점이고 점 D는 $\overline{AD} : \overline{DC} = 2 : 1$을 만족시킨다. $\overline{BD}$와 $\overline{CE}$의 교점을 F라 하면 $\overline{BF} = 9$ cm일 때, $\overline{FD}$의 길이는?

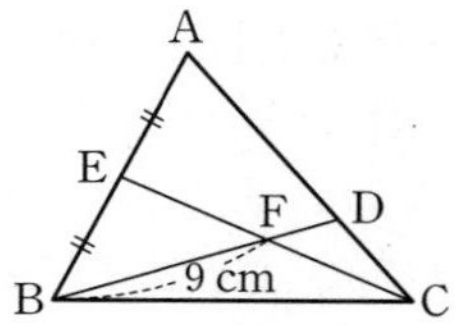

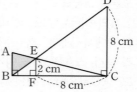

① $\dfrac{5}{3}$ cm   ② 2 cm   ③ $\dfrac{7}{3}$ cm

④ $\dfrac{8}{3}$ cm   ⑤ 3 cm

10

오른쪽 그림과 같이 $\overline{AD} /\!/ \overline{BC}$이고 $\overline{AD} = 4$ cm인 사다리꼴 ABCD에서 두 점 E, F가 각각 $\overline{AB}$, $\overline{CD}$ 위의 점일 때, $\overline{AD} /\!/ \overline{EF}$이다. $\overline{EF}$가 $\overline{BD}$, $\overline{AC}$ 와 만나는 점을 각각 P, Q라 하면 $\overline{PQ} = 3$ cm이고 $2\overline{AE} = 3\overline{EB}$일 때, $\overline{BC}$의 길이는?

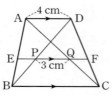

① $\dfrac{22}{3}$ cm   ② $\dfrac{23}{3}$ cm   ③ 8 cm

④ $\dfrac{25}{3}$ cm   ⑤ $\dfrac{26}{3}$ cm

11

오른쪽 그림과 같이 $\angle B = 90°$인 △ABC에서 점 F는 $\overline{AC}$ 위의 점 E에서 $\overline{BC}$에 내린 수선의 발이고, $\overline{BE}$의 연장선 위의 점 D는 $\angle DCB = 90°$를 만족시킨다. $\overline{EF} = 2$ cm, $\overline{DC} = \overline{FC} = 8$ cm일 때, △ABE의 넓이는?

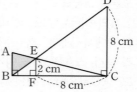

① $\dfrac{29}{9}$ cm²   ② $\dfrac{10}{3}$ cm²   ③ $\dfrac{31}{9}$ cm²

④ $\dfrac{32}{9}$ cm²   ② $\dfrac{11}{3}$ cm²

12

오른쪽 그림과 같이 세 직선 l, m, n이 $l /\!/ m /\!/ n$일 때, x의 값은?

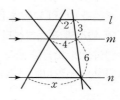

① 5   ② 6

③ 7   ④ 8

⑤ 9

13

오른쪽 그림과 같이 △ABC에서 점 D는 $\overline{BC}$의 중점이고, 두 점 G, G′은 각각 △ABD와 △ADC의 무게중심이다. 또, 두 점 E와 F는 각각 $\overline{AG}$와 $\overline{AG'}$의 연장선이 $\overline{BC}$와 만나는 점이다. $\overline{GG'}=8$ cm일 때, $\overline{BF}$의 길이는?

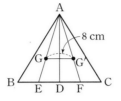

① 10 cm　　② 12 cm　　③ 14 cm
④ 16 cm　　⑤ 18 cm

14

오른쪽 그림과 같이 $\overline{AD}\,/\!/\,\overline{BC}$인 사다리꼴 ABCD가 있다. 두 점 G, G′은 각각 △ABD, △ACD의 무게중심이고 $\overline{BC}=8$ cm일 때, $\overline{GG'}$의 길이는?

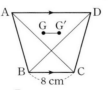

① $\dfrac{5}{3}$ cm　　② 2 cm　　③ $\dfrac{7}{3}$ cm
④ $\dfrac{8}{3}$ cm　　⑤ 3 cm

15

오른쪽 그림은 다음을 만족시키는 △ABC이다.

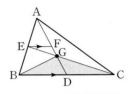

(가) 점 G는 △ABC의 무게중심이다.
(나) $\overline{AG}$의 연장선이 $\overline{BC}$와 만나는 점이 D이고 $\overline{CG}$의 연장선이 $\overline{AB}$와 만나는 점이 E이다.
(다) $\overline{AD}$ 위의 점 F는 $\overline{EF}\,/\!/\,\overline{BC}$를 만족시킨다.

△AEF의 넓이가 6 cm²일 때, △GBC의 넓이는?

① 15 cm²　　② 16 cm²　　③ 17 cm²
④ 18 cm²　　⑤ 19 cm²

16

오른쪽 그림과 같은 평행사변형 ABCD에서 두 점 M, N은 각각 $\overline{AB}$, $\overline{BC}$의 중점이고, 점 P는 $\overline{AN}$, $\overline{BD}$, $\overline{CM}$의 교점이다. △BMP의 넓이가 3 cm²일 때, △APD의 넓이는?

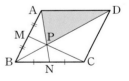

① 8 cm²　　② 10 cm²　　③ 12 cm²
④ 14 cm²　　⑤ 16 cm²

01

오른쪽 그림과 같이 ∠B=90°인 △ABC에서 $\overline{AC}$ 위의 점 F에서 $\overline{BC}$에 내린 수선의 발을 G라 하고, △ABC의 외부의 점 D에 대하여 ∠DCB=90°이고 $\overline{DF}$의 연장선과 $\overline{BC}$의 교점을 E라 하자. $\overline{AB}=3$ cm, $\overline{BE}=2$ cm, $\overline{EC}=8$ cm, $\overline{DC}=12$ cm일 때, △EGF의 넓이는?

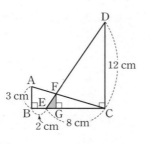

① 1 cm²   ② $\dfrac{4}{3}$ cm²   ③ $\dfrac{5}{3}$ cm²

④ 2 cm²   ⑤ $\dfrac{7}{3}$ cm²

02

오른쪽 그림의 △ABC에서 $\overline{BC}$ 위의 점 D, E는 ∠BAD=∠ACB, ∠DAE=∠CAE를 만족시킨다. $\overline{AB}=12$, $\overline{BC}=24$, $\overline{AC}=20$일 때, $\dfrac{\overline{DC}}{\overline{DE}}$의 값은?

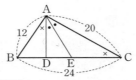

① $\dfrac{11}{4}$ ② 3   ③ $\dfrac{13}{4}$

④ $\dfrac{7}{2}$ ⑤ $\dfrac{15}{4}$

03

오른쪽 그림과 같이 $\overline{AB}$ 위의 점 E에 대하여 $\overline{AE}=6$, $\overline{EB}=4$, $\overline{AC}=4$인 △ABC가 있다. ∠A의 이등분선과 $\overline{BC}$가 만나는 점을 D, $\overline{EC}$와 $\overline{AD}$가 만나는 점을 F라 할 때, $\dfrac{\triangle AEF}{\triangle FDC}$의 값은?

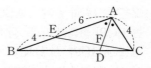

① $\dfrac{59}{8}$ ② $\dfrac{61}{8}$ ③ $\dfrac{63}{8}$

④ $\dfrac{65}{8}$ ⑤ $\dfrac{67}{8}$

04

오른쪽 그림과 같이 △ABC에서 $\overline{BC}$의 5등분점 중에서 왼쪽부터 두 번째, 네 번째 점을 각각 D, E라 하자. $\overline{AB}$의 중점을 F라 하고, $\overline{AD}$, $\overline{AE}$와 $\overline{CF}$의 교점을 각각 P, Q라 하자. $\overline{FP}=6$ cm일 때, $\overline{QC}$의 길이는?

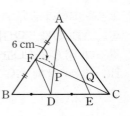

① 7 cm   ② 8 cm   ③ 9 cm

④ 10 cm   ⑤ 11 cm

정답과 풀이 ▶ 40쪽

05

오른쪽 그림과 같이 △ABC에서 점 D 는 $\overline{AB}$의 중점이고, 점 F는 $\overline{DC}$의 삼 등분점 중에서 점 C에 가까운 점이다. $\overline{AF}$의 연장선과 $\overline{BC}$의 교점을 E라 하 자. $\overline{AF} = 15$ cm일 때, $\overline{FE}$의 길이는?

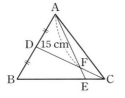

① 3 cm
② $\dfrac{10}{3}$ cm
③ $\dfrac{11}{3}$ cm

④ 4 cm
⑤ $\dfrac{13}{3}$ cm

06

오른쪽 그림과 같은 □ABCD에서 두 점 E와 F는 각각 $\overline{AB}$, $\overline{DC}$ 위의 점이고, $\overline{AD} /\!/ \overline{EF} /\!/ \overline{BC}$이다. 점 O는 $\overline{AC}$, $\overline{DB}$, $\overline{EF}$의 교점이고, 점 G는 $\overline{EC}$와 $\overline{BD}$의 교 점이다. 점 G를 지나고 $\overline{BC}$에 평행한 직선 이 $\overline{AC}$와 만나는 점을 H라 하고 $\overline{AD} = 8$, $\overline{BC} = 12$일 때, $\overline{EO}$ 와 $\overline{GH}$의 길이의 합은?

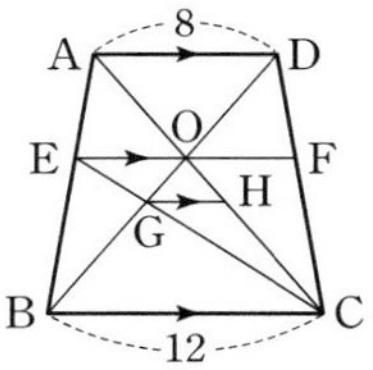

① $\dfrac{288}{35}$
② $\dfrac{58}{7}$
③ $\dfrac{292}{35}$

④ $\dfrac{42}{5}$
⑤ $\dfrac{296}{35}$

07

오른쪽 그림과 같이 △ABC에서 $\overline{AB}$ 위의 두 점 H, D와 $\overline{AC}$ 위의 두 점 I, F는 $\overline{HI} /\!/ \overline{DF} /\!/ \overline{BC}$를 만족시킨다. 또, 점 G와 점 G′은 △ABC와 △ADF의 무게중심이고 각각 $\overline{DF}$와 $\overline{HI}$ 위에 있 다. △ABC의 넓이가 81일 때, △DEF와 △HGI의 넓이의 합 은?

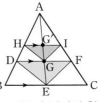

① 26
② 28
③ 30

④ 32
⑤ 34

08

오른쪽 그림과 같이 △ABC에서 점 G 는 △ABC의 무게중심이다. 점 G를 지 나고 $\overline{BC}$에 평행한 직선이 $\overline{AB}$, $\overline{AC}$와 만나는 점을 각각 D, E라 하고 점 G를 지나고 $\overline{AB}$에 평행한 직선이 $\overline{AC}$, $\overline{BC}$ 와 만나는 점을 각각 F, H라 하자. 또, $\overline{AG}$의 연장선이 $\overline{BC}$와 만나는 점을 I라 하자. △GEF의 넓이 가 4 cm²일 때, △ABC의 넓이는?

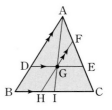

① 36 cm²
② 38 cm²
③ 40 cm²

④ 42 cm²
⑤ 44 cm²

01

오른쪽 그림과 같이 △ABC에서 두 점 D와 E는 $\overline{BC}$의 삼등분점이고 점 F는 $\overline{AC}$의 중점이다. 점 P와 점 Q는 각각 $\overline{AD}$, $\overline{AE}$와 $\overline{BF}$의 교점이고 △QEF=2일 때, △BEP와 △PEQ의 넓이의 곱은?

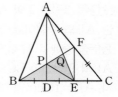

① 11　　　　　　② 12　　　　　　③ 13
④ 14　　　　　　⑤ 15

02

오른쪽 그림과 같은 △ABC에서 점 D와 점 E는 각각 ∠C와 ∠A의 이등분선과 $\overline{AB}$와 $\overline{BC}$가 만나는 점이다. $\overline{AC}=12$, $\overline{BE}=3$, $\overline{EC}=5$일 때, □DBEF$=k$△FEC이다. k의 값을 구하시오.

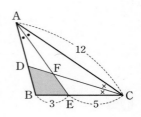

03

오른쪽 그림과 같은 △ABC에서 점 H는 점 C에서 $\overline{AB}$에 내린 수선의 발이고 ∠ABC$=\dfrac{1}{2}$∠BAC이다. $\overline{AB}=16$, $\overline{AC}=10$일 때, $\overline{AH}$의 길이는?

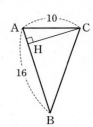

① 2　　　　　　② $\dfrac{9}{4}$　　　　　　③ $\dfrac{5}{2}$
④ $\dfrac{11}{4}$　　　　　⑤ 3

04

오른쪽 그림과 같은 평행사변형 ABCD에서 두 대각선의 교점 O를 지나는 직선이 $\overline{CD}$와 만나는 점을 P, $\overline{BC}$의 연장선과 $\overline{OP}$의 연장선이 만나는 점을 Q라 하자. $\overline{AB}=10$, $\overline{BC}=14$, $\overline{CQ}=5$이고, $\overline{DP}$는 $\overline{PC}$의 k배일 때, k의 값은?

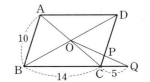

① $\dfrac{19}{5}$ ② 4   ③ $\dfrac{21}{5}$

④ $\dfrac{22}{5}$ ⑤ $\dfrac{23}{5}$

05

오른쪽 그림과 같이 △ABC에서 점 G는 △ABC의 무게중심이고, 두 점 P와 Q는 각각 △ABG와 △AGC의 무게중심이다. 점 D는 $\overline{BC}$의 중점, 점 R는 $\overline{PQ}$와 $\overline{AD}$의 교점이고 $\overline{AD}=20$일 때, $\overline{RG}$의 길이를 구하시오.

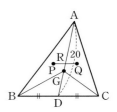

06

오른쪽 그림과 같은 평행사변형 ABCD에서 두 점 M, N은 각각 $\overline{BC}$와 $\overline{CD}$의 중점이고, 두 점 P, Q는 각각 $\overline{BD}$와 $\overline{AM}$, $\overline{AN}$의 교점이다. □PMNQ의 넓이는 △MCN의 넓이의 k배일 때, k의 값은?

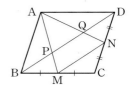

① $\dfrac{4}{3}$ ② $\dfrac{3}{2}$ ③ $\dfrac{5}{3}$

④ $\dfrac{11}{6}$ ⑤ 2

Level 4 평행선 사이의 선분의 길이의 비

01

오른쪽 그림과 같은 평행사변형 ABCD에서 직선 AD와 직선 BC 위의 점을 각각 E, F라 할 때, $\overline{EA} : \overline{AD} = 1 : 2$, $\overline{BC} : \overline{CF} = 3 : 1$을 만족시킨다. $\overline{EF}$가 $\overline{AB}$와 만나는 점을 G, $\overline{EF}$가 $\overline{DC}$와 만나는 점을 H라 할 때, $\overline{CH} = 1$이다. □AGHD와 □GBCH의 둘레의 길이의 차는?

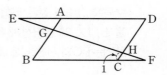

① $\dfrac{1}{2}$ ② 1 ③ $\dfrac{3}{2}$

④ 2 ⑤ $\dfrac{5}{2}$

02

오른쪽 그림과 같이 $\overline{AD} /\!/ \overline{BC}$, $\overline{BC} = 3\overline{AD}$인 사다리꼴 ABCD에서 $\overline{AD}$와 $\overline{BC}$의 중점을 각각 E, F라 하자. $\overline{AB}$ 위의 점 G에 대하여 $\overline{AG} : \overline{GB} = 1 : 3$을 만족시킬 때, $\overline{EF}$와 $\overline{CG}$의 교점을 H라 하자. □ABCD와 △HFC의 넓이의 비가 $a : b$일 때, $a+b$의 값은? (단, a와 b는 서로소인 자연수이다.)

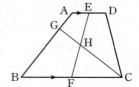

① 17 ② 18 ③ 19

④ 20 ⑤ 21

03

오른쪽 그림과 같이 $\overline{AB} = 10$, $\overline{BC} = 8$인 △ABC에서 $\overline{AB}$ 위의 점 D는 $\overline{AD} = \overline{DB}$를 만족시킨다. 또한, △ABC에서 ∠B의 이등분선이 $\overline{AC}$, $\overline{DC}$와 만나는 점을 각각 E, F라 하자. △EFC의 넓이가 S일 때, □ADFE의 넓이는 $\dfrac{q}{p}S$이다. $p+q$의 값을 구하시오. (단, p와 q는 서로소인 자연수이다.)

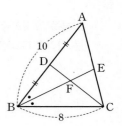

04

오른쪽 그림과 같이 반지름의 길이가 6인 부채꼴 AOB가 있다. 점 B를 지나고 직선 OA에 평행한 직선 위의 점 C는 ∠OAC=90°를 만족시킨다. 선분 OA 위의 점 D가 $\overline{OD}=\overline{DA}=\overline{AC}$를 만족시키고, $\overline{BD}$와 ∠BOA의 이등분선이 만나는 점을 E라 할 때, △EOA의 넓이를 구하시오.

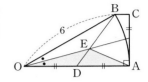

05

오른쪽 그림과 같이 평행사변형 ABCD에서 $\overline{AD}$의 연장선 위의 점을 E, $\overline{BC}$ 위의 점을 F라 할 때, $\overline{EA}:\overline{AD}=1:2$, $\overline{BF}:\overline{FC}=3:1$을 만족시킨다. 직선 EF가 $\overline{AB}$, $\overline{DC}$의 연장선과 만나는 점을 각각 G, H라 하자. △GBF의 넓이가 9일 때, 오각형 AGFCD의 넓이는?

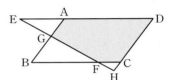

① 27   ② 28   ③ 29

④ 30   ⑤ 31

06

오른쪽 그림과 같이 □ABCD의 각 변의 중점을 E, F, G, H라 할 때, <보기>에서 옳은 것만을 있는 대로 고른 것은?

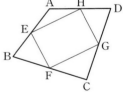

┌ 보기 ┐

ㄱ. $\overline{AC}=\overline{BD}$이면 $\overline{EG}\perp\overline{FH}$이다.

ㄴ. $\overline{AD}\,/\!/\,\overline{BC}$, $\overline{AB}=\overline{CD}$이면 $\overline{EG}\perp\overline{FH}$이다.

ㄷ. $\overline{AB}=\overline{DA}$, $\overline{BC}=\overline{CD}$이면 $\overline{EG}=\overline{FH}$이다.

① ㄱ   ② ㄱ, ㄴ   ③ ㄱ, ㄷ   ④ ㄴ, ㄷ   ⑤ ㄱ, ㄴ, ㄷ

07

오른쪽 그림과 같이 △ABC에서 두 점 D, E는 각각 $\overline{AB}$, $\overline{BC}$의 중점이다. $\overline{AF}=2\overline{CF}$를 만족시키는 $\overline{CA}$ 위의 점을 F라 하고, $\overline{AE}$와 $\overline{DF}$, $\overline{BF}$의 교점을 각각 G, H라 하자. $\overline{AE}$의 길이가 a일 때, $\overline{GH}$의 길이가 자연수가 되도록 하는 자연수 a의 최솟값을 구하시오.

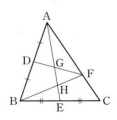

6 피타고라스 정리

고난도 대표유형 · 핵심개념

① 등급 노트

풀이전략

직각삼각형에서 두 변의 길이를 알면 피타고라스 정리를 이용하여 나머지 한 변의 길이를 구할 수 있다.

➡ $c^2=a^2+b^2$, $b^2=c^2-a^2$, $a^2=c^2-b^2$

참고

(1) $\triangle ABC \backsim \triangle DBA$
$\backsim \triangle DAC$(AA 닮음)

(2) $\triangle ABC = \frac{1}{2} \times \overline{AB} \times \overline{AC}$
$= \frac{1}{2} \times \overline{BC} \times \overline{AD}$

➕ 플러스 개념

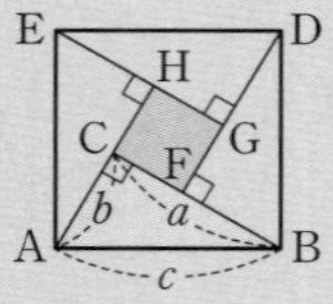

정사각형 ABDE, CFGH에 대하여

$\triangle ABC \equiv \triangle BDF \equiv \triangle DEG$
$\equiv \triangle EAH$

이므로

$\overline{CF}=\overline{FG}=\overline{GH}=\overline{HC}$
$= a-b$

참고

삼각형의 세 변의 길이 사이의 관계
(가장 긴 변의 길이)<(나머지 두 변의 길이의 합)

유형 1 피타고라스 정리

난이도 ★

(1) **피타고라스 정리**
직각삼각형에서 직각을 낀 두 변의 길이를 각각 a, b라 하고, 빗변의 길이를 c라 하면
$a^2+b^2=c^2$

(2) 주어진 도형에서 직각삼각형을 찾고 피타고라스 정리를 이용한다.

① 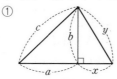 ➡ $a^2+b^2=c^2$
➡ $x^2+b^2=y^2$

② 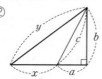 ➡ $a^2+b^2=c^2$
➡ $(x+a)^2+b^2=y^2$

유형 2 직각삼각형의 닮음과 피타고라스 정리

난이도 ★★

$\angle A=90°$인 직각삼각형 $\triangle ABC$에서 $\overline{AD} \perp \overline{BC}$일 때

(1) **피타고라스 정리** : $a^2=b^2+c^2$
(2) **직각삼각형의 닮음** : $c^2=ax$, $b^2=ay$, $h^2=xy$
(3) **직각삼각형의 넓이를 이용한 등식** : $bc=ah$

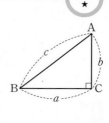

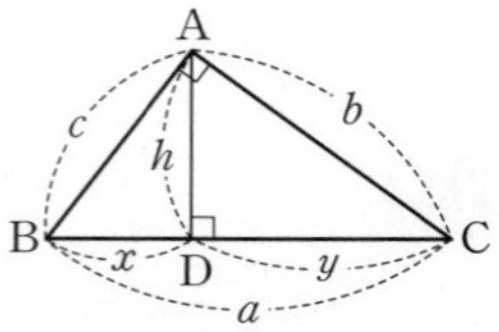

유형 3 피타고라스 정리의 확인

난이도 ★★

(1) **유클리드 방법**
직각삼각형 ABC의 세 변을 각각 한 변으로 하는 세 정사각형 ACDE, BHIC, AFGB를 만들면
$\square ACDE+\square BHIC=\square AFGB$이므로 $\overline{AC}^2+\overline{BC}^2=\overline{AB}^2$
$\square ACDE=\square AFML$, $\square BHIC=\square LMGB$

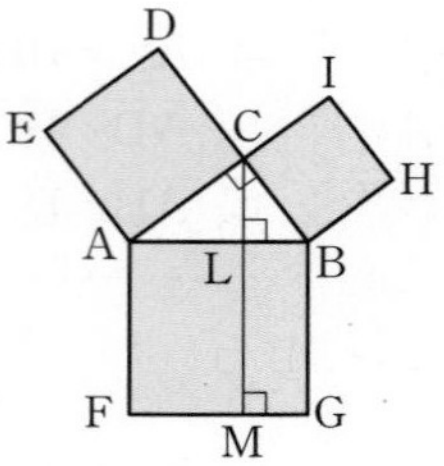

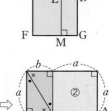

(2) **피타고라스 방법**
(①의 넓이)=(②의 넓이)+(③의 넓이)이므로
$a^2+b^2=c^2$

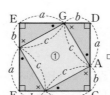

유형 4 삼각형의 변과 각 사이의 관계

난이도 ★★

$\triangle ABC$에서 $\overline{AB}=c$, $\overline{BC}=a$, $\overline{CA}=b$이고 c가 가장 긴 변의 길이일 때

(1) $c^2<a^2+b^2$이면 $\angle C<90°$이고 $\triangle ABC$는 예각삼각형이다.
(2) $c^2=a^2+b^2$이면 $\angle C=90°$이고 $\triangle ABC$는 직각삼각형이다.
(3) $c^2>a^2+b^2$이면 $\angle C>90°$이고 $\triangle ABC$는 둔각삼각형이다.

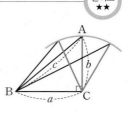

피타고라스 정리를 이용한 도형의 성질(1)　유형 5

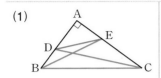

(1)
∠A=90°인 직각삼각형 ABC에서 $\overline{AB}$, $\overline{AC}$ 위의 점 D, E에 대하여
$$\overline{DE}^2+\overline{BC}^2 = \overline{BE}^2+\overline{CD}^2$$

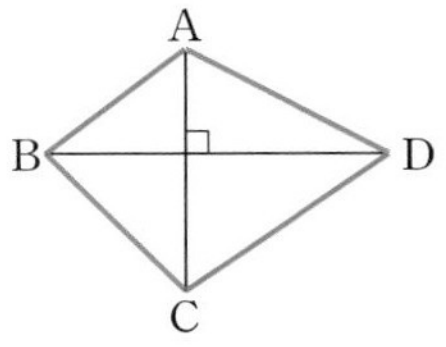

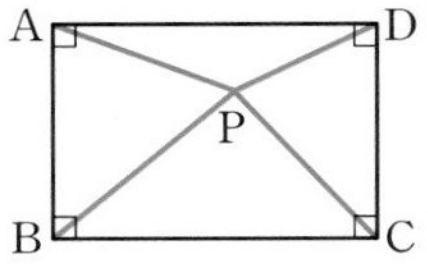

(2)
$\square$ABCD의 두 대각선이 직교할 때,
$$\overline{AB}^2+\overline{CD}^2 = \overline{AD}^2+\overline{BC}^2$$

(3)
직사각형 ABCD의 내부에 임의의 점 P가 있을 때,
$$\overline{AP}^2+\overline{CP}^2 = \overline{BP}^2+\overline{DP}^2$$

1 등급 노트

참고

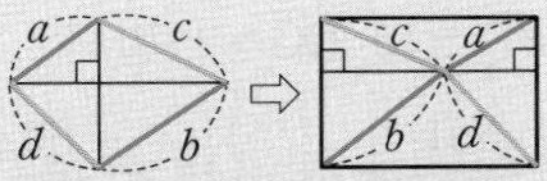

두 대각선이 직교하는 사각형의 성질을 이용하면
$a^2+b^2=c^2+d^2$

난이도
★★

피타고라스 정리를 이용한 도형의 성질(2)　유형 6

(1) **직각삼각형의 세 반원 사이의 관계**

∠A=90°인 직각삼각형 ABC에서 세 변 AB, AC, BC를 각각 지름으로 하는 반원의 넓이를 S_1, S_2, S_3이라 할 때,
$$S_1+S_2=S_3$$

(2) **히포크라테스의 원의 넓이**

(색칠한 부분의 넓이)$=\triangle$ABC$=\dfrac{1}{2}bc$

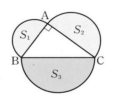

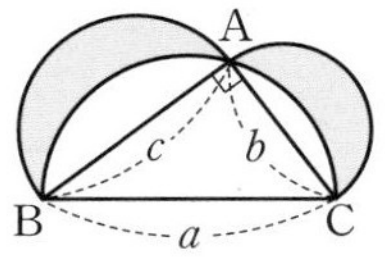

참고

히포크라테스의 원의 넓이
세 변 AB, AC, BC를 각각 지름으로 하는 반원의 넓이를 S_1, S_2, S_3이라 하면
(색칠한 부분의 넓이)
$=S_1+S_2+\triangle$ABC$-S_3$
$=S_3+\triangle$ABC$-S_3$
$=\triangle$ABC

난이도
★★★

최단 거리　유형 7

(1) **각기둥에서의 최단 거리**

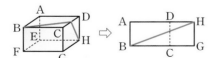

(2) **원기둥에서의 최단 거리**

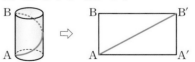

(3) **좌표평면에서의 최단 거리**

점 P가 직선 l 위의 점일 때, 점 A와 직선 l에 대하여 대칭인 점을 A'이라 하면
$$\overline{AP}+\overline{BP}=\overline{A'P}+\overline{BP}\geq\overline{A'B}$$
즉, $\overline{AP}+\overline{BP}$의 최소 길이는 $\overline{A'B}$의 길이와 같다.

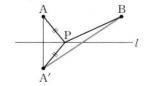

풀이전략

입체도형에서의 최단 거리는 다음 순서로 구한다.
(1) 선이 지나는 부분의 전개도를 그린다.
(2) 선이 지나는 시작점과 끝 점을 선분으로 잇는다.
(3) 피타고라스 정리를 이용하여 선분의 길이를 구한다.

01

오른쪽 그림과 같은 □ABCD에서
∠ABD=∠BDC=90°이고 $\overline{AB}$=6,
$\overline{AD}$=10, $\overline{BC}$=17일 때, $\overline{AC}^2$의 값은?

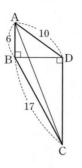

① 501   ② 502

③ 503   ④ 504

⑤ 505

02

오른쪽 그림과 같은 △ABC에서
$\overline{AB}$=$\overline{BC}$=$\overline{CD}$=$\overline{DE}$=$\overline{EF}$이고
∠ABC=∠ACD=∠ADE
     =∠AEF=90°
이다. △AEF의 넓이가 16일 때,
$\overline{AB}$의 길이는?

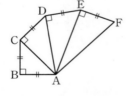

① 1   ② 2   ③ 3

④ 4   ⑤ 5

03

오른쪽 그림과 같이 직사각형
ABCD의 변 BC 위에
$\overline{AE}$=5 cm가 되도록 점 E를
잡고 $\overline{AD}$ 위에 $\overline{AE}⊥\overline{EF}$가 되
도록 점 F를 잡는다. $\overline{AB}$=4 cm, $\overline{AD}$=10 cm일 때, $\overline{DF}$의
길이는?

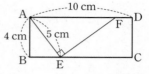

① $\frac{4}{3}$ cm   ② $\frac{5}{3}$ cm   ③ 2 cm

④ $\frac{7}{3}$ cm   ⑤ $\frac{8}{3}$ cm

04

오른쪽 그림에서 점 G가 ∠C=90°
인 직각삼각형 ABC의 무게중심이
고 $\overline{AC}$=18, $\overline{CG}$=10일 때, $\overline{BC}$의
길이는?

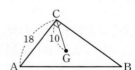

① 22   ② 23   ③ 24

④ 25   ⑤ 26

05

오른쪽 그림과 같이 $\overline{AB}=\overline{AC}$인 이등변삼각형 ABC의 밑변 BC 위에 한 점 P를 잡고 점 P에서 두 변 AB, AC에 내린 수선의 발을 각각 Q, R라 하자. $\overline{AB}=25$, $\overline{BC}=14$일 때, $\overline{PQ}+\overline{PR}$의 값은?

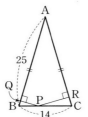

① $\dfrac{336}{25}$ ② $\dfrac{337}{25}$

③ $\dfrac{338}{25}$ ④ $\dfrac{68}{5}$

⑤ $\dfrac{69}{5}$

06

오른쪽 그림과 같은 삼각기둥 ABC−DEF에서 점 M은 $\overline{CF}$의 중점이고 △AEM은 정삼각형일 때, 이 삼각기둥의 높이는?

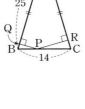

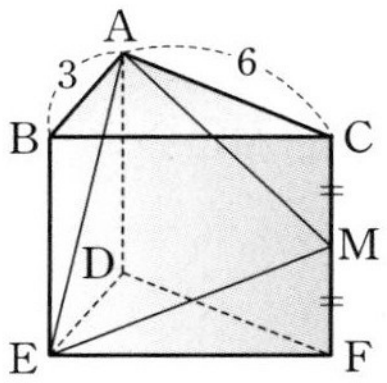

① 4 ② 5

③ 6 ④ 7

⑤ 8

07

오른쪽 그림은 직사각형 ABCD를 $\overline{BF}$를 접는 선으로 하여 꼭짓점 C가 $\overline{AD}$ 위의 점 E에 오도록 접은 것이다. $\overline{AB}=9$ cm, $\overline{BC}=15$ cm일 때, △BEF의 넓이는?

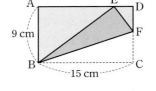

① 35 cm² ② $\dfrac{75}{2}$ cm² ③ 40 cm²

④ $\dfrac{85}{2}$ cm² ⑤ 45 cm²

08

다음 그림과 같이 $\overline{AC}\perp\overline{CD}$, $\overline{BD}\perp\overline{CD}$이고 $\overline{AC}=5$, $\overline{BD}=3$, $\overline{CD}=15$인 □ACDB가 있다. 점 P가 $\overline{CD}$ 위를 움직일 때, $\overline{AP}+\overline{BP}$의 최솟값은?

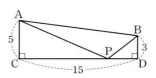

① 15 ② 16 ③ 17

④ 18 ⑤ 19

09

오른쪽 그림과 같이 원점 O에서 일차 방정식 $4x+3y=24$의 그래프에 내린 수선의 발을 H라 할 때, $\overline{OH}$의 길이는?

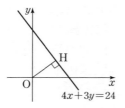

① $\dfrac{24}{5}$ ② 5

③ $\dfrac{26}{5}$ ④ $\dfrac{28}{5}$

⑤ 6

11

오른쪽 그림은 $\angle A=90°$인 직각삼각형 ABC에서 $\overline{BC}$를 한 변으로 하는 정사각형 BDEC를 그린 것이다. 점 A에서 $\overline{DE}$에 내린 수선의 발을 G, $\overline{AG}$와 $\overline{BC}$의 교점을 F라 하자. $\overline{AC}=15$, $\overline{BC}=17$일 때, $\square$BDGF의 넓이는?

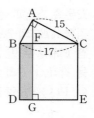

① 60   ② 61   ③ 62

④ 63   ⑤ 64

10

오른쪽 그림과 같이 $\angle A=90°$인 직각삼각형 ABC에서 점 M은 $\overline{BC}$의 중점이고, 점 H는 점 A에서 $\overline{BC}$에 내린 수선의 발이다. $\overline{AB}=16$, $\overline{AC}=12$일 때, △AMH의 넓이를 구하시오.

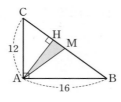

12

세 변의 길이가 각각 6, 8, x인 삼각형이 둔각삼각형이 되도록 하는 자연수 x의 개수는?

① 4   ② 5   ③ 6

④ 7   ⑤ 8

13

오른쪽 그림과 같이 직사각형
ABCD의 내부에 있는 두 점 P, Q
에 대하여 $\overline{AD} /\!/ \overline{PQ} /\!/ \overline{BC}$이고
$\overline{AP}=2$, $\overline{DQ}=7$, $\overline{CQ}=9$일 때,
$\overline{BP}$의 길이는?

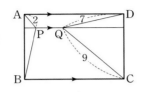

① 4   ② 5   ③ $\dfrac{16}{3}$

④ 6   ⑤ $\dfrac{23}{3}$

14

오른쪽 그림과 같이 $\overline{AB}=\overline{AC}$인 직각
이등변삼각형 ABC의 세 변을 각각 지
름으로 하는 반원을 그렸다. 색칠한 부
분의 넓이가 25 cm²일 때, $\overline{BC}$의 길이
는?

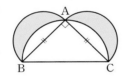

① 8 cm   ② 9 cm   ③ 10 cm

④ 11 cm   ⑤ 12 cm

15

오른쪽 그림은 가로의 길이가 4 cm, 세
로의 길이가 6 cm인 직사각형의 각 변
을 지름으로 하는 반원과 직사각형의
대각선을 지름으로 하는 원을 그린 것
이다. 이때 색칠한 부분의 넓이는?

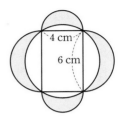

① 24 cm²   ② 30 cm²

③ 24π cm²   ④ 26π cm²

⑤ 32π cm²

16

오른쪽 그림과 같이 밑면의 반지름의 길이가
3이고 높이가 16π인 원기둥이 있다. $\overline{AB}$에
대하여 점 A에서 옆면을 따라 두 바퀴 돌아
점 B에 이르는 최단 거리를 구하시오.

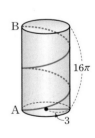

01

오른쪽 그림과 같이 ∠A=90°
이고 $\overline{AB}=\overline{AC}$인 직각이등변
삼각형 ABC에서 점 C를 지
나고 $\overline{AB}$에 평행한 직선 위에
점 D를 잡고 $\overline{BD}$와 $\overline{AC}$의 교
점을 E라 하자. $\overline{AB}=16$, $\overline{BE}=20$일 때, △AED의 넓이는?

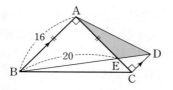

① 30   ② 32   ③ 34
④ 36   ⑤ 38

02

오른쪽 그림과 같이 밑면의 반지름의 길이
가 3 cm이고 모선의 길이가 12 cm인 원뿔
이 있다. 모선 AB를 삼등분하는 점 중에서
점 A에 가까운 점부터 P, Q라 하고, 점 P
에서 원뿔의 옆면을 따라 실을 한 바퀴 감
아 점 Q에 이르게 한다. 실의 최소 길이를
l cm라 할 때, l^2의 값은?

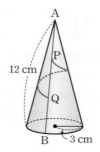

① 80   ② 82
③ 84   ④ 86
⑤ 88

03

오른쪽 그림과 같은 정사각형
ABCD에서 두 점 P, S는 각각
$\overline{AD}$, $\overline{AB}$ 위의 점이고 $\overline{AP}=6$ cm,
$\overline{PD}=3$ cm, $\overline{AS}=2$ cm이다. 점 P
에서 $\overline{CD}$, $\overline{BC}$ 위의 점 Q, R를 차례
대로 지나 점 S에 이르는 최단 거리
는?

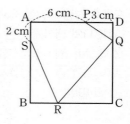

① 16 cm   ② 17 cm   ③ 18 cm
④ 19 cm   ⑤ 20 cm

04

오른쪽 그림과 같이 한 변의 길이가
24 cm인 정사각형 ABCD를 $\overline{FI}$를
접는 선으로 하여 꼭짓점 C가 $\overline{AD}$
위의 점 E에 오도록 접을 때,
$\overline{DE}:\overline{EF}=4:5$가 된다. 직선 FI에
대한 점 B의 대응점을 H라 하고,
$\overline{AB}$와 $\overline{EH}$의 교점을 G라 할 때, $\overline{GH}$
의 길이는?

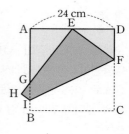

① $\frac{5}{2}$ cm   ② 3 cm   ③ 4 cm
④ $\frac{9}{2}$ cm   ⑤ 5 cm

05

오른쪽 그림과 같이 ∠A=90°인
직각삼각형 ABC에서 $\overline{AB}$ 위의
점 D, $\overline{AC}$ 위의 점 E, F에 대하여
$\overline{DE} /\!/ \overline{BF}$, $\overline{DF} /\!/ \overline{BC}$이다.
$\overline{DF}=4$이고 $\overline{AE}:\overline{EF}=2:3$일 때, $\overline{BF}^2+\overline{CD}^2$의 값은?

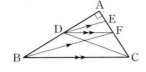

① 115   ② 116   ③ 117

④ 118   ⑤ 119

06

오른쪽 그림과 같이 밑면의 반지름의 길이가 5
이고 모선의 길이가 13인 원뿔 안에 구가 꼭 맞
게 들어 있다. 이 구의 겉넓이는?

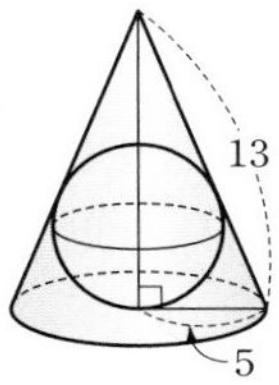

① $\dfrac{100}{9}\pi$ ② $\dfrac{200}{9}\pi$

③ $\dfrac{100}{3}\pi$ ④ $\dfrac{400}{9}\pi$

⑤ $\dfrac{500}{9}\pi$

07

오른쪽 그림은 ∠A=90°인 직각삼각
형 ABC의 세 변 AB, BC, CA를 각
각 한 변으로 하는 정사각형 ADEB,
BFGC, ACHI를 그린 것이다.
$\overline{AC}=8$, $\overline{BC}=17$일 때, △CGH의 넓
이는?

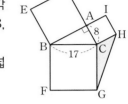

① 60   ② 62

③ 64   ④ 66

⑤ 68

08

오른쪽 그림과 같이 ∠A=90°인 직각삼각
형 ABC의 두 변 AB, AC를 지름으로 하
는 반원의 넓이를 각각 S_1, S_2라 하자. 변
BC를 반지름으로 하는 사분원의 넓이를
S_1, S_2에 대한 식으로 나타내면?

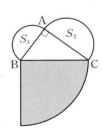

① $\dfrac{S_1+S_2}{4}$ ② $\dfrac{S_1+S_2}{2}$

③ $2S_1+S_2$ ④ $2(S_1+S_2)$

⑤ $3(S_1+S_2)$

01

오른쪽 그림과 같이 $\overline{AD} /\!/ \overline{BC}$이고 $\angle A = \angle B = 90°$인 사다리꼴 ABCD를 직선 l을 회전축으로 하여 1회전 시킬 때 생기는 입체도형의 부피는?

① $550\pi \ cm^3$ ② $600\pi \ cm^3$ ③ $650\pi \ cm^3$
④ $700\pi \ cm^3$ ⑤ $750\pi \ cm^3$

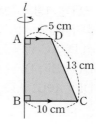

02

오른쪽 그림과 같이 구의 중심 O에서 구의 반지름의 길이의 $\frac{1}{2}$만큼 떨어진 평면으로 구를 자를 때 생기는 단면의 넓이가 $24\pi \ cm^2$이다. 이 구의 중심 O를 지나는 평면으로 구를 자를 때 생기는 단면의 넓이는?

① $24\pi \ cm^2$ ② $26\pi \ cm^2$ ③ $28\pi \ cm^2$
④ $30\pi \ cm^2$ ⑤ $32\pi \ cm^2$

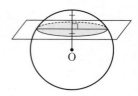

03

오른쪽 그림과 같이 한 변의 길이가 18인 정사각형 ABCD의 변 AB, BC, CD, DA를 각각 삼등분하는 점 중에서 점 A, B, C, D에 가까운 점을 각각 E, F, G, H라 하자. 이때 색칠한 부분의 넓이는?

① $\dfrac{632}{5}$ ② $\dfrac{636}{5}$ ③ 128
④ 129 ⑤ $\dfrac{648}{5}$

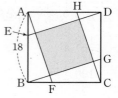

04

오른쪽 그림과 같은 △ABC에서 두 변 BC, AC의 중점을 각각 M, N이라 하자. $\overline{AM} \perp \overline{BN}$, $\overline{AC} = 6$, $\overline{BC} = 7$일 때, $\overline{AB}^2$의 값은?

① 15 ② 16 ③ 17
④ 18 ⑤ 19

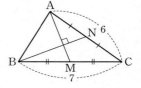

정답과 풀이 ▶ 51쪽

05

오른쪽 그림과 같이 직사각형 ABCD에서 $\overline{BC}$의 중점이 M이고 점 D에서 $\overline{AM}$에 내린 수선의 발을 H라 하자. $\overline{AB}=8$, $\overline{AD}=12$일 때, △AHD의 넓이는 △DHM의 넓이의 k배이다. k의 값을 구하시오.

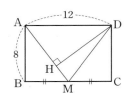

06

오른쪽 그림과 같이 ∠A=90°인 직각삼각형 ABC에서 $\overline{AC}$, $\overline{BC}$를 한 변으로 하는 정사각형을 각각 □ACDE, □BFGC라 하고, $\overline{AC}$의 연장선이 $\overline{DG}$와 만나는 점을 M이라 하면 $\overline{DM}=\overline{GM}$이다. □ACDE=64, □BFGC=100일 때, $\overline{CM}$의 길이는?

① $\dfrac{7}{3}$ ② $\dfrac{8}{3}$ ③ 3

④ $\dfrac{10}{3}$ ⑤ $\dfrac{11}{3}$

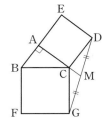

07

오른쪽 그림과 같이 $\overline{AB}=12$, $\overline{BC}=15$인 직사각형 ABCD에서 꼭짓점 C가 변 AD 위의 점 E에 오도록 접었다. △ABE에 내접하는 원의 반지름의 길이는?

① $\dfrac{7}{3}$ ② $\dfrac{8}{3}$ ③ 3

④ $\dfrac{10}{3}$ ⑤ $\dfrac{11}{3}$

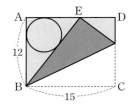

08

오른쪽 그림과 같이 정사각형 ABCD에서 선분 BC 위에 $\overline{PC}=1$이 되도록 점 P를 잡는다. ∠PAD의 이등분선이 두 선분 DC, DP와 만나는 점을 각각 Q, R라 할 때, $\overline{PR}:\overline{RD}=17:15$이다. $\overline{AQ}$, $\overline{BC}$의 연장선이 만나는 점을 S라 할 때, $\overline{BS}$의 길이는?

① $\dfrac{22}{7}$ ② $\dfrac{23}{7}$ ③ $\dfrac{24}{7}$

④ $\dfrac{25}{7}$ ⑤ $\dfrac{26}{7}$

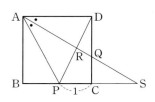

01

오른쪽 그림과 같이 한 변의 길이가 4인 정사각형 ABCD가 있다. 선분 BC를 $1:3$으로 나누는 점을 E, 선분 AD를 $3:1$로 나누는 점을 F라 하자. △DEC에 내접하는 정사각형 $A_1B_1CD_1$을 그리고 선분 B_1C를 $1:3$으로 나누는 점을 E_1, 선분 A_1D_1을 $3:1$로 나누는 점을 F_1이라 하자. □$F_1B_1E_1D_1$의 둘레의 길이는?

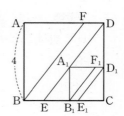

① $\dfrac{34}{7}$ 　　② 5 　　③ $\dfrac{36}{7}$

④ $\dfrac{37}{7}$ 　　⑤ $\dfrac{38}{7}$

02

오른쪽 그림의 △ABC는 $\overline{AB}=5$, $\overline{AC}=12$, $\angle A=90°$인 직각삼각형이다. △ABC에 내접하는 원의 중심을 I라 하고, 이 원이 $\overline{BC}$에 접하는 점을 E라 하자. $\overline{AI}$의 연장선이 $\overline{BC}$와 만나는 점을 D라 할 때, △IED의 넓이는 $\dfrac{q}{p}$이다. $p+q$의 값을 구하시오.

（단, p와 q는 서로소인 자연수이다.）

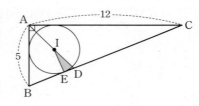

03

오른쪽 그림과 같이 $\overline{AD}\,/\!/\,\overline{BC}$, $\overline{AD}=\dfrac{3}{5}$, $\overline{BC}=\dfrac{21}{10}$이고, 높이가 1인 등변사다리꼴 ABCD에서 점 E는 선분 DC를 $1:2$로 나누는 점이다. △EBC의 둘레의 길이는?

① $\dfrac{14}{3}$ 　　② 5 　　③ $\dfrac{16}{3}$

④ $\dfrac{17}{3}$ 　　⑤ 6

04

오른쪽 그림과 같이 중심각의 크기가 90°인 부채꼴 AOB가 있다. 호 AB 위의 두 점 C, D에 대하여 점 C에서 두 선분 OA, OB에 내린 수선의 발을 각각 C_1, C_2라 하고 점 D에서 두 선분 OA, OB에 내린 수선의 발을 각각 D_1, D_2라 하자. 두 직사각형 OC_1CC_2, OD_1DD_2의 넓이가 각각 42, 18이고 가로와 세로의 길이는 모두 자연수이다. 부채꼴 AOB의 넓이가 $\dfrac{q}{p}\pi$일 때, $p+q$의 값을 구하시오.

（단, p와 q는 서로소인 자연수이다.）

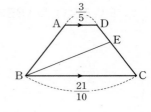

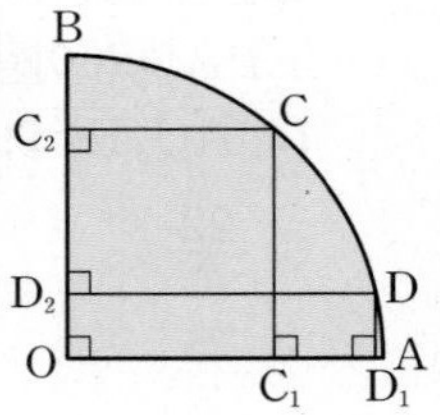

05

가로의 길이가 6이고 세로의 길이가 8인 직사각형 ABCD의 내부에 두 대각선의 교점을 중심으로 하고 직사각형의 가로의 길이의 $\frac{1}{3}$을 반지름의 길이로 하는 원을 그린다. 직사각형의 대각선과 원의 교점을 각각 E, F, G, H라 할 때, 원의 내부에 직사각형 EFGH를 그리고, 네 선분 AE, BF, CG, DH를 각각 대각선으로 하는 4개의 직사각형을 그린 후 5개의 직사각형의 내부를 색칠하여 얻은 그림이 오른쪽 그림과 같다. 색칠한 5개의 직사각형의 넓이의 합은?

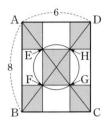

① $\frac{124}{5}$ ② $\frac{622}{25}$ ③ $\frac{624}{25}$

④ $\frac{626}{25}$ ⑤ $\frac{628}{25}$

06

오른쪽 그림과 같이 반지름의 길이가 5이고 중심각의 크기가 90°인 부채꼴 AOB가 있다. 호 AB 위의 점 C에서 두 선분 OA, OB에 내린 수선의 발을 각각 D, E라 할 때, $\overline{CE}=3$이다. $\overline{AE}$와 $\overline{CO}$, $\overline{CD}$가 만나는 점을 각각 F, G라 할 때, □ODGF의 넓이는?

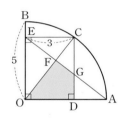

① $\frac{91}{20}$ ② $\frac{23}{5}$ ③ $\frac{93}{20}$

④ $\frac{47}{10}$ ⑤ $\frac{19}{4}$

07

오른쪽 그림과 같이 중심이 O인 반구를 밑면과 평행한 평면으로 잘랐을 때 생기는 단면을 A라 하자. 중심 O와 단면 A 사이의 거리는 12이고 단면에 가로와 세로의 길이가 각각 8, 6인 직사각형이 원에 내접한다. 이때 반구의 반지름의 길이는?

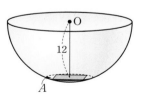

① 13   ② $\frac{27}{2}$ ③ 14

④ $\frac{29}{2}$ ⑤ 15

01

오른쪽 그림의 △ABC는 $\overline{BC}=5$, $\overline{AC}=13$, ∠B=90°인 직각삼각형이고 $\overline{AB}$ 위의 한 점 D에 대하여 ∠ACB+∠DCB=90°를 만족시킨다. △ABC에 내접하는 원을 I_1, △DBC에 내접하는 원을 I_2라 하자. 원 I_2의 넓이는?

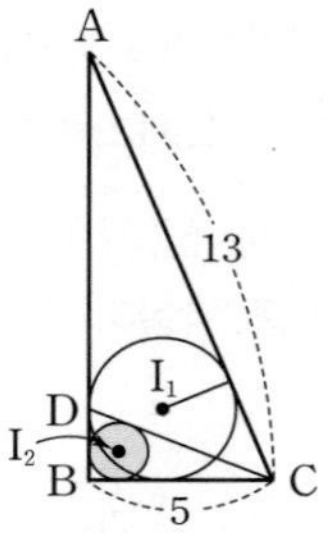

① $\dfrac{7}{12}\pi$ ② $\dfrac{23}{36}\pi$

③ $\dfrac{25}{36}\pi$ ④ $\dfrac{3}{4}\pi$

⑤ $\dfrac{29}{36}\pi$

02

오른쪽 그림과 같은 △ABC에서 선분 AC 위의 서로 다른 두 점 D, E에 대하여 $\overline{AD}=\overline{DC}$, $\overline{EC}=2\overline{AE}$이다. 점 A를 지나고 $\overline{BC}$와 평행한 직선이 두 직선 BD, BE와 만나는 점을 각각 F, G라 하자. △ABE의 넓이가 6일 때, □EDFG의 넓이는?

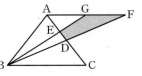

① 6   ② 7   ③ 8

④ 9   ⑤ 10

03

오른쪽 그림과 같은 △ABC는 ∠A=90°, $\overline{AB}=\overline{AC}$인 직각이등변삼각형이다. 점 B를 중심으로 하고 둘레의 길이가 4π인 원을 O라 하고 점 A에서 원 O에 그은 접선을 l, 접점을 D라 하자. 또한, 점 C에서 직선 l에 내린 수선의 발을 E라 할 때, $\overline{CE}=6$이다. △ABC의 넓이는?

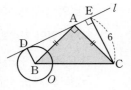

① 20   ② 22   ③ 24

④ 26   ⑤ 28

04

가로, 세로의 길이, 높이가 각각 1, 2, 4인 직육면체가 있다. 오른쪽 그림과 같이 이 직육면체와 닮음인 작은 직육면체를 이용하여 큰 직육면체를 가득 채우려고 한다. 필요한 작은 직육면체의 개수를 a, 작은 직육면체 1개의 겉넓이를 b, 작은 직육면체 1개의 부피를 c라 할 때, $a-b+c$의 값은?

① $\dfrac{1}{2}$ ② 1   ③ $\dfrac{3}{2}$

④ 2   ⑤ $\dfrac{5}{2}$

05

$\overline{AB}=3$, $\overline{AC}=4$, ∠A=90°인 직각삼각형 ABC의 내부에 가로의 길이와 세로의 길이의 비가 4 : 3인 직사각형 DEFG를 직각삼각형에 내접하도록 오른쪽 그림과 같이 놓는다. □DEFG의 가로의 길이는?

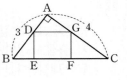

① $\dfrac{76}{41}$ ② $\dfrac{77}{41}$ ③ $\dfrac{78}{41}$

④ $\dfrac{79}{41}$ ⑤ $\dfrac{80}{41}$

06

오른쪽 그림과 같이 $\overline{AB}=3$, $\overline{BC}=4$, ∠B=90°인 직각삼각형 ABC의 무게중심을 G라 하자. △ABC에서 ∠A의 이등분선이 $\overline{BC}$와 만나는 점을 D라 할 때, △ADG의 넓이는?

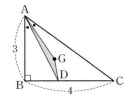

① $\dfrac{1}{3}$ 　　② $\dfrac{1}{2}$ 　　③ $\dfrac{2}{3}$

④ $\dfrac{5}{6}$ 　　⑤ 1

07

다음 그림과 같이 반지름의 길이가 1, 7이고, 반지름의 길이와 높이가 같은 원기둥 2개가 옆면의 바깥에서 접하도록 한 평면 α 위에 놓여 있다. 반지름의 길이가 1인 원기둥의 밑면 중에서 평면 α에 포함된 밑면의 중심을 A, 평면 α와 만나지 않는 밑면의 중심을 D라 하자. 또한, 반지름의 길이가 7인 원기둥의 밑면 중에서 평면 α에 포함된 밑면의 중심을 B, 평면 α와 만나지 않는 밑면의 중심을 C라 하자. ▱ABCD의 둘레의 길이를 구하시오.

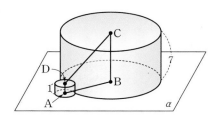

08

△ABC에서 $\overline{AC}$의 중점을 D라 하자. $\overline{BC}$를 삼등분하는 점 중에서 점 B와 가까운 점을 E, 점 C와 가까운 점을 F라 하자. $\overline{AF}$와 $\overline{DE}$의 교점을 G라 할 때, △AEG와 △GFD의 내부를 색칠하여 얻은 그림이 위의 그림과 같다. 색칠한 도형의 넓이를 a, △ABC의 넓이를 b라 할 때, $\dfrac{b}{a}$의 값은?

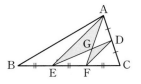

① 3 　　② $\dfrac{16}{5}$ 　　③ $\dfrac{17}{5}$

④ $\dfrac{18}{5}$ 　　⑤ $\dfrac{19}{5}$

09

오른쪽 그림과 같이 한 모서리의 길이가 각각 3, 9인 정육면체가 평면 α의 위쪽에, 한 모서리의 길이가 8인 정육면체가 평면 α의 아래쪽에 오도록 붙여 놓았다. 그림과 같이 한 모서리의 길이가 3, 9, 8인 정육면체의 꼭짓점 중 하나를 각각 A, B, C라 할 때, △ABC는 ∠B=90°인 직각삼각형이다. △ABC의 둘레의 길이는?

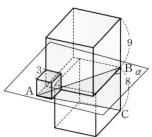

① 39 　　② 40 　　③ 41

④ 42 　　⑤ 43

10

오른쪽 그림과 같이 넓이가 45이고 $\overline{AD} /\!/ \overline{BC}$인 사다리꼴 ABCD에서 $\overline{BC}$ 위의 점을 E라 하자. △ABE, △AED, △DEC의 무게중심을 각각 F, G, H라 할 때, 네 삼각형 ABF, AGD, GFH, DHC의 넓이의 합을 구하시오.

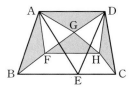

7 경우의 수

고난도 대표유형 · 핵심개념

유형 1 사건과 경우의 수

난이도 ★

(1) **사건** : 동일한 조건 아래에서 여러 번 반복할 수 있는 실험이나 관찰에 의하여 나타나는 결과

(2) **경우의 수** : 어떤 사건에 대하여 일어날 수 있는 모든 경우에 대한 가짓수
   ⓔ 한 개의 주사위를 던질 때, '소수의 눈이 나온다'에서
      사건 : 소수의 눈이 나온다.
      경우의 수 : 2, 3, 5의 3가지이므로 경우의 수는 3

유형 2 사건 A 또는 사건 B가 일어나는 경우의 수

난이도 ★★

두 사건 A, B가 동시에 일어나지 않을 때, 사건 A가 일어나는 경우의 수가 m, 사건 B가 일어나는 경우의 수가 n이면
(사건 A 또는 사건 B가 일어나는 경우의 수)$=m+n$
ⓔ 한 개의 주사위를 던질 때, 3의 배수 또는 5의 배수의 눈이 나오는 경우의 수는
   $2+1=3$

유형 3 사건 A와 사건 B가 동시에 일어나는 경우의 수

난이도 ★★

두 사건 A와 B가 서로 영향을 주지 않을 때, 사건 A가 일어나는 경우의 수가 m이고, 그 각각에 대하여 사건 B가 일어나는 경우의 수가 n이면
(사건 A와 사건 B가 동시에 일어나는 경우의 수)$=m\times n$
ⓔ 동전 한 개와 주사위 한 개를 동시에 던질 때 일어나는 모든 경우의 수는
   $2\times6=12$

유형 4 한 줄로 세우는 경우의 수

난이도 ★★

(1) n명을 한 줄로 세우는 경우의 수
   $n\times(n-1)\times(n-2)\times\cdots\times2\times1$

(2) n명 중에서 r명을 뽑아 한 줄로 세우는 경우의 수
   $n\times(n-1)\times(n-2)\times\cdots\times(n-r+1)$ (단, $r\leq n$)

(3) **한 줄로 세울 때 이웃하여 세우는 경우의 수**
   이웃하는 것을 하나로 묶어 한 줄로 세우는 경우의 수를 구하고, 묶음 안에서 자리를 바꾸는 경우의 수를 구하여 두 경우의 수를 곱한다.

(4) n명을 한 줄로 세울 때, A를 특정한 자리에 고정하는 경우의 수
   A를 특정한 자리에 고정한 후, A를 제외한 $(n-1)$명을 한 줄로 세우는 경우의 수와 같다.

자연수를 만드는 경우의 수   유형 5

(1) 0을 포함하지 않는 경우

0이 아닌 서로 다른 한 자리의 숫자가 각각 하나씩 적힌 n장의 카드 중에서

① 2장을 뽑아 만들 수 있는 두 자리의 자연수의 개수는 $n \times (n-1)$

② 3장을 뽑아 만들 수 있는 세 자리의 자연수의 개수는 $n \times (n-1) \times (n-2)$

(2) 0이 포함된 경우

0을 포함하여 서로 다른 한 자리의 숫자가 각각 하나씩 적힌 n장의 카드 중에서

① 2장을 뽑아 만들 수 있는 두 자리의 자연수의 개수는 $(n-1) \times (n-1)$

② 3장을 뽑아 만들 수 있는 세 자리의 자연수의 개수는 $(n-1) \times (n-1) \times (n-2)$

1 등급 노트

오답노트

두 자리의 자연수를 만들 때에는 십의 자리에 0이 올 수 없고 세 자리의 자연수를 만들 때에는 백의 자리에 0이 올 수 없다.

대표를 뽑는 경우의 수   유형 6

(1) 자격이 다른 대표를 뽑는 경우

① n명 중에서 자격이 다른 2명의 대표를 뽑는 경우의 수는 $n \times (n-1)$

② n명 중에서 자격이 다른 3명의 대표를 뽑는 경우의 수는 $n \times (n-1) \times (n-2)$

(2) 자격이 같은 대표를 뽑는 경우

① n명 중에서 자격이 같은 2명의 대표를 뽑는 경우의 수는 $\dfrac{n \times (n-1)}{2 \times 1}$

② n명 중에서 자격이 같은 3명의 대표를 뽑는 경우의 수는 $\dfrac{n \times (n-1) \times (n-2)}{3 \times 2 \times 1}$

TIP

n명 중에서 자격이 같은 대표 3명을 뽑는 경우의 수는 서로 다른 n개 중에서 순서를 생각하지 않고 $3(n \geq 3)$개를 선택하는 경우의 수와 같다.

만들 수 있는 도형의 경우의 수   유형 7

어떤 세 점도 한 직선 위에 있지 않은 n개의 점 중에서

(1) 두 점을 이어 만들 수 있는 선분의 개수는 $\dfrac{n \times (n-1)}{2 \times 1}$

(2) 세 점을 이어 만들 수 있는 삼각형의 개수는 $\dfrac{n \times (n-1) \times (n-2)}{3 \times 2 \times 1}$

TIP

자격이 같은 대표를 뽑는 경우의 수와 같다.

색칠하는 경우의 수   유형 8

(1) 모두 다른 색을 칠하는 경우 : 한 부분을 정하여 경우의 수를 구한 후, 다른 부분으로 옮겨가면서 이전에 칠한 색을 제외한 경우의 수를 구하여 곱한다.

(2) 이웃하는 부분만 서로 다른 색으로 칠하는 경우 : 각 부분에서 이웃하는 부분에 칠한 색을 제외한 경우의 수를 구하여 곱한다.

주의

이웃하는 영역에는 같은 색을 사용할 수 없음에 유의한다.

01

미주는 같은 종류의 연필 9개를 성현, 성주, 미선 3명의 친구에게 나누어 주려고 한다. 세 친구 모두 적어도 2개의 연필을 받도록 할 때, 연필을 나누어 주는 방법의 수는?

① 8   ② 10   ③ 12
④ 14   ⑤ 16

02

a, e, k, o, r의 5개의 문자를 사전식으로 배열할 때, korea는 몇 번째 단어인가?

① 64번째   ② 65번째   ③ 66번째
④ 67번째   ⑤ 68번째

03

빨간 구슬 1개, 흰 구슬 2개, 검은 구슬 3개가 들어 있는 주머니가 있다. 이 주머니에서 임의로 3개를 꺼낼 때 검은 구슬이 나오는 경우의 수는? (단, 같은 색 구슬끼리는 구별하지 않는다.)

① 5   ② 6   ③ 7
④ 8   ⑤ 9

04

오른쪽 그림과 같이 1부터 9까지의 자연수가 각각 하나씩 적힌 9개의 공이 들어 있는 주머니에서 두 개의 공을 임의로 순서대로 꺼내어 두 자리의 자연수를 만들 때, 3의 배수의 개수는?

① 24   ② 25
③ 27   ④ 28
⑤ 29

05

5개의 숫자 0, 1, 2, 3, 4가 각각 하나씩 적혀 있는 5장의 카드 중에서 네 장을 뽑아 네 자리의 자연수를 만들 때, 4000보다 작은 수의 개수는?

① 66   ② 68   ③ 70
④ 72   ⑤ 74

06

다음 그림과 같이 집, 문구점, 학교를 연결하는 도로가 있다. 집에서 출발하여 학교까지 갔다가 다시 집으로 돌아올 때, 문구점을 한 번만 지나는 방법의 수는?

(단, 한 번 지나간 도로는 다시 지나지 않는다.)

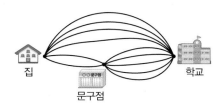

① 48   ② 56   ③ 64
④ 72   ⑤ 80

07

어느 여객선의 좌석이 A 구역에 3개, B 구역에 1개, C 구역에 1개 남아 있다. 남아 있는 좌석을 남자 승객 2명과 여자 승객 2명에게 임의로 배정할 때, 남자 승객 2명이 모두 A 구역에 배정되는 경우의 수는? (단, 모든 좌석은 구별이 된다.)

① 12   ② 18   ③ 24
④ 30   ⑤ 36

08

두 문자 a, b를 중복해서 사용하여 6자리 문자를 전송하려고 한다. 이때 다음 조건을 만족하도록 전송할 수 있는 모든 문자의 개수는?

> (가) 맨 앞에는 문자 a가 와야 한다.
> (나) 문자 a끼리는 이웃할 수 없다.

① 8   ② 9   ③ 10
④ 11   ⑤ 12

09

한국인 4명, 중국인 3명, 일본인 2명 등 9명이 일렬로 설 때, 한국인은 한국인끼리, 중국인은 중국인끼리, 일본인은 일본인끼리 이웃하여 서는 경우의 수는?

① 1328   ② 1428   ③ 1528

④ 1628   ⑤ 1728

10

서로 다른 소설책 4권과 서로 다른 산문집 4권을 책꽂이에 일렬로 꽂으려고 한다. 이때 소설책과 산문집을 번갈아 꽂는 경우의 수는?

① 1150   ② 1152   ③ 1154

④ 1156   ⑤ 1158

11

경수, 제학이를 포함한 7명의 학생 중에서 5명을 뽑아 한 줄로 세울 때, 경수와 제학이가 맨 앞 또는 맨 뒤에 서게 되는 경우의 수는?

① 60   ② 80   ③ 100

④ 120   ⑤ 140

12

0, 1, 2, 3, 4의 숫자가 각각 하나씩 적혀 있는 5장의 카드 중에서 3장을 뽑아 세 자리의 자연수를 만들려고 한다. 이때 만들 수 있는 짝수의 개수는?

① 26   ② 28   ③ 30

④ 32   ⑤ 34

13

어느 학교 체육대회에서 명진, 호철이를 포함한 농구 경기에 참여할 학생 9명을 선발하였다. 이 중에서 선발로 뛸 5명을 뽑아 한 줄로 세울 때, 명진이와 호철이가 모두 포함되고 서로 이웃하게 서는 경우의 수는?

① 1680   ② 1720   ③ 1760
④ 1800   ⑤ 1840

14

오른쪽 그림과 같이 직사각형 위에 있는 12개의 점 중에서 세 점을 연결하여 만들 수 있는 삼각형의 개수는?

① 206   ② 208
③ 210   ④ 212
⑤ 214

15

오른쪽 그림과 같이 가로로 4개의 평행선과 세로로 6개의 평행선이 만나고 있다. 이들 평행선으로 만들 수 있는 평행사변형의 개수는?

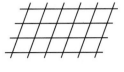

① 88   ② 90   ③ 92
④ 94   ⑤ 96

16

주머니 안에 빨간색, 파란색, 노란색 공을 포함하여 각각 서로 다른 색의 공이 12개 들어 있다. 이 중에서 4개를 꺼낼 때, 빨간색, 파란색, 노란색 공 중에서 한 가지 색의 공만 포함되는 경우의 수는?

① 242   ② 252   ③ 262
④ 272   ⑤ 282

01

오른쪽 그림과 같은 정팔면체에서 꼭짓점 A를 출발하여 모서리를 따라 움직여 꼭짓점 F에 도착하는 방법의 수는? (단, 한 번 지난 점은 다시 지나지 않는다.)

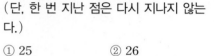

① 25   ② 26
③ 27   ④ 28
⑤ 29

02

오른쪽 그림과 같이 모든 모서리의 길이가 같은 정육각기둥 3개를 쌓아 올려 새로운 정육각기둥을 만들었다. 정육각기둥의 모서리를 따라 꼭짓점 A에서 꼭짓점 C를 거쳐 꼭짓점 B까지 최단 거리로 가는 방법의 수는?

① 12   ② 13   ③ 14
④ 15   ⑤ 16

03

선생님 3명과 학생 4명이 일렬로 설 때, 맨 앞과 맨 뒤 중에서 적어도 한 곳에 선생님이 서는 경우의 수는?

① 1440   ② 1800   ③ 3600
④ 4320   ⑤ 5040

04

1부터 9까지의 자연수가 각각 하나씩 적힌 9장의 카드 중에서 3장을 동시에 뽑아 각 카드에 적힌 수를 곱할 때, 짝수가 되는 경우의 수는?

① 70   ② 74   ③ 78
④ 82   ⑤ 86

05

p, e, r, i, o, d의 6개의 문자를 한 줄로 나열할 때, 자음 중에서 적어도 2개가 이웃하는 경우의 수는?

① 576   ② 582   ③ 584

④ 588   ⑤ 562

06

10원짜리 동전 3개, 100원짜리 동전 10개, 500원짜리 동전 2개의 일부 또는 전부를 사용하여 지불할 수 있는 방법의 수를 m, 지불할 수 있는 금액의 수를 n이라 할 때, $m+n$의 값은?
                    (단, 동전을 하나도 사용하지 않은 경우는 제외한다.)

① 194   ② 199   ③ 204

④ 209   ⑤ 214

07

오른쪽 그림과 같이 일정한 간격으로 20개의 점이 놓여 있다. 이 중에서 4개의 점을 꼭짓점으로 하여 만들 수 있는 정사각형의 개수는?

① 24   ② 26   ③ 28

④ 30   ⑤ 32

08

오른쪽 그림과 같이 A, B, C, D 4개의 영역을 빨강, 파랑, 노랑, 초록 4가지 색으로 칠하려고 한다. 다음 조건을 만족하도록 칠하는 방법의 수는?

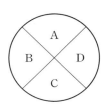

(가) 같은 색을 중복하여 사용 가능하다.
(나) 이웃한 부분은 서로 다른 색으로 칠한다.

① 72   ② 84   ③ 108

④ 168   ⑤ 192

09

한 개의 주사위를 두 번 던져서 나온 눈의 수를 각각 a, b라 할 때, 두 직선 $y=ax$와 $y=-x+b$의 교점의 x좌표가 1 또는 2가 되는 경우의 수는?

① 7   ② 8   ③ 9
④ 10   ⑤ 11

10

다음 그림과 같이 집과 도서관 사이에 길이 있다. 이때 집에서 도서관으로 가는 방법의 수는?

(단, 한 번 지나간 지점은 다시 지나지 않는다.)

① 26   ② 28   ③ 30
④ 32   ⑤ 34

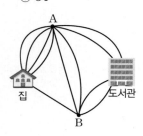

11

할아버지, 할머니, 아버지, 어머니, 동생 그리고 나 6명이 일렬로 서서 사진을 찍으려 한다. 할아버지, 할머니, 동생은 이웃하고 아버지는 어머니 오른쪽에 이웃하여 서 있는 경우의 수는?

① 12   ② 18   ③ 24
④ 30   ⑤ 36

12

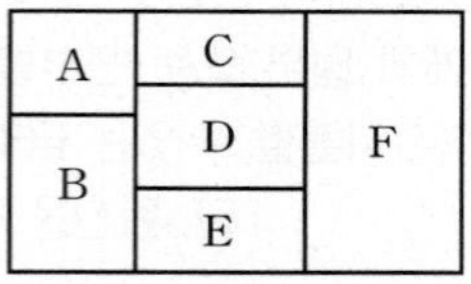

오른쪽 그림과 같이 6개의 영역으로 나누어진 A, B, C, D, E, F에 빨강, 노랑, 분홍, 파랑, 주황, 초록의 6가지 색을 칠하려고 한다. 같은 색을 여러 번 사용해도 되지만 이웃하는 영역은 서로 다른 색을 칠하는 방법의 수를 구하시오.

13

민서, 서현, 현수를 포함한 6명이 한 줄로 설 때, 민서는 서현이 앞에, 서현이는 현수 앞에 서는 경우의 수는?

① 110   ② 120   ③ 130
④ 140   ⑤ 150

15

학급 회의를 위하여 간단한 음료수와 간식을 준비하기로 하였다. 간식으로는 초콜릿을 50개 마련하고 똑같은 일회용 접시 3개에 나누어 담을 때, 한 접시에 13개 이상을 담는 방법의 수는? (단, 초콜릿은 구별하지 않는다.)

① 8   ② 10   ③ 15
④ 16   ⑤ 19

14

오른쪽 그림과 같은 도로망이 있다. A에서 B까지 최단 거리로 가는 방법의 수는? (단, 호수로 지나갈 수 없다.)

① 40   ② 42
③ 44   ④ 46
⑤ 48

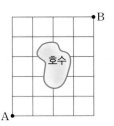

16

다음 그림과 같이 의자 7개가 나란히 설치되어 있다. 여학생 2명과 남학생 4명이 모두 의자에 앉을 때, 여학생이 이웃하지 않게 앉는 방법의 수를 구하시오. (단, 두 학생 사이에 빈 의자가 있는 경우는 이웃하지 않는 것으로 한다.)

01

오른쪽 그림과 같은 바둑판 모양의 도로망에서 성희, 희수, 수연이는 다음과 같이 산책을 하고 있다.

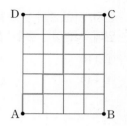

> (가) 성희는 A에서 C까지 굵은 선을 따라 산책을 한다.
> (나) 희수는 C에서 A까지 굵은 선을 따라 산책을 한다.
> (다) 수연이는 B에서 D까지 도로를 따라 산책을 한다.

성희, 희수, 수연이가 모두 한 지점에서 만나도록 수연이가 B에서 D까지 가는 방법의 수를 구하시오.

(단, 성희, 희수, 수연이는 동시에 출발하고 같은 속력으로 움직인다.)

02

세 개의 숫자 1, 2, 3이 적힌 카드가 각각 4장씩 모두 12장이 있다. 이 중에서 카드 4장을 꺼내 네 자리의 자연수를 만들려고 한다. 이때 12211이나 1111과 같은 수는 1이 연속하여 나타나는 수이고 1331이나 1213은 1이 연속하여 나타나지 않는 수일 때, 1이 연속하여 나타나지 않는 네 자리의 자연수의 개수는?

① 54   ② 56   ③ 58   ④ 60   ⑤ 62

03

다섯 개의 숫자 0, 1, 2, 3, 4에서 서로 다른 네 개의 숫자를 사용하여 만들 수 있는 네 자리의 정수 중 4의 배수의 개수는?

① 26   ② 30   ③ 36   ④ 42   ⑤ 48

04

어느 축구 대회는 모든 팀이 서로 한 번씩 돌아가며 경기를 하는 리그 방식으로 진행되고 있다. 각 팀은 모든 팀과 서로 3번씩 만난다고 할 때, 이 대회는 모두 135경기가 치러진다고 한다. 이 축구 대회에 참여한 모든 팀의 수는?

① 8 ② 9 ③ 10 ④ 11 ⑤ 12

05

주머니 안에 1부터 30까지의 홀수가 각각 적힌 15개의 공이 들어 있다. 이 주머니에서 두 개의 공을 동시에 꺼낼 때, 공에 적힌 두 수의 합이 3의 배수가 되는 경우의 수는?

① 43 ② 41 ③ 39 ④ 37 ⑤ 35

06

오른쪽 그림과 같이 12개의 점이 동일한 간격으로 놓여 있다. 이들 점 중에서 3개의 점을 택하여 만들 수 있는 삼각형의 개수는?

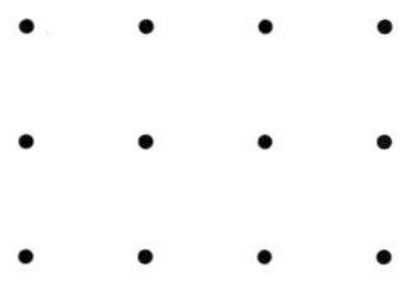

① 194 ② 196 ③ 200
④ 208 ⑤ 212

Level ④ 경우의 수

01

오른쪽 그림과 같이 연결된 도로망이 있다. A 지점에서 출발하여 네 지점 P, Q, R, S 중에서 한 지점만을 반드시 들른 후 B 지점까지 갈 때, 최단 거리로 가는 경우의 수는?

(단, A 지점은 다시 들르지 않고, B 지점은 중간에 들르지 않는다.)

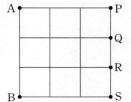

① 46   ② 48   ③ 50

④ 52   ⑤ 54

02

5개의 중학교가 속해 있는 P 교육청이 있다. P 교육청에서 각각의 중학교까지의 거리가 다음 표와 같다.

중학교	신주	국주	상주	민주	수주
거리(km)	2	2	4	7	10

P 교육청에서 각 중학교에 A, B, C, D, E를 교장으로 각각 발령할 때, A보다 B가 P 교육청으로부터 거리가 먼 중학교의 교장이 되도록 5명을 발령하는 경우의 수를 구하시오.

03

두 선수 태환이와 동진이를 포함한 6명의 선수가 참가한 태권도 대회는 이긴 팀만 다음 경기를 하고 진 팀은 탈락하는 경기 방식인 승자진출전(토너먼트) 방식으로 시합을 한다. 대진표는 오른쪽 그림과 같고 두 선수 태환이와 동진이가 반드시 결승에서만 만날 수 있도록 할 때, 대진표를 만드는 방법의 수를 구하시오.

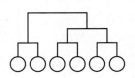

04

오른쪽 그림과 같은 좌표평면 위에서 점 P는 다음과 같이 움직인다.

(가) 원점 O에서 출발한다.
(나) 한 번 움직일 때마다 x축 또는 y축의 방향으로 1만큼 움직인다.

점 P가 5번 움직여서 점 A$(1, 2)$에 도착하는 경우의 수를 구하시오.

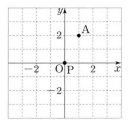

05

어느 학급에 영어 말하기 평가를 위해 다음 그림과 같이 1, 2, 3, 4, 5, 6, 7이 각각 적힌 7개의 의자를 놓았다. 7명의 학생에게 1, 2, 3, 4, 5, 6, 7이 적힌 번호표를 하나씩 나눠 주고 임의로 의자에 앉게 할 때, 의자에 적힌 숫자와 자신이 받은 번호가 같은 학생 수가 3명이 되는 경우의 수를 구하시오.

06

오른쪽 그림과 같이 직사각형 모양으로 배열된 12개의 원에 빨간색, 파란색, 노란색, 초록색을 각각 3개씩 칠하려 한다. 이 12개의 원에 어떤 가로와 세로에도 같은 색이 놓이지 않도록 색을 칠하는 방법의 수는?

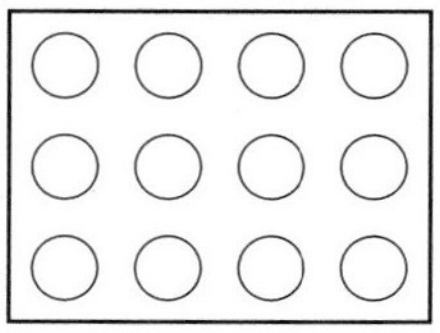

① 570   ② 576   ③ 582
④ 588   ⑤ 594

8 확률

고난도 대표유형·핵심개념

① 등급 노트

참고

확률은 어떤 사건이 일어날 가능성을 수로 나타낸 것이다.

풀이전략

확률을 구하려면 다음 세 단계를 거쳐야 한다.
(1) 모든 경우의 수를 구한다.
(2) 해당 사건의 경우의 수를 구한다.
(3) 확률을 구한다.

참고

백분율(%)로 바꾸어 생각하면 $p=1$이면 일어날 가능성이 100 %이고 $p=0$이면 일어날 가능성이 0 %이다.

풀이전략

'적어도 하나는 ~일 확률', '~가 아닐 확률', '~하지 못할 확률'을 구할 때는 어떤 사건이 일어나지 않을 확률을 이용한다.

풀이전략

동시에 일어나지 않는 두 사건에 대하여 '또는', '~이거나'와 같은 표현이 있으면 각 사건이 일어날 확률의 합으로 주어진 사건이 일어날 확률을 구한다.

유형 1 확률의 뜻   난이도 ★

(1) **확률** : 같은 조건 아래에서 실험이나 관찰을 여러 번 반복할 때, 어떤 사건 A가 일어나는 상대도수가 일정한 값에 가까워지면 이 일정한 값을 사건 A의 확률이라 한다.

(2) **확률의 표현** : 어떤 실험이나 관찰에서 일어날 수 있는 모든 경우의 수가 n이고, 각 경우가 일어날 가능성이 같을 때, 사건 A가 일어나는 경우의 수가 a이면 사건 A가 일어날 확률 p는

$$p=\frac{(\text{사건 } A \text{가 일어나는 경우의 수})}{(\text{모든 경우의 수})}=\frac{a}{n}$$

유형 2 확률의 성질   난이도 ★

(1) 어떤 사건이 일어날 확률을 p라 하면 $0 \le p \le 1$이다.
(2) 반드시 일어날 사건의 확률은 1이다.
(3) 절대로 일어날 수 없는 사건의 확률은 0이다.
  ⑩ 주사위 한 개를 던질 때 3의 배수의 눈이 나올 확률은 $\frac{1}{3}$, 6 이하의 눈이 나올 확률은 1, 7 이상의 눈이 나올 확률은 0이다.

유형 3 어떤 사건이 일어나지 않을 확률   난이도 ★★

(1) 사건 A가 일어날 확률을 p, 사건 A가 일어나지 않을 확률을 q라 하면
  $p+q=1$
(2) 사건 A가 일어날 확률을 p라 하면
  $(\text{사건 } A \text{가 일어나지 않을 확률})=1-p$
  ⑩ 한 개의 동전을 두 번 던질 때
    $(\text{앞면이 적어도 한 번 나올 확률})=1-(\text{모두 뒷면이 나올 확률})=1-\frac{1}{4}=\frac{3}{4}$

유형 4 사건 A 또는 사건 B가 일어날 확률   난이도 ★★

두 사건 A와 B가 동시에 일어나지 않을 때, 사건 A가 일어날 확률을 p, 사건 B가 일어날 확률을 q라 하면
$(\text{사건 } A \text{ 또는 사건 } B \text{가 일어날 확률})=p+q$
⑩ 한 개의 주사위를 던질 때, 3 또는 5의 눈이 나올 확률은
  $(\text{3의 눈이 나올 확률})+(\text{5의 눈이 나올 확률})=\frac{1}{6}+\frac{1}{6}=\frac{1}{3}$

난이도 ★★

사건 A와 사건 B가 동시에 일어날 확률　유형 5

두 사건 A와 B가 서로 영향을 주지 않을 때, 사건 A가 일어날 확률을 p, 사건 B가 일어날 확률을 q라 하면

(사건 A와 사건 B가 동시에 일어날 확률)$=p \times q$

예 주사위 한 개와 동전 한 개를 동시에 던질 때, 동전은 앞면이 나오고 주사위는 3의 배수의 눈이 나올 확률은

(동전의 앞면이 나올 확률) $\times$ (주사위의 3의 배수의 눈이 나올 확률)

$=\dfrac{1}{2} \times \dfrac{1}{3} = \dfrac{1}{6}$

난이도 ★★★

확률의 곱셈의 활용　유형 6

(1) **둘 중에 적어도 하나가 ○일 확률** : 1에서 (×, ×)일 확률을 빼면 된다.

(2) **둘 중 하나만 ○일 확률** : (○, ×) 또는 (×, ○)일 확률과 같다.

예 A, B 두 사람이 어떤 문제를 맞힐 확률이 각각 $\dfrac{1}{5}$, $\dfrac{2}{5}$일 때

(1) 적어도 한 사람이 어떤 문제를 맞힐 확률은

$1-\left(1-\dfrac{1}{5}\right) \times \left(1-\dfrac{2}{5}\right) = 1-\dfrac{4}{5} \times \dfrac{3}{5} = \dfrac{13}{25}$

(2) 두 사람 중에서 한 사람만 맞힐 확률은

$\dfrac{1}{5} \times \left(1-\dfrac{2}{5}\right) + \left(1-\dfrac{1}{5}\right) \times \dfrac{2}{5} = \dfrac{1}{5} \times \dfrac{3}{5} + \dfrac{4}{5} \times \dfrac{2}{5} = \dfrac{11}{25}$

난이도 ★★★

연속하여 뽑는 경우의 확률　유형 7

(1) **꺼낸 것을 다시 넣고 뽑는 경우** : 처음에 뽑은 것을 다시 회복시키므로 처음에 뽑을 때의 확률과 나중에 뽑을 때의 확률이 같다.

➡ 전체 개수가 변하지 않으므로 처음에 일어난 사건이 나중에 일어난 사건에 영향을 주지 않는다.

(2) **꺼낸 것을 다시 넣지 않고 뽑는 경우** : 처음에 뽑은 것을 다시 회복시키지 않으므로 처음에 뽑을 때의 확률과 나중에 뽑을 때의 확률이 다르다.

➡ 전체 개수가 1개 적어지므로 처음에 일어난 사건이 나중에 일어난 사건에 영향을 준다.

난이도 ★★

도형을 이용한 확률　유형 8

도형과 관련된 확률에서 모든 경우의 수는 도형의 전체 넓이로, 어떤 사건이 일어나는 경우의 수는 도형에서 해당하는 부분의 넓이로 생각하여 구한다. 즉,

(도형에서의 확률)$=\dfrac{(\text{해당하는 부분의 넓이})}{(\text{도형의 전체 넓이})}$

① 등급 노트

풀이전략

서로 영향을 주지 않는 두 사건에 대하여 '동시에', '그리고', '~하고 나서'와 같은 표현이 있으면 각 사건이 일어날 확률의 곱으로 구한다.

TIP

세 개 이상인 경우에도 같은 방법으로 구하면 된다.

(1) 세 개 중에 적어도 하나가 ○일 확률은 1에서 (×, ×, ×)일 확률을 빼면 된다.

(2) 세 개 중 하나만 ×일 확률은 (○, ○, ×) 또는 (○, ×, ○) 또는 (×, ○, ○)일 확률과 같다.

TIP

(연속하여 뽑는 경우의 확률)
$=$ (처음에 뽑을 때의 확률)
　　$\times$ (나중에 뽑을 때의 확률)

오답노트

도형에서는 경우의 수가 아니라 넓이로 확률을 구한다.

01

1부터 6까지의 숫자가 각각 적힌 6개의 공이 들어 있는 상자에서 서로 다른 두 개의 공을 동시에 꺼낼 때, 공에 적힌 두 수의 합이 소수일 확률은?

① $\dfrac{4}{15}$
② $\dfrac{1}{3}$
③ $\dfrac{2}{5}$
④ $\dfrac{7}{15}$
⑤ $\dfrac{8}{15}$

02

길이가 1, 2, 3, 4, 5, 6인 6개의 선분이 있다. 이 선분 중에서 임의로 3개를 선택하여 삼각형을 만들 때, 삼각형이 만들어질 확률은?

① $\dfrac{1}{4}$
② $\dfrac{3}{10}$
③ $\dfrac{7}{20}$
④ $\dfrac{2}{5}$
⑤ $\dfrac{9}{20}$

03

오른쪽 그림과 같이 한 변의 길이가 1인 정사각형 ABCD에서 점 P가 꼭짓점 A를 출발하여 한 개의 주사위를 두 번 던져서 나온 눈의 수의 합만큼 시곗바늘이 도는 반대 방향으로 움직인다. 점 P가 꼭짓점 A에 위치할 확률은?

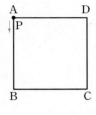

① $\dfrac{1}{6}$
② $\dfrac{7}{36}$
③ $\dfrac{2}{9}$
④ $\dfrac{1}{4}$
⑤ $\dfrac{5}{18}$

04

A 주머니에는 흰 바둑돌만 8개, B 주머니에는 흰 바둑돌 5개, 검은 바둑돌 3개가 들어 있다. 다음 <보기> 중 옳은 것만을 있는 대로 고른 것은?

┤ 보기 ├
ㄱ. A 주머니에서 바둑돌 1개를 임의로 꺼낼 때, 검은 바둑돌이 나올 확률은 0이다.
ㄴ. B 주머니에서 바둑돌 1개를 임의로 꺼낼 때, 흰 바둑돌 또는 검은 바둑돌이 나올 확률은 1이다.
ㄷ. A 주머니에서 바둑돌 1개를 임의로 꺼내 B 주머니에 넣고 B 주머니에서 바둑돌 1개를 임의로 꺼낼 때, 검은 바둑돌이 나올 확률은 $\dfrac{4}{9}$이다.

① ㄱ
② ㄴ
③ ㄱ, ㄴ
④ ㄴ, ㄷ
⑤ ㄱ, ㄴ, ㄷ

05

어느 동아리에 남학생 4명, 여학생 3명의 회원이 있다. 이 중에서 임의로 2명의 대표를 뽑을 때, 적어도 1명은 여학생이 뽑힐 확률은?

① $\dfrac{2}{7}$ ② $\dfrac{3}{7}$ ③ $\dfrac{4}{7}$

④ $\dfrac{5}{7}$ ⑤ $\dfrac{6}{7}$

07

2개의 당첨 제비가 포함되어 있는 10개의 제비 중에서 임의로 3개의 제비를 동시에 뽑을 때, 적어도 한 개가 당첨 제비일 확률은?

① $\dfrac{2}{15}$ ② $\dfrac{4}{15}$ ③ $\dfrac{2}{5}$

④ $\dfrac{8}{15}$ ⑤ $\dfrac{2}{3}$

06

어느 야구선수가 안타를 칠 확률이 0.25일 때, 세 번의 타석에서 적어도 한 번은 안타를 칠 확률은?

① $\dfrac{35}{64}$ ② $\dfrac{37}{64}$ ③ $\dfrac{39}{64}$

④ $\dfrac{41}{64}$ ⑤ $\dfrac{43}{64}$

08

한 개의 주사위를 2번 던질 때, 첫 번째에 나온 눈의 수를 x, 두 번째에 나온 눈의 수를 y라 하자. $x+2y \geq 6$일 확률은?

① $\dfrac{4}{9}$ ② $\dfrac{5}{9}$ ③ $\dfrac{2}{3}$

④ $\dfrac{7}{9}$ ⑤ $\dfrac{8}{9}$

09

일기 예보에 의하면 내일 비가 올 확률은 0.6, 모레 비가 올 확률은 0.3이라고 한다. 내일과 모레 중 하루만 비가 올 확률은?

① $\frac{21}{50}$ ② $\frac{23}{50}$ ③ $\frac{1}{2}$

④ $\frac{27}{50}$ ⑤ $\frac{29}{50}$

10

민구, 천희, 수연 세 사람이 가위바위보를 할 때, 민구가 이길 확률은?

① $\frac{1}{3}$ ② $\frac{4}{9}$ ③ $\frac{5}{9}$

④ $\frac{2}{3}$ ⑤ $\frac{7}{9}$

11

0, 1, 2, 3, 4, 5의 숫자가 각각 적힌 6장의 카드에서 임의로 3장을 뽑아 세 자리의 정수를 만들 때, 짝수가 될 확률은?

| 0 | 1 | 2 | 3 | 4 | 5 |

① $\frac{11}{25}$ ② $\frac{23}{50}$ ③ $\frac{12}{25}$

④ $\frac{1}{2}$ ⑤ $\frac{13}{25}$

12

남학생 3명, 여학생 3명이 임의로 한 줄로 설 때, 남학생 3명이 서로 이웃하여 서게 될 확률은?

① $\frac{1}{10}$ ② $\frac{1}{5}$ ③ $\frac{3}{10}$

④ $\frac{2}{5}$ ⑤ $\frac{1}{2}$

13

철수와 현상이가 3번 경기를 해서 2번 먼저 이기면 승리하는 펜싱 경기를 한다. 한 경기에서 철수가 현상이를 이길 확률이 $\frac{1}{3}$일 때, 이 펜싱 경기에서 철수가 승리할 확률은?

(단, 이 펜싱 경기에서 무승부인 경우는 없다.)

① $\frac{4}{27}$ 　　② $\frac{5}{27}$ 　　③ $\frac{2}{9}$

④ $\frac{7}{27}$ 　　⑤ $\frac{8}{27}$

14

각 면에 3, 3, 3, 4, 4, 5의 숫자가 하나씩 적혀 있는 정육면체 모양의 상자를 임의로 던져서 윗면에 적힌 수를 읽기로 한다. 이 상자를 3번 던질 때, 첫 번째 나온 수는 홀수이고 두 번째와 세 번째 나온 수의 합이 8일 확률은?

① $\frac{1}{9}$ 　　② $\frac{4}{27}$ 　　③ $\frac{5}{27}$

④ $\frac{2}{9}$ 　　⑤ $\frac{7}{27}$

15

3개의 당첨 제비를 포함한 8개의 제비가 들어 있는 상자에서 지수, 미연, 수지 세 명이 순서대로 제비를 임의로 한 개씩 뽑는다. 이때 수지가 당첨 제비를 뽑을 확률은?

(단, 뽑은 제비는 다시 넣지 않는다.)

① $\frac{3}{8}$ 　　② $\frac{23}{56}$ 　　③ $\frac{25}{56}$

④ $\frac{27}{56}$ 　　⑤ $\frac{29}{56}$

16

오른쪽 그림과 같이 한 변의 길이가 1인 정사각형 ABCD의 내부에 임의로 한 점 P를 택할 때, △ABP가 예각삼각형이 될 확률은?

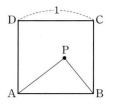

① $\frac{\pi}{10}$ 　　② $\frac{1}{2}$

③ $1-\frac{\pi}{8}$ 　　④ $1-\frac{\pi}{10}$

⑤ $\frac{3}{2}$

Level ② 확률

01

A, B 두 개의 주사위를 동시에 던져서 나온 눈의 수를 각각 a, b라 할 때, 좌표평면 위의 세 점 $P(-a, -b)$, $Q(a, -b)$, $R(0, b)$로 이루어진 삼각형 PQR의 넓이가 24일 확률은?

① $\dfrac{1}{18}$ ② $\dfrac{1}{9}$ ③ $\dfrac{1}{6}$

④ $\dfrac{2}{9}$ ⑤ $\dfrac{5}{18}$

02

한 개의 주사위를 두 번 던질 때, 첫 번째 나온 눈의 수가 두 번째 나온 눈의 수의 약수일 확률은?

① $\dfrac{2}{9}$ ② $\dfrac{5}{18}$ ③ $\dfrac{1}{3}$

④ $\dfrac{13}{36}$ ⑤ $\dfrac{7}{18}$

03

어느 한 학급의 여학생 3명과 남학생 2명으로 구성된 5명의 조에서 하루에 한 명씩 월요일부터 금요일까지 5일 동안 임의로 순번을 정하여 화단에 물을 주려고 한다. 월요일 또는 금요일에 남학생이 물을 주게 될 확률은?

① $\dfrac{17}{30}$ ② $\dfrac{3}{5}$ ③ $\dfrac{19}{30}$

④ $\dfrac{2}{3}$ ⑤ $\dfrac{7}{10}$

04

다음 그림과 같이 두 도시 A와 B를 연결하는 도로가 5개 있다. 민기는 도시 A에서 도시 B로, 민우는 도시 B에서 도시 A로 갈 때, 두 명이 서로 보이는 곳은 같은 도로를 이용하거나 이웃한 도로를 이용할 때 뿐이라고 한다. 민기와 민우가 임의로 도로를 선택하여 이용할 때 서로의 모습이 보일 수 있을 확률은?

① $\dfrac{7}{25}$ ② $\dfrac{2}{5}$ ③ $\dfrac{13}{25}$

④ $\dfrac{3}{5}$ ⑤ $\dfrac{17}{25}$

05

거짓말 탐지기를 통해 진실을 말할 확률이 $\frac{4}{5}$인 어떤 사람이 있다. 이 사람이 1부터 15까지의 자연수가 각각 적힌 15장의 카드 중에서 임의로 한 장의 카드를 뽑을 때, 그 카드에 적힌 수를 12의 약수라 답할 확률은?

① $\frac{9}{25}$ ② $\frac{2}{5}$ ③ $\frac{11}{25}$

④ $\frac{12}{25}$ ⑤ $\frac{13}{25}$

06

오른쪽 그림과 같이 평행한 두 직선 l, m 위에 각각 3개, 4개의 점이 있다. 이 중에서 임의로 3개의 점을 택하여 모두 이을 때, 삼각형이 만들어질 확률은?

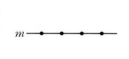

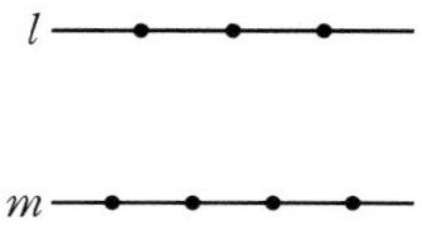

① $\frac{29}{35}$ ② $\frac{6}{7}$ ③ $\frac{31}{35}$

④ $\frac{32}{35}$ ⑤ $\frac{33}{35}$

07

주머니 안에 모양과 크기가 같은 흰 공 4개, 검은 공 3개가 들어 있다. 이 주머니에서 임의로 1개의 공을 꺼내 확인한 후 다시 넣고, 그 꺼낸 공과 같은 색의 공을 하나 더 주머니에 넣었다. 그런 다음 이 주머니에서 임의로 1개의 공을 꺼낼 때, 흰 공이 나올 확률은?

① $\frac{5}{14}$ ② $\frac{3}{7}$ ③ $\frac{1}{2}$

④ $\frac{4}{7}$ ⑤ $\frac{9}{14}$

08

오른쪽 그림과 같이 A, B 두 부분으로 나누어진 도형이 있다. 주사위를 던져서 6의 약수의 눈이 나오면 A, 6의 약수의 눈이 나오지 않으면 B에 색을 칠하려고 한다. 주사위를 던져서 세 번째에 도형을 모두 색칠할 확률은?

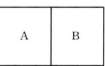

① $\frac{5}{27}$ ② $\frac{2}{9}$ ③ $\frac{7}{27}$

④ $\frac{8}{27}$ ⑤ $\frac{1}{3}$

09

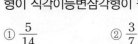

오른쪽 그림과 같은 정육면체의 꼭짓점 중에서 임의로 세 꼭짓점을 택한 후 이 점을 연결하여 삼각형을 만들 때, 이 삼각형이 직각이등변삼각형이 될 확률은?

① $\dfrac{5}{14}$ 　　　 ② $\dfrac{3}{7}$

③ $\dfrac{7}{14}$ 　　　 ④ $\dfrac{4}{7}$

⑤ $\dfrac{9}{14}$

10

국가대표 양궁선수 지원이가 화살을 한 번 쏘아 과녁의 10점을 맞힐 확률이 $\dfrac{1}{6}$, 9점을 맞힐 확률이 $\dfrac{1}{3}$, 8점 이하를 맞힐 확률이 $\dfrac{1}{2}$이다. 지원이가 화살을 두 번 쏘아 얻은 점수의 합이 19점 이상일 확률은?

① $\dfrac{5}{36}$ 　　　 ② $\dfrac{1}{6}$ 　　　 ③ $\dfrac{2}{9}$

④ $\dfrac{1}{4}$ 　　　 ⑤ $\dfrac{5}{18}$

11

같은 사무실에 근무하는 민성, 성주 두 사람은 7월 21일부터 7월 28일까지 8일 중 3일씩을 임의로 택하여 휴가를 갖기로 하였다. 이때 민성, 성주의 휴가 날짜 중 겹치는 날짜가 있을 확률은? (단, 휴가의 날짜는 연속적일 수도 있고 아닐 수도 있다.)

① $\dfrac{19}{28}$ 　　　 ② $\dfrac{5}{7}$ 　　　 ③ $\dfrac{3}{4}$

④ $\dfrac{11}{14}$ 　　　 ⑤ $\dfrac{23}{28}$

12

성주와 광수는 비행기에서 낙하산을 이용하여 지상으로 내려오고 있다. 반지름의 길이가 10 m, 20 m, 30 m인 동심원으로 구성된 낙하표시지역으로 내려온다고 할 때, 두 사람이 같은 표시지역으로 착지하게 될 확률은? (단, 두 사람 모두 서로 영향을 주지 않으며 낙하표시지역에만 착지하고, 모든 지점은 같은 정도로 착지가 기대된다.)

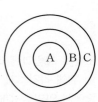

① $\dfrac{10}{27}$ 　　　 ② $\dfrac{32}{81}$ 　　　 ③ $\dfrac{11}{27}$

④ $\dfrac{35}{81}$ 　　　 ⑤ $\dfrac{12}{27}$

13

8보다 큰 자연수 a에 대하여 1, 2, 3, 4, 5, 6, 7, a의 숫자가 각각 적힌 8장의 카드 중에서 임의로 2장을 뽑을 때, 두 수의 차가 7 이상일 확률이 $\frac{3}{14}$이 되도록 하는 자연수 a의 값은?

① 9   ② 10   ③ 11
④ 12   ⑤ 13

14

A, B, C 세 명의 농구 선수가 자유투를 성공할 확률이 각각 $\frac{4}{5}$, $\frac{2}{5}$, p이다. 적어도 한 사람이 자유투를 성공시킬 확률이 $\frac{119}{125}$일 때, p의 값은?

① $\frac{3}{5}$ ② $\frac{2}{3}$ ③ $\frac{5}{7}$
④ $\frac{3}{4}$ ⑤ $\frac{7}{9}$

15

동준이와 도형이를 포함한 남학생 5명과 선미를 포함한 여학생 6명이 있다. 이들 중에서 임의로 남학생 대표 1명, 여학생 대표 3명을 뽑을 때, 남학생은 동준 또는 도형이가 뽑히고, 여학생은 선미가 반드시 뽑힐 확률은?

① $\frac{1}{10}$ ② $\frac{1}{5}$ ③ $\frac{3}{10}$
④ $\frac{2}{5}$ ⑤ $\frac{1}{2}$

16

어느 야구대회에서 결승에 올라온 두 팀 A, B가 경기를 하는데 7번 경기에서 먼저 4승을 한 팀이 우승한다고 한다. 현재 A팀이 2승 1패로 앞서고 있을 때, B팀이 우승할 확률은?
(단, 각 팀이 한 게임에서 이길 확률은 서로 같고, 비기는 경우는 없다.)

① $\frac{5}{16}$ ② $\frac{3}{8}$ ③ $\frac{7}{16}$
④ $\frac{1}{2}$ ⑤ $\frac{9}{16}$

01

오른쪽 그림과 같이 미선이는 밑에서부터 6번째 계단에 서 있다. 1개의 주사위를 던져서 소수의 눈이 나오면 그 수만큼 올라가고, 그 이외의 수의 눈이 나오면 그 수만큼 내려간다고 한다. 주사위를 두 번 던진 후 미선이가 처음보다 한 계단 위에 있을 확률은? (단, 계단의 수는 충분히 많다.)

① $\dfrac{1}{18}$　　　　② $\dfrac{1}{9}$　　　　③ $\dfrac{1}{6}$

④ $\dfrac{2}{9}$　　　　⑤ $\dfrac{5}{18}$

02

한 개의 주사위를 두 번 던져서 나온 눈의 수를 각각 a, b라 할 때, 연립방정식 $\begin{cases} 2x+ay=3 \\ -4x-by=b \end{cases}$ 의 해가 존재할 확률은?

① $\dfrac{1}{2}$　　　② $\dfrac{2}{3}$　　　③ $\dfrac{3}{4}$　　　④ $\dfrac{5}{6}$　　　⑤ $\dfrac{11}{12}$

03

어느 반 학생 20명의 혈액형을 조사하였더니 오른쪽 표와 같았다. 이 학생들 중에서 임의로 2명을 뽑을 때, 혈액형이 같을 확률은?

혈액형	A형	B형	O형
학생 수(명)	5	8	7

① $\dfrac{53}{190}$　　② $\dfrac{11}{38}$　　③ $\dfrac{3}{10}$　　④ $\dfrac{59}{190}$　　⑤ $\dfrac{61}{190}$

04

2학년 1반부터 7반까지 7개의 반이 있는 어느 중학교에서 이긴 팀만 다음 경기를 하고 진 팀은 탈락하는 승자 진출전(토너먼트) 방식으로 축구시합을 하려고 한다. 1반은 1차전에서 한 경기를 덜 치르는 부전승으로 결정되어 오른쪽 그림과 같은 대진표로 경기를 한다고 한다. 1반과 2반이 경기를 할 확률은?

$\left(\text{단, 각 반이 시합에서 이길 확률은 모두 } \dfrac{1}{2}\text{이고, 기권하는 반은 없다고 한다.}\right)$

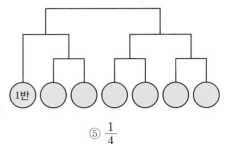

① $\dfrac{3}{4}$ ② $\dfrac{5}{8}$ ③ $\dfrac{1}{2}$ ④ $\dfrac{3}{8}$ ⑤ $\dfrac{1}{4}$

05

주머니 A와 B에는 1, 2, 3, 4의 숫자가 하나씩 적혀 있는 네 개의 구슬이 각각 들어 있다. 수철이는 주머니 A에서, 지수는 주머니 B에서 각자 구슬을 임의로 한 개씩 꺼내어 두 구슬에 적혀 있는 숫자를 확인한 후 다시 넣지 않는 시행을 한다. 이와 같은 시행을 반복할 때, 첫 번째 꺼낸 두 구슬에 적혀 있는 숫자가 서로 다르고, 두 번째 꺼낸 두 구슬에 적혀 있는 숫자가 같을 확률은?

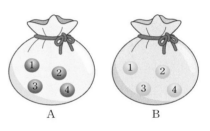

① $\dfrac{5}{36}$ ② $\dfrac{1}{6}$ ③ $\dfrac{7}{36}$

④ $\dfrac{2}{9}$ ⑤ $\dfrac{1}{4}$

06

한 변의 길이가 10인 정사각형 모양의 타일이 있다. 반지름의 길이가 2인 동전 한 개를 중심이 타일 안에 놓이도록 할 때, 동전이 1장의 타일 안에 완전히 놓일 확률은?

① $\dfrac{1}{5}$ ② $\dfrac{7}{20}$ ③ $\dfrac{9}{25}$ ④ $\dfrac{2}{5}$ ⑤ $\dfrac{1}{2}$

01

한 개의 주사위를 두 번 던져서 나온 눈의 수를 순서대로 a, b라 할 때, $2^a + 3^b$의 일의 자리의 숫자가 9가 될 확률은?

① $\dfrac{1}{12}$ ② $\dfrac{5}{36}$ ③ $\dfrac{7}{36}$ ④ $\dfrac{1}{4}$ ⑤ $\dfrac{11}{36}$

02

흰 공 3개와 검은 공 n개가 들어있는 주머니에서 임의로 2개의 공을 동시에 꺼내어 색을 확인하고 다시 넣는 시행을 반복하였더니 7번 중 n번 꼴로 서로 다른 색의 공이 나왔다. 이때 자연수 n의 값을 구하시오.

(단, 검은 공의 개수는 흰 공의 개수보다 많다.)

03

오른쪽 그림과 같이 빨간색 카드와 노란색 카드 위에 각각 1, 2, 3, 4, 5, 6의 숫자가 적혀 있는 12장의 카드가 있다. 우선 빨간색 카드를 순서대로 배열하고, 배열한 카드 아랫쪽에 노란색 카드를 임의의 순서로 배열한다. 이때 마주 보는 위치에 있는 카드에 적힌 숫자가 2쌍만 일치할 확률은?

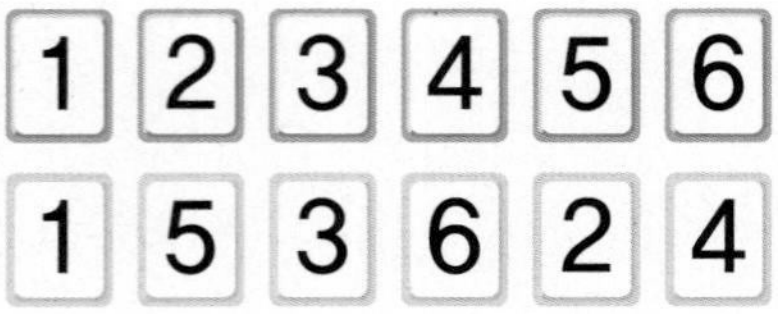

| 1 | 2 | 3 | 4 | 5 | 6 |
| 1 | 5 | 3 | 6 | 2 | 4 |

① $\dfrac{3}{16}$ ② $\dfrac{1}{4}$ ③ $\dfrac{5}{16}$

④ $\dfrac{3}{8}$ ⑤ $\dfrac{7}{16}$

04

중학교 1학년, 2학년, 3학년 학생이 2명씩 있다. 이 6명이 오른쪽 그림과 같이 좌석 번호가 지정된 6개의 좌석 중 임의로 1개씩 선택하여 앉을 때, 같은 학년의 두 학생끼리는 좌석 번호의 차가 1 또는 10이 되도록 앉게 될 확률은?

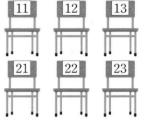

① $\dfrac{1}{20}$
② $\dfrac{1}{10}$
③ $\dfrac{3}{20}$
④ $\dfrac{1}{5}$
⑤ $\dfrac{1}{4}$

05

어느 질병에 대한 치료법으로 1단계 치료를 하고, 1단계 치료가 성공한 환자만 2단계 치료를 하여 2단계 치료까지 성공한 환자는 완치된 것으로 판단한다. 1단계 치료 결과가 2단계 치료 결과에 영향을 주지 않으며, 1단계 치료와 2단계 치료에 성공할 확률은 각각 $\dfrac{2}{3}$, $\dfrac{3}{5}$이다. 4명의 환자를 대상으로 이 치료법을 적용하였을 때, 완치된 것으로 판단될 환자가 2명일 확률을 구하시오.

06

어느 배구 대회에서 5번의 세트에서 3번을 먼저 이기면 승리하는 경기가 있다. A, B 두 팀이 경기를 할 때, 한 세트에서 A팀이 B팀을 이길 확률은 $\dfrac{1}{3}$이라고 한다. 5번째 세트에서 A팀이 이길 확률은? (단, 각 세트는 비기는 경우가 없다.)

① $\dfrac{8}{81}$
② $\dfrac{10}{81}$
③ $\dfrac{4}{27}$
④ $\dfrac{14}{81}$
⑤ $\dfrac{16}{81}$

01

0, 1, 2, 3, 4, 5의 숫자가 각각 하나씩 적힌 6장의 카드에서 4
장을 택하여 네 자리의 자연수를 만들려고 한다. 이 중에서 3의
배수의 개수는?

0 1 2 3 4 5

① 84   ② 88   ③ 92
④ 96   ⑤ 100

02

'3 · 6 · 9 게임'을 다음과 같은 규칙으로 한다.

> (가) 참가자들이 돌아가며 자연수를 1부터 차례로 말한다.
> (나) 3, 6, 9가 들어가 있는 수는 말하지 않는다.

'3 · 6 · 9 게임'을 할 때, 1부터 999까지의 자연수 중에서 말하
지 않아야 하는 수의 개수는?

① 651   ② 653   ③ 655
④ 657   ⑤ 659

03

오른쪽 그림과 같이 여섯 칸으로 나누어
진 직사각형의 각 칸에 6개의 수 1, 2,
4, 6, 8, 9를 한 개씩 써넣으려고 한다.
각 가로줄에 있는 세 수의 합이 서로 같
은 경우의 수는?

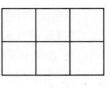

① 70   ② 72   ③ 74
④ 76   ⑤ 78

04

세계 32개의 나라에서 출전하는 어느 국제 축구 대회의 본선
경기는 다음과 같은 방식으로 진행된다.

> (가) 32개 팀을 한 조에 4개 팀씩 8개 조로 나누고, 먼저 각
>   조에서 리그전을 하여 조별로 순위를 정한다.
> (나) 리그전을 치른 각 조의 상위 2개 팀이 16강에 진출하
>   여 승자 진출전(토너먼트)을 한다.
> (다) 준결승전에서 진 팀끼리 3, 4위전을 한다.

리그전은 조별로 경기에 참가한 팀이 서로 한 번씩 모두 경기하
는 방식이고, 승자 진출전(토너먼트)은 이긴 팀만 다음 경기를
하고 진 팀은 탈락하는 경기 방식이다. 이때 이 국제 축구 대회
의 본선 경기의 전체 경기 수는?

① 32   ② 40   ③ 48
④ 56   ⑤ 64

05

태블릿 PC의 부품을 생산하는 한 회사에서 지난 달 말까지 생산한 200개의 부품 중에서 10개가 불량품이었다. 그 이후 생산한 부품 n개 중에는 불량품이 5개 발생하여 전체 불량품이 나올 확률은 $\frac{1}{20}$이 되었다고 할 때, 자연수 n의 값은?

① 80 ② 85 ③ 90
④ 95 ⑤ 100

06

주머니 안에 1에서 9까지의 숫자가 각각 하나씩 적혀 있는 9개의 공이 들어 있다. 이 주머니에서 임의로 2개를 뽑아 그 숫자를 각각 a, b라 할 때, 두 수 $\frac{b}{a}$, $\frac{a}{b}$ 모두 정수가 아닐 확률은?

① $\frac{7}{18}$ ② $\frac{4}{9}$ ③ $\frac{1}{2}$
④ $\frac{5}{9}$ ⑤ $\frac{11}{18}$

07

어느 비오는 날 4명의 학생이 체육관에서 공놀이를 하였다. 공놀이가 모두 끝나고 각자 우산을 임의로 하나씩 집어 들었을 때, 적어도 한 명은 자신의 우산을 집을 확률은?

(단, 4개의 우산은 모양, 크기, 색깔이 모두 같다.)

① $\frac{3}{4}$ ② $\frac{5}{8}$ ③ $\frac{1}{2}$
④ $\frac{3}{8}$ ⑤ $\frac{1}{4}$

08

부모를 포함하여 5명이 영화 관람을 하려 한다. 다음과 같이 임의로 5명이 일렬로 의자에 앉을 때, 부모 사이에 1명이 앉아 영화를 관람할 확률은?

① $\frac{3}{20}$ ② $\frac{1}{4}$ ③ $\frac{3}{10}$
④ $\frac{7}{20}$ ⑤ $\frac{2}{5}$

09

오른쪽 그림과 같이 6등분된 원판 위에 숫자 0, 1, 2가 쓰여 있다. 이 원판에 화살을 3번 쏘아 맞힌 부분의 숫자의 합이 4가 될 확률은? (단, 화살이 원판을 벗어나거나 경계선을 맞히는 경우는 생각하지 않는다.)

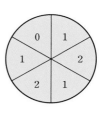

① $\frac{1}{4}$ ② $\frac{5}{18}$ ③ $\frac{11}{36}$
④ $\frac{1}{3}$ ⑤ $\frac{13}{36}$

MEMO

뉴런 고난도
수학 2(하)

정답과 풀이

Ⅳ. 도형의 성질

1 삼각형의 성질

Level ❶
본문 6~9쪽

01 $87°$ **02** ② **03** $8\,cm$ **04** $10\,cm^2$ **05** $9\,cm$ **06** $9\,cm$

07 $18\,cm^2$ **08** ⑤ **09** $51°$ **10** $19\,cm^2$ **11** $68°$

12 ③ **13** $71°$ **14** $39°$ **15** ④ **16** $110°$

---

01 $\overline{AB}=\overline{AC}$이므로

$\angle ABC=\angle C=\dfrac{1}{2}\times(180°-56°)=62°$

$\overline{BD}$는 $\angle B$의 이등분선이므로

$\angle DBC=\dfrac{1}{2}\times62°=31°$

따라서 △DBC에서

$\angle BDC=180°-(31°+62°)=87°$

02 $\overline{AB}=\overline{AC}$이므로 $\angle ACB=\angle B=73°$

$\therefore \angle A=180°-2\times73°=34°$

$\overline{BC}=\overline{DC}$이므로 $\angle CDB=\angle B=73°$

$\angle ADC=180°-\angle CDB=180°-73°=107°$

따라서 △ADC에서

$\angle ACD=180°-(34°+107°)=39°$

다른 풀이

$\overline{AB}=\overline{AC}$이므로 $\angle ACB=\angle B=73°$

$\overline{BC}=\overline{DC}$이므로 $\angle CDB=\angle B=73°$

△DBC에서 $\angle DCB=180°-2\times73°=34°$

$\therefore \angle ACD=\angle ACB-\angle DCB=73°-34°=39°$

03 △ABC가 $\overline{AB}=\overline{BC}$인 이등변삼각형이므로

$\angle BAC=\angle C=\dfrac{1}{2}\times(180°-36°)=72°$

$\therefore \angle BAD=\dfrac{1}{2}\angle BAC=\dfrac{1}{2}\times72°=36°$

따라서 △ABD는 $\overline{AD}=\overline{BD}$인 이등변삼각형이다.

이때 $\angle ADC$는 △ABD의 한 외각이므로

$\angle ADC=36°+36°=72°$

즉, $\angle ADC=\angle C=72°$이므로 △ADC는 $\overline{AD}=\overline{AC}$인 이등변삼각형이다.

$\therefore \overline{BD}=\overline{AD}=\overline{AC}=8\,cm$

04 오른쪽 그림에서

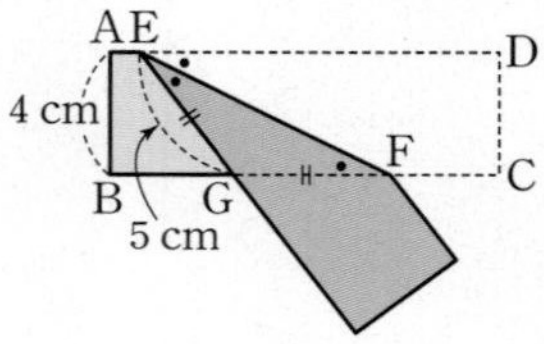

$\angle GEF=\angle DEF$ (접은 각),

$\angle DEF=\angle GFE$ (엇각)

이므로

$\angle GEF=\angle GFE$

따라서 △EGF는 $\overline{EG}=\overline{GF}$인 이등변삼각형이므로

$\overline{GF}=\overline{EG}=5\,cm$

$\therefore \triangle EGF=\dfrac{1}{2}\times\overline{GF}\times\overline{AB}=\dfrac{1}{2}\times5\times4=10\,(cm^2)$

05 △BDM과 △CEM에서

$\angle BDM=\angle CEM=90°$, $\overline{BM}=\overline{CM}$,

$\angle DMB=\angle EMC$ (맞꼭지각)이므로

$\triangle BDM\equiv\triangle CEM$ (RHA 합동)

$\therefore \overline{BD}=\overline{CE}=8\,cm$, $\overline{DM}=\overline{EM}=\dfrac{1}{2}\times8=4\,(cm)$

이때 △ABD의 넓이가 $20\,cm^2$이므로

$\triangle ABD=\dfrac{1}{2}\times\overline{BD}\times\overline{AD}$

$\qquad\quad=\dfrac{1}{2}\times8\times\overline{AD}=20$

$\therefore \overline{AD}=5\,(cm)$

$\therefore \overline{AM}=\overline{AD}+\overline{DM}=5+4=9\,(cm)$

06 △ABD와 △BCE에서

$\angle ADB=\angle BEC=90°$, $\overline{AB}=\overline{BC}$이고

$\angle BAD=180°-\angle ADB-\angle ABD=90°-\angle ABD$,

$\angle CBE=\angle ABC-\angle ABD=90°-\angle ABD$이므로

$\angle BAD=\angle CBE$

$\therefore \triangle ABD\equiv\triangle BCE$ (RHA 합동)

따라서 $\overline{BE}=\overline{AD}=16\,cm$, $\overline{BD}=\overline{CE}=7\,cm$이므로

$\overline{DE}=\overline{BE}-\overline{BD}=16-7=9\,(cm)$

07 오른쪽 그림과 같이 점 D에서 $\overline{AC}$에 내린 수선의 발을 E라 하면

△ABD와 △AED에서

$\angle ABD=\angle AED=90°$,

$\overline{AD}$는 공통,

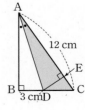

∠BAD=∠EAD이므로

△ABD≡△AED (RHA 합동)

따라서 $\overline{\text{ED}}=\overline{\text{BD}}=3$ cm이므로

$$\triangle \text{ADC}=\frac{1}{2}\times \overline{\text{AC}}\times \overline{\text{ED}}$$

$$=\frac{1}{2}\times 12 \times 3=18(\text{cm}^2)$$

08 각의 두 변에서 같은 거리에 있는 점은 그 각의 이등분선 위에 있으므로 $\overline{\text{DE}}=\overline{\text{EC}}$이면 $\overline{\text{BE}}$는 ∠DBC의 이등분선이다.

즉, ∠DBE=∠EBC=$\frac{1}{2}$∠ABC

△DBE에서 ∠DBE=$180°-(90°+62°)=28°$

∠ABC=$2\times 28°=56°$

따라서 △ABC에서

∠A=$180°-(90°+56°)=34°$

09 점 O가 △ABC의 외심이므로

$\overline{\text{OA}}=\overline{\text{OB}}=\overline{\text{OC}}$

△OAC는 $\overline{\text{OA}}=\overline{\text{OC}}$인 이등변삼각형이므로

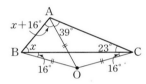

∠OCA=∠OAC=39°

∴ ∠ACB=$39°-16°=23°$

△OBC는 $\overline{\text{OB}}=\overline{\text{OC}}$인 이등변삼각형이므로

∠OBC=∠OCB=16°

∠ABC=∠x라 하면

△OAB는 $\overline{\text{OA}}=\overline{\text{OB}}$인 이등변삼각형이므로

∠OAB=∠OBA=∠x+16°

△ABC의 세 내각의 크기의 합은 180°이므로

(∠x+16°+39°)+∠x+23°=180°

$2∠x=102°$ ∴ ∠x=51°

∴ ∠ABC=51°

10 오른쪽 그림과 같이 $\overline{\text{OA}}$, $\overline{\text{OB}}$, $\overline{\text{OC}}$를 그으면 점 O가 △ABC의 외심이므로

$\overline{\text{OA}}=\overline{\text{OB}}=\overline{\text{OC}}$

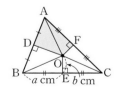

△OAD≡△OBD (RHS 합동),

△OBE≡△OCE (RHS 합동),

△OCF≡△OAF (RHS 합동)이고 합동인 두 삼각형의 넓이는 같다. 이때 직각삼각형 OBE에서

$\triangle \text{OBE}=\frac{1}{2}\times a \times b=\frac{1}{2}ab=\frac{1}{2}\times 18=9(\text{cm}^2)$

△ABC=△OAB+△OBC+△OCA

=2(△OAD+△OBE+△OAF)

즉,

△OAD+△OBE+△OAF=$\frac{1}{2}$△ABC

$=\frac{1}{2}\times 56=28(\text{cm}^2)$

∴ (사각형 ADOF의 넓이)=△OAD+△OAF

=28-△OBE

=28-9=19(cm²)

11 오른쪽 그림과 같이 $\overline{\text{OA}}$, $\overline{\text{OC}}$를 그으면

$\overline{\text{OA}}=\overline{\text{OB}}=\overline{\text{OC}}$

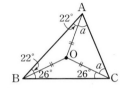

즉, △OAB, △OBC, △OCA는 모두 이등변삼각형이다.

∠OAB=∠OBA=22°,

∠OCB=∠OBC=26°

∠OAC=∠OCA=∠a라 하면

$2\times(22°+26°+∠a)=180°$

$22°+26°+∠a=90°$ ∴ ∠a=42°

∴ ∠C=∠a+26°=42°+26°=68°

12 점 O는 △ABC의 외심이므로 △OBC는 $\overline{\text{OB}}=\overline{\text{OC}}$인 이등변삼각형이고

∠BOC=2∠A=$2\times 34°=68°$

∴ ∠OBC=$\frac{1}{2}\times(180°-68°)=56°$

점 O′은 △OBC의 외심이므로 △O′BC는 $\overline{\text{O'B}}=\overline{\text{O'C}}$인 이등변삼각형이고

∠BO′C=2∠BOC=$2\times 68°=136°$

∴ ∠O′BC=$\frac{1}{2}\times(180°-136°)=22°$

∴ ∠OBO′=∠OBC-∠O′BC=$56°-22°=34°$

13 오른쪽 그림과 같이 $\overline{\text{IA}}$, $\overline{\text{IB}}$와 $\overline{\text{ID}}$, $\overline{\text{IE}}$, $\overline{\text{IF}}$를 그으면

△ADI와 △AFI에서

∠ADI=∠AFI=90°,

$\overline{\text{IA}}$는 공통,

∠DAI=∠FAI이므로

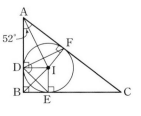

△ADI≡△AFI (RHA 합동)

∴ $\overline{AD}=\overline{AF}$

즉, △ADF는 이등변삼각형이므로

$\angle ADF = \frac{1}{2} \times (180° - 52°) = 64°$

마찬가지로 $\overline{BD}=\overline{BE}$이므로 △DBE는 직각이등변삼각형이다.

∴ ∠BDE=45°

∴ ∠FDE=180°−(∠ADF+∠BDE)

$\quad = 180° - (64° + 45°) = 71°$

14 점 I는 △ABC의 내심이므로

∠BAI=∠IAD, ∠ABI=∠IBC

∠BAI=∠IAD=∠a라 하면

∠ABC=180°−(2∠a+54°)

$\quad = 126° - 2\angle a$

$\angle ABI = \frac{1}{2} \angle ABC$

$\quad = \frac{1}{2} \times (126° - 2\angle a)$

$\quad = 63° - \angle a$

△BAD는 $\overline{BA}=\overline{BD}$인 이등변삼각형이므로

∠BAD=∠BDA=2∠a

△BAD에서

(63°−∠a)+2∠a+2∠a=180°

63°+3∠a=180° ∴ ∠a=39°

∴ ∠IAD=∠a=39°

15 점 I가 △ABC의 내심이므로 내접원의 반지름의 길이를 r cm라 하면

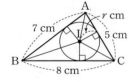

△ABC=△IAB+△IBC

$\qquad\quad +\triangle ICA$

$= \frac{1}{2} \times \overline{AB} \times r + \frac{1}{2} \times \overline{BC} \times r + \frac{1}{2} \times \overline{CA} \times r$

$= \frac{1}{2} \times 7 \times r + \frac{1}{2} \times 8 \times r + \frac{1}{2} \times 5 \times r$

$= \frac{1}{2} \times r \times (7+8+5)$

$= \frac{1}{2} \times r \times 20 = 10r \,(\text{cm}^2)$

$\triangle IBC = \frac{1}{2} \times \overline{BC} \times r = \frac{1}{2} \times 8 \times r = 4r \,(\text{cm}^2)$

∴ △ABC : △IBC=10r : 4r=5 : 2

16 점 O가 △ABC의 외심이므로 $\overline{OB}=\overline{OC}$

즉, △OBC는 이등변삼각형이므로

∠OCB=∠OBC=50°

∠BOC=180°−(50°+50°)=80°

점 O가 △ABC의 외심이므로

$\angle A = \frac{1}{2} \angle BOC = \frac{1}{2} \times 80° = 40°$

점 I가 △ABC의 내심이므로

$\angle BIC = 90° + \frac{1}{2} \angle A$

$\quad = 90° + \frac{1}{2} \times 40° = 110°$

Level ②   본문 10~13쪽

01 110° **02** 24 cm **03** 6 cm **04** ⑤ **05** 10° **06** 8 cm

07 6 cm² **08** ② **09** ① **10** 38° **11** 20° **12** 64° **13** 48°

14 ③ **15** 27° **16** 14 cm

01 ∠BDE=∠a, ∠ADF=∠b라 하면

∠a+∠b=180°−35°=145°

△BED와 △ADF는 이등변삼각형이므로

∠BDE=∠BED=∠a, ∠ADF=∠AFD=∠b

△BED와 △ADF에서

∠B+∠a+∠a+∠A+∠b+∠b=360°

∠A+∠B=360°−2×145°=70°

∴ ∠ECF=180°−(∠A+∠B)

$\quad = 180° - 70° = 110°$

02 △ABC는 $\overline{AB}=\overline{BC}$인 이등변삼각형이므로 꼭지각의 이등분선인 $\overline{BD}$는 $\overline{AC}$를 수직이등분한다.

$\triangle DBC = \frac{1}{2} \times \overline{DC} \times \overline{BD}$

$\quad = \frac{1}{2} \times \overline{BC} \times \overline{DE}$

$\frac{1}{2} \times \overline{DC} \times 9 = \frac{1}{2} \times 15 \times \frac{36}{5}$ ∴ $\overline{DC}=12\,(\text{cm})$

∴ $\overline{AC}=2\overline{DC}=2 \times 12 = 24\,(\text{cm})$

03 △ABC에서 ∠B=∠C

△DBE에서 ∠D=90°−∠B=90°−∠C

△FEC에서 ∠EFC=90°−∠C이므로

∠AFD=∠EFC=∠D

따라서 △AFD는 $\overline{AF}=\overline{AD}$인 이등변삼각형이므로

$16-\overline{AD}=\overline{AB}=\overline{AC}=\overline{AF}+4$에서

$16-\overline{AD}=\overline{AD}+4$, $2\overline{AD}=12$

∴ $\overline{AD}=6$(cm)

04 △ABC에서 ∠B=∠C

$\overline{AB}\,/\!/\,\overline{FG}$이므로 ∠B=∠FGC (동위각)

$\overline{AC}\,/\!/\,\overline{DE}$이므로 ∠C=∠DEB (동위각)

∠B=∠DEB이므로 △DBE는 $\overline{DB}=\overline{DE}$인 이등변삼각형이고, ∠C=∠FGC이므로 △FGC는 $\overline{FG}=\overline{FC}$인 이등변삼각형이다. 또한, ∠HGE=∠HEG이므로 △HGE는 $\overline{HG}=\overline{HE}=3$ cm인 이등변삼각형이다.

따라서 사각형 ADHF의 둘레의 길이는

$\overline{AD}+\overline{DH}+\overline{HF}+\overline{AF}$

$=\overline{AD}+(\overline{DE}-3)+(\overline{FG}-3)+\overline{AF}$

$=(\overline{AD}+\overline{DE})+(\overline{FG}+\overline{AF})-6$

$=(\overline{AD}+\overline{DB})+(\overline{FC}+\overline{AF})-6$

$=\overline{AB}+\overline{AC}-6$

$=15+15-6=24$(cm)

05 △DAE와 △DCF에서

∠A=∠DCF=90°, $\overline{DE}=\overline{DF}$, $\overline{DA}=\overline{DC}$이므로

△DAE≡△DCF (RHS 합동)

∴ ∠AED=∠CFD=180°−(90°+35°)=55°,

∠ADE=∠CDF=35°

이때 ∠ADC=90°이므로 ∠EDC=90°−35°=55°

∠EDF=55°+35°=90°이고 $\overline{DE}=\overline{DF}$이므로 △DEF는 직각이등변삼각형이다.

∴ ∠DFE=45°

∴ ∠EFB=∠DFC−∠DFE=55°−45°=10°

06 오른쪽 그림과 같이 $\overline{AM}$과 $\overline{BM}$을 그으면

△ADM≡△AHM (RHS 합동),

△BCM≡△BHM (RHS 합동)

이므로 $\overline{AD}=\overline{AH}$, $\overline{BC}=\overline{BH}$

사다리꼴 ABCD의 넓이는

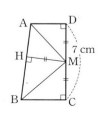

$\frac{1}{2}\times(\overline{AD}+\overline{BC})\times\overline{DC}=\frac{1}{2}\times(\overline{AH}+\overline{BH})\times7=28$

∴ $\overline{AH}+\overline{BH}=8$(cm)

∴ $\overline{AB}=\overline{AH}+\overline{BH}=8$ cm

07 오른쪽 그림과 같이 $\overline{DC}$를 그으면

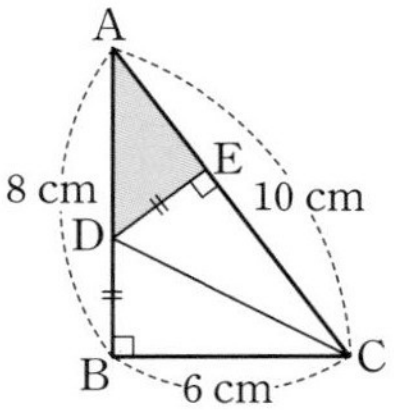

△DBC와 △DEC에서

∠B=∠DEC=90°,

$\overline{DC}$는 공통, $\overline{DB}=\overline{DE}$이므로

△DBC≡△DEC (RHS 합동)

∴ $\overline{BC}=\overline{EC}=6$ cm

∴ $\overline{AE}=10-6=4$(cm)

$\overline{DB}=\overline{DE}=x$ cm라 하면

△ABC=△DBC+△ADC

$\frac{1}{2}\times6\times8=\frac{1}{2}\times6\times x+\frac{1}{2}\times10\times x$

$8x=24$ ∴ $x=3$

∴ △ADE$=\frac{1}{2}\times\overline{AE}\times\overline{DE}=\frac{1}{2}\times4\times3=6$(cm²)

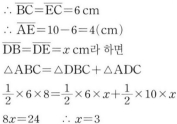

08 오른쪽 그림과 같이 점 D에서 $\overline{AC}$에 내린 수선의 발을 E라 하면

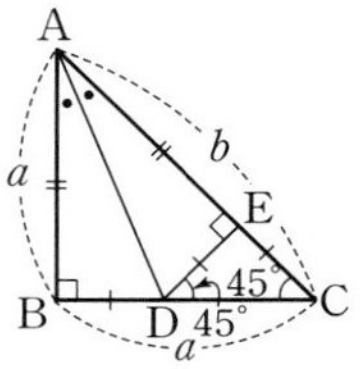

△ABD와 △AED에서

∠B=∠AED=90°, $\overline{AD}$는 공통,

∠BAD=∠EAD이므로

△ABD≡△AED (RHA 합동)

∴ $\overline{AB}=\overline{AE}$, $\overline{BD}=\overline{ED}$

이때 △ABC가 직각이등변삼각형이므로 ∠C=45°

△EDC에서 ∠DEC=90°, ∠C=45°이므로

∠EDC=45°

즉, △EDC는 직각이등변삼각형이므로 $\overline{ED}=\overline{EC}$

$\overline{EC}=\overline{AC}-\overline{AE}=b-a$이므로

$\overline{BD}=\overline{ED}=\overline{EC}=b-a$

09 오른쪽 그림과 같이 $\overline{OA}$, $\overline{OB}$를 그으면

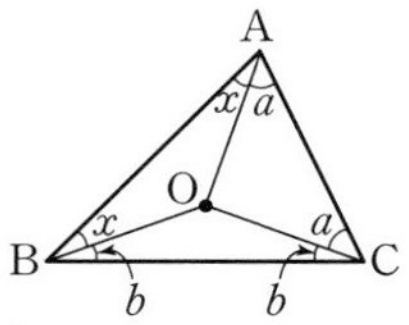

∠OAC=∠OCA=∠a,

∠OBC=∠OCB=∠b

이때 ∠OAB=∠OBA=∠x라 하면

∠A−∠B=(∠a+∠x)−(∠b+∠x)

$=$∠a+∠x−∠b−∠x

$=$∠a−∠b

10 이등변삼각형의 꼭지각의 이등분선은 밑변을 수직이등분하므로
$\triangle$ABC에서 $\overline{BD}=\overline{CD}$, $\angle ADC=90°$

$\angle CAD=\dfrac{1}{2}\angle A=\dfrac{1}{2}\times52°=26°$

$\angle ACD=90°-26°=64°$

직각삼각형의 빗변의 중점은 외심이므로 점 D는 직각삼각형 EBC의 외심이고 $\overline{BD}=\overline{ED}=\overline{CD}$이다.

$\triangle$EDC에서 $\overline{ED}=\overline{CD}$이므로 $\triangle$EDC는 이등변삼각형이다.

$\angle EDC=180°-2\times64°=52°$

$\therefore \angle ADE=\angle ADC-\angle EDC$
$=90°-52°=38°$

11 $\angle AHN=90°-\angle CHN$
$=90°-55°=35°$

점 N은 $\triangle$AHC의 외심이므로 $\overline{NA}=\overline{NH}=\overline{NC}$

$\triangle$NAH는 $\overline{NA}=\overline{NH}$인 이등변삼각형이므로

$\angle NAH=\angle NHA=35°$

$\triangle$NHC는 $\overline{NH}=\overline{NC}$인 이등변삼각형이므로

$\angle NCH=\angle NHC=55°$

점 M은 $\triangle$ABC의 외심이므로 $\overline{MA}=\overline{MC}$

$\triangle$MAC는 $\overline{MA}=\overline{MC}$인 이등변삼각형이므로

$\angle MCA=\angle MAC=35°$

$\therefore \angle MCH=\angle NCH-\angle MCA$
$=55°-35°=20°$

12 점 I가 $\triangle$ABC의 내심이므로 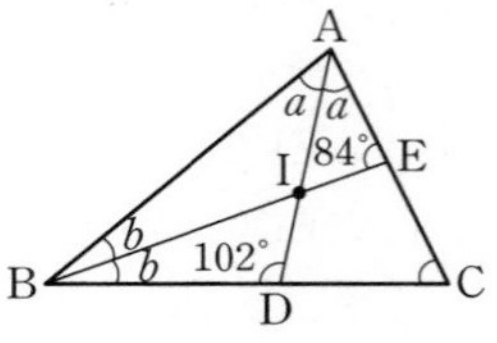
$\angle IAB=\angle IAE=\angle a$,
$\angle IBA=\angle IBD=\angle b$라 하면
$\angle A+\angle B+\angle C=180°$에서
$(\angle a+\angle a)+(\angle b+\angle b)$
$+\angle C=180°$
$\therefore \angle C=180°-2(\angle a+\angle b)$
$\triangle$ABE에서
$2\angle a+\angle b=180°-84°=96°$ ······ ㉠
$\triangle$ABD에서
$\angle a+2\angle b=180°-102°=78°$ ······ ㉡
㉠+㉡을 하면
$3\angle a+3\angle b=174°$
$3(\angle a+\angle b)=174°$
$\therefore \angle a+\angle b=58°$
$\therefore \angle C=180°-2\times58°=64°$

13 점 I, I′은 각각 $\triangle$ABC, $\triangle$ACD의 내심이므로
$\angle ABI=\angle IBC=\angle a$,
$\angle ADI'=\angle I'DC=\angle b$라 하면
$\angle ABC=2\angle a$, $\angle ADC=2\angle b$
$\triangle$ACD는 $\overline{AC}=\overline{CD}$인 이등변삼각형이므로
$\angle CAD=\angle CDA=2\angle b$
$\triangle$ABD에서
$(64°+2\angle b)+2\angle a+2\angle b=180°$
$2\angle a+4\angle b=116°$ ······ ㉠
$\triangle$OBD에서
$\angle a+139°+\angle b=180°$
$\therefore \angle a+\angle b=41°$ ······ ㉡
㉠, ㉡을 연립하여 풀면 $\angle a=24°$, $\angle b=17°$
$\therefore \angle ABC=2\angle a=2\times24°=48°$

14 오른쪽 그림과 같이 $\triangle$ABC의 내접원과 $\overline{BC}$, $\overline{CA}$, $\overline{AB}$의 접점을 각각 D, E, F라 하면 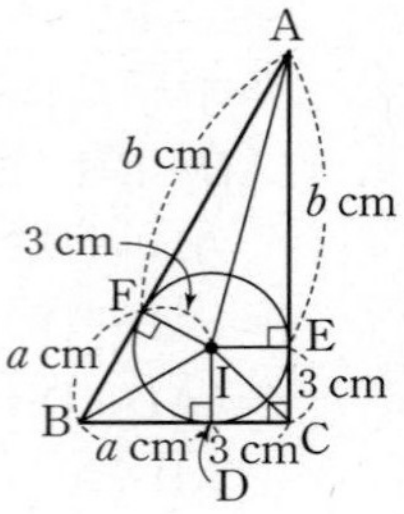
$\overline{DC}=\overline{EC}=3$ cm
$\overline{BF}=\overline{BD}=a$ cm,
$\overline{AF}=\overline{AE}=b$ cm라 하면
$\triangle$ABC
$=\triangle IAB+\triangle IBC+\triangle ICA$
$=\dfrac{1}{2}\times\overline{AB}\times3+\dfrac{1}{2}\times\overline{BC}\times3+\dfrac{1}{2}\times\overline{CA}\times3$
$=\dfrac{1}{2}\times(a+b)\times3+\dfrac{1}{2}\times(a+3)\times3+\dfrac{1}{2}\times(b+3)\times3$
$=\dfrac{1}{2}\times3\times(a+b+a+3+b+3)$
$=\dfrac{1}{2}\times3\times\{2(a+b)+6\}=60$
$2(a+b)+6=40$ $\therefore a+b=17$(cm)
$\therefore \overline{AB}=a+b=17$ cm

15 점 O가 $\triangle$ABC의 외심이므로
$\angle BOC=2\angle A=2\times42°=84°$
점 I가 $\triangle$ABC의 내심이므로
$\angle BIC=90°+\dfrac{1}{2}\angle A=90°+\dfrac{1}{2}\times42°=111°$
$\triangle$IBC에서 $\angle IBC+\angle ICB=180°-111°=69°$
$\triangle$OBC에서 $\angle OBC+\angle OCB=180°-84°=96°$
$\therefore \angle OBI+\angle OCI$
$=(\angle OBC+\angle OCB)-(\angle IBC+\angle ICB)$
$=96°-69°=27°$

16 오른쪽 그림과 같이 점 I에서 $\overline{BC}$, $\overline{CA}$, $\overline{AB}$에 내린 수선의 발을 각각 F, G, H라 하자.

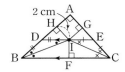

직각삼각형 ABC의 내접원과 외접원의 넓이가 각각 4π cm², 25π cm²이므로 내접원과 외접원의 반지름의 길이는 각각 2 cm, 5 cm이고, 외심은 빗변인 $\overline{BC}$의 중점이므로

$\overline{IF}=\overline{IG}=\overline{IH}=\overline{AH}=\overline{AG}=2$ cm,

$\overline{BC}=2\times5=10$(cm)

$\overline{BI}$, $\overline{CI}$를 그으면

$\angle DBI=\angle FBI=\angle DIB$,

$\angle ECI=\angle FCI=\angle EIC$이므로

$\overline{DB}=\overline{DI}$, $\overline{EC}=\overline{EI}$

따라서 △ADE의 둘레의 길이는

$\overline{AD}+\overline{DE}+\overline{EA}$

$=\overline{AH}+\overline{HD}+\overline{DI}+\overline{IE}+\overline{EG}+\overline{GA}$

$=\overline{AH}+(\overline{HD}+\overline{DB})+(\overline{CE}+\overline{EG})+\overline{GA}$

$=\overline{AH}+\overline{HB}+\overline{CG}+\overline{GA}$

$=\overline{AH}+(\overline{BF}+\overline{CF})+\overline{GA}$

$=\overline{AH}+\overline{BC}+\overline{GA}$

$=2+10+2=14$(cm)

Level 3

본문 14~15쪽

01 ③ **02** 32° **03** (1) 16 cm (2) 46° **04** 12 cm

05 ③ **06** 23° **07** ⑤ **08** 48°

01 △ABC는 $\overline{AB}=\overline{AC}$인 이등변삼각형이므로 $\angle B=\angle C$

△FBD와 △DCE에서

$\overline{FB}=\overline{DC}$, $\overline{BD}=\overline{CE}$, $\angle FBD=\angle DCE$이므로

△FBD≡△DCE (SAS 합동)

따라서 $\overline{FD}=\overline{DE}$이므로 △DEF는 이등변삼각형이고

$\angle DFE=\angle DEF=57°$,

$\angle FDE=180°-2\times57°=66°$

이때 $\angle BFD=\angle CDE=\angle a$,

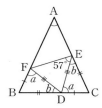

$\angle FDB=\angle DEC=\angle b$라 하면

$\angle a+\angle b=180°-66°=114°$

△FBD에서

$\angle B=180°-(\angle a+\angle b)=180°-114°=66°$

△ABC에서 $\angle B=\angle C=66°$

$\therefore \angle A=180°-2\times66°=48°$

02 $\angle B=\angle x$라 하면

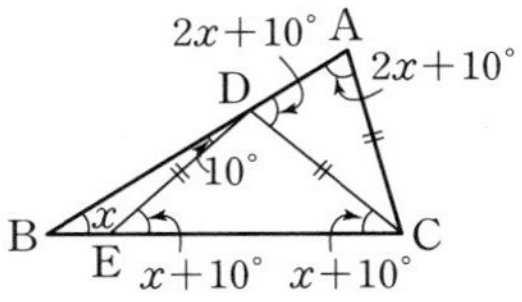

$\angle DEC$는 △DBE의 한 외각이므로

$\angle DEC=\angle DBE+\angle BDE$

$=\angle x+10°$

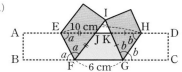

△DEC는 $\overline{DE}=\overline{DC}$인 이등변삼각형이므로

$\angle DCE=\angle DEC=\angle x+10°$

$\angle CDA$는 △DBC의 한 외각이므로

$\angle CDA=\angle DBC+\angle BCD$

$=\angle x+(\angle x+10°)$

$=2\angle x+10°$

△CAD는 $\overline{CA}=\overline{CD}$인 이등변삼각형이므로

$\angle CAD=\angle CDA=2\angle x+10°$

△ABC는 $\overline{AB}=\overline{BC}$인 이등변삼각형이므로

$\angle BCA=\angle BAC=2\angle x+10°$

$\angle x+(2\angle x+10°)+(2\angle x+10°)=180°$이므로

$5\angle x+20°=180°$ $\therefore \angle x=32°$

$\therefore \angle B=32°$

03 (1)

직사각형 ABCD를 $\overline{EF}$를 접는 선으로 하여 접었을 때,

$\angle JFE=\angle EFB$ (접은 각),

$\angle EFB=\angle JEF$ (엇각)이므로

$\angle JFE=\angle JEF$

즉, △JEF는 $\overline{JE}=\overline{JF}$인 이등변삼각형이다.

직사각형 ABCD를 $\overline{GH}$를 접는 선으로 하여 접었을 때,

$\angle KGH=\angle HGC$ (접은 각),

$\angle HGC=\angle KHG$ (엇각)이므로

$\angle KGH=\angle KHG$

즉, △KGH는 $\overline{KG}=\overline{KH}$인 이등변삼각형이다.

따라서 사각형 JFGK의 둘레의 길이는

$\overline{JF}+\overline{JK}+\overline{KG}+\overline{FG}$

$=(\overline{JE}+\overline{JK}+\overline{KH})+\overline{FG}$

$=\overline{EH}+\overline{FG}$

$=10+6=16(cm)$

(2) $\angle FEJ=\angle a$, $\angle GHK=\angle b$라 하면

$\angle a+\angle b=113°$

$\triangle IFG$에서 $\angle IFG=180°-2\angle a$, $\angle IGF=180°-2\angle b$

이므로

$\angle JIK=\angle FIG$

$=180°-(180°-2\angle a+180°-2\angle b)$

$=180°-\{360°-2(\angle a+\angle b)\}$

$=2(\angle a+\angle b)-180°$

$=2\times113°-180°=46°$

04 $\triangle BFE$와 $\triangle BGE$에서

$\angle BFE=\angle BGE=90°$, $\overline{BE}$는 공통,

$\angle FBE=\angle GBE$이므로

$\triangle BFE\equiv\triangle BGE$ (RHA 합동)

$\therefore \overline{BF}=\overline{BG}$, $\overline{EF}=\overline{EG}$

오른쪽 그림과 같이 $\overline{AE}$, $\overline{CE}$를 그

으면

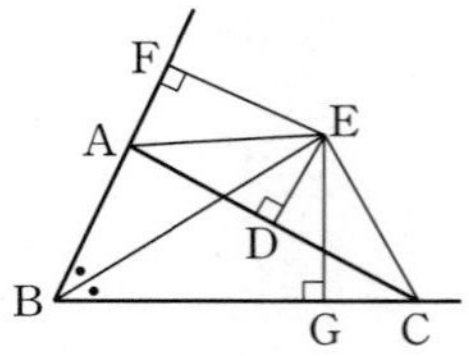

$\triangle EAD$와 $\triangle ECD$에서

$\overline{ED}$는 공통,

$\angle EDA=\angle EDC=90°$,

$\overline{AD}=\overline{CD}$ 이므로

$\triangle EAD\equiv\triangle ECD$ (SAS 합동)

$\therefore \overline{EA}=\overline{EC}$

$\triangle EFA$와 $\triangle EGC$에서

$\angle EFA=\angle EGC=90°$, $\overline{EA}=\overline{EC}$, $\overline{EF}=\overline{EG}$이므로

$\triangle EFA\equiv\triangle EGC$ (RHS 합동)

$\therefore \overline{AF}=\overline{CG}$

$\overline{AB}+\overline{BC}=(\overline{BF}-\overline{AF})+(\overline{BG}+\overline{GC})$

$=\overline{BF}+\overline{BG}$

$=2\overline{BG}$

$\therefore \overline{BG}=\frac{1}{2}(\overline{AB}+\overline{BC})=\frac{1}{2}\times24=12(cm)$

05 $\overline{OA}=\overline{OB}=\overline{OC}$이므로

$\angle OBA=\angle OAB$, $\angle OCA=\angle OAC$

$\angle OBA+\angle OCA=\angle OAB+\angle OAC=114°$

사각형 ABOC에서

$114°+114°+\angle BOC=360°$

$\therefore \angle BOC=132°$

$\triangle OBC$에서

$\angle OBC=\angle OCB=\frac{1}{2}\times(180°-132°)=24°$

$\angle ACB=\angle x$라 하면

$\angle OAC=\angle OCA=\angle x+24°$

$\angle ADB=\angle DAC+\angle ACD$

$=(\angle x+24°)+\angle x$

$=2\angle x+24°$

$\overline{BA}=\overline{BD}$이므로

$\angle BAD=\angle BDA=2\angle x+24°$

$\angle BAC=\angle BAD+\angle DAC$

$=(2\angle x+24°)+(\angle x+24°)=114°$

$3\angle x+48°=114°$ $\therefore \angle x=22°$

$\therefore \angle ACB=22°$

06 $\overline{AE}/\!/\overline{BC}$이므로

$\angle EAC=\angle BCA=90°$ (엇각)

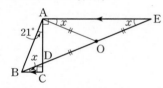

위의 그림과 같이 $\overline{DE}$의 중점을 O라 하면 점 O는 직각삼각형

ADE의 외심이므로

$\overline{OA}=\overline{OD}=\overline{OE}$

$\angle E=\angle x$라 하면

$\triangle OEA$에서 $\angle OAE=\angle OEA=\angle x$이고

$\angle AOD=\angle x+\angle x=2\angle x$

$\overline{DE}=2\overline{AB}$이므로

$\overline{AB}=\frac{1}{2}\overline{DE}=\overline{OD}=\overline{OA}$

즉, $\triangle ABO$는 $\overline{AB}=\overline{AO}$인 이등변삼각형이므로

$\angle ABO=\angle AOB=2\angle x$

한편, $\overline{AE}/\!/\overline{BC}$이므로

$\angle DBC=\angle E=\angle x$ (엇각)

$\triangle ABC$에서

$\angle ABC=90°-21°=69°$이고

$\angle ABC=\angle ABD+\angle DBC$

$=2\angle x+\angle x=3\angle x$

이므로

$3\angle x=69°$　　$\therefore \angle x=23°$

$\therefore \angle E=23°$

07 $\triangle ABC$에서

$\angle BAC=180°-(\angle B+\angle C)$

$=180°-(73°+35°)=72°$

점 I가 $\triangle ABC$의 내심이므로

$\angle IAB=\angle IAC=\dfrac{1}{2}\angle BAC$

$=\dfrac{1}{2}\times72°=36°$

오른쪽 그림과 같이 $\overline{OC}$를 그으면

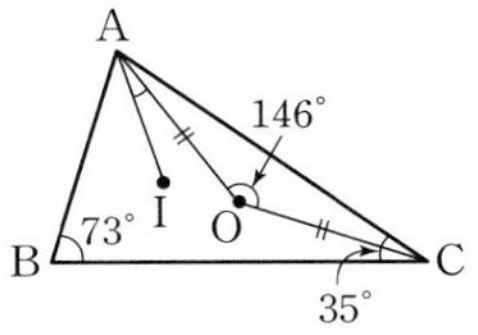

점 O가 $\triangle ABC$의 외심이므로

$\angle AOC=2\angle B=2\times73°=146°$

$\triangle AOC$가 $\overline{OA}=\overline{OC}$인 이등변삼

각형이므로

$\angle OAC=\dfrac{1}{2}\times(180°-146°)=17°$

$\therefore \angle IAO=\angle IAC-\angle OAC$

$=36°-17°=19°$

08 점 I는 $\triangle ABC$의 내심이므로

$\angle ABI=\angle IBC$

$\angle ABI=\angle IBC=\angle a$라고 하면

$\triangle ABC$는 이등변삼각형이므로

$\angle ABC=\angle ACB=2\angle a$

$\overline{AC}\;/\!/\;\overline{DE}$이므로

$\angle ACB=\angle DEC$ (동위각),

$\angle AFD=\angle FDE$ (엇각)

$\triangle DBE$는 이등변삼각형이므로

$\angle BDE=\angle BED=2\angle a$

$\triangle DBE$에서 $\angle a+2\angle a+2\angle a=180°$

$5\angle a=180°$　　$\therefore \angle a=36°$

$\angle DFC=180°-\angle AFD$

$=180°-2\angle a$

$=180°-2\times36°=108°$

$\angle DEC=2\times36°=72°$이고 점 I'은 $\triangle DCE$의 내심이므로

$\angle DI'C=90°+\dfrac{1}{2}\times72°=126°$

따라서 사각형 $DFCI'$에서

$\angle IDI'=360°-(108°+78°+126°)=48°$

---

01 ①　**02** ④　**03** 10°　**04** ①　**05** 50°

06 (1) 90°　(2) 54 cm²

---

01 **풀이전략** 각의 크기를 계산하여 $\triangle DBC$가 이등변삼각형임을 찾고, $\overline{CD}=\overline{CE}$가 되도록 $\overline{AD}$ 위에 점 E를 잡아 $\overline{EC}$와 $\overline{EB}$를 그으면 $\triangle EBC$는 정삼각형이 됨을 이용하여 $\angle BAC$의 크기를 구한다.

$\triangle DBC$에서 $\angle DBC=180°-\{48°+(63°+21°)\}=48°$이므로

$\triangle DBC$는 $\overline{BC}=\overline{DC}$인 이등변삼각형이다.

오른쪽 그림과 같이

$\overline{CD}=\overline{CE}$가 되도록 $\overline{AD}$ 위

에 점 E를 잡고 $\overline{EC}$와 $\overline{EB}$를

그으면

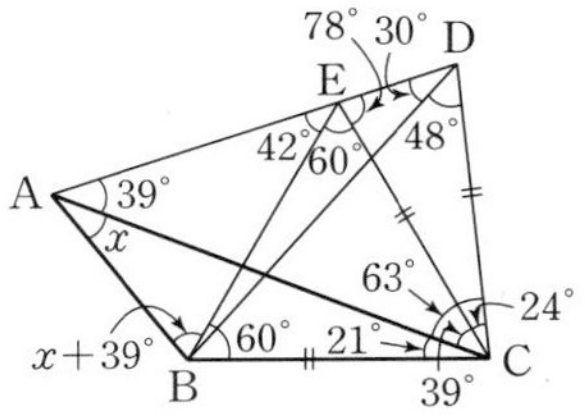

$\overline{BC}=\overline{DC}=\overline{CE}$

$\triangle CDE$에서

$\angle CED=\angle CDE=30°+48°=78°$

이고

$\angle DCE=180°-2\times78°=24°$

$\angle ECA=63°-24°=39°$이므로

$\angle ECB=39°+21°=60°$

$\triangle EBC$는 꼭지각이 60°인 이등변삼각형이므로 정삼각형이다.

즉, $\overline{EB}=\overline{BC}=\overline{EC}$, $\angle EBC=\angle BEC=60°$

한편, $\triangle DAC$에서 $\angle DAC=180°-(78°+63°)=39°$이므로

$\triangle EAC$는 $\overline{EA}=\overline{EC}$인 이등변삼각형이다.

$\therefore \overline{EA}=\overline{EC}=\overline{EB}$

$\angle AEB=180°-(78°+60°)=42°$이고

$\triangle EAB$는 $\overline{EA}=\overline{EB}$인 이등변삼각형이므로

$\angle BAC=\angle x$라 하면

$42°+2(\angle x+39°)=180°$

$2\angle x+78°=138°$　　$\therefore \angle x=30°$

$\therefore \angle BAC=30°$

02 **풀이전략** 점 A에서 $\overline{BC}$에 평행한 선을 그어 $\overline{FM}$의 연장선과 만나는 점을 G라 한 후, $\triangle AMG\equiv\triangle CME$가 됨을 이용하여 주어진 선분의 길이를 구한다.

$\overline{BD}\;/\!/\;\overline{FM}$에서

$\angle ABD=\angle BFE$ (동위각), $\angle DBC=\angle MEC$ (동위각)이고

$\angle MEC=\angle BEF$ (맞꼭지각)이므로

$\angle BFE=\angle ABD=\angle DBC=\angle MEC=\angle BEF$

즉, $\triangle BFE$는 $\overline{BF}=\overline{BE}$인 이등변삼각형이다.

오른쪽 그림과 같이 점 A에서 $\overline{BC}$에 평행한 선을 그어 $\overline{FM}$의 연장선과 만나는 점을 G라 하자.

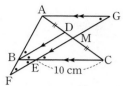

$\overline{AG} \parallel \overline{BC}$에서
$\angle AGF = \angle BEF$ (동위각)이므로
$\angle AGF = \angle BEF = \angle BFE$
즉, $\triangle AFG$는 $\overline{AF} = \overline{AG}$인 이등변삼각형이다.
$\triangle AMG$와 $\triangle CME$에서
$\overline{AM} = \overline{CM}$, $\angle AMG = \angle CME$ (맞꼭지각),
$\angle GAM = \angle ECM$ (엇각)이므로
$\triangle AMG \equiv \triangle CME$ (ASA 합동)
$\therefore \overline{AG} = \overline{CE}$
따라서 $\overline{BF} = \overline{BE}$, $\overline{AF} = \overline{AG} = \overline{CE}$이므로
$\overline{AB} + \overline{BC} = (\overline{AF} - \overline{BF}) + (\overline{BE} + \overline{EC})$
$= \overline{AF} + \overline{EC} = 2\overline{EC}$
$= 2 \times 10 = 20 \text{(cm)}$

03 【풀이전략】 $\angle ODE = \angle a$로 놓고 삼각형의 외심의 성질을 이용하고, $\overline{OD}$의 연장선과 $\triangle ABC$의 외접원의 교점을 F라 하여 만들어지는 $\triangle OBF$는 정삼각형임을 이용하여 주어진 각의 크기를 구한다.

오른쪽 그림과 같이 $\overline{OB}$, $\overline{OC}$를 긋고 $\angle ODE = \angle a$라 하면 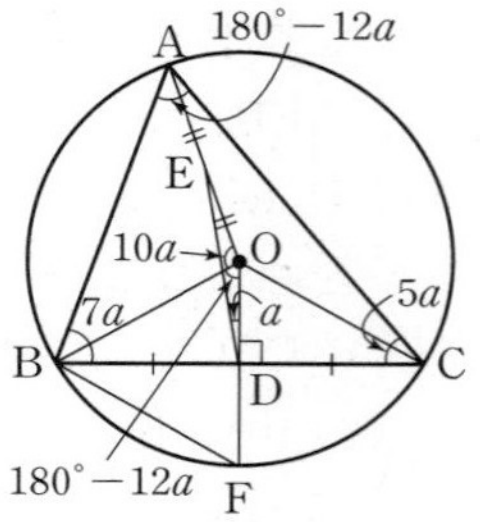
$\angle B = 7\angle a$, $\angle C = 5\angle a$이므로
$\angle BAC = 180° - (7\angle a + 5\angle a)$
$= 180° - 12\angle a$
점 O는 $\triangle ABC$의 외심이므로
$\angle BOD = \dfrac{1}{2}\angle BOC$
$= \angle BAC$
$= 180° - 12\angle a$
$\angle AOB = 2\angle C = 2 \times 5\angle a = 10\angle a$
$\angle AOD = \angle AOB + \angle BOD$
$= 10\angle a + (180° - 12\angle a)$
$= 180° - 2\angle a$
$\triangle OED$에서 $\angle EOD = 180° - 2\angle a$, $\angle ODE = \angle a$이므로
$\angle OED = \angle a$
즉, $\triangle OED$는 $\overline{OE} = \overline{OD}$인 이등변삼각형이다.
이제 $\overline{OD}$의 연장선과 $\triangle ABC$의 외접원의 교점을 F라 하면
$\overline{OF} = \overline{OA}$이고 $\overline{OD} = \overline{OE}$이므로 $\overline{OD} = \overline{DF}$
점 O는 $\triangle ABC$의 외심이므로 $\overline{OD} \perp \overline{BC}$
$\triangle OBD$와 $\triangle FBD$에서
$\overline{BD}$는 공통, $\angle ODB = \angle FDB = 90°$, $\overline{OD} = \overline{FD}$이므로

$\triangle OBD \equiv \triangle FBD$ (SAS 합동)
즉, $\overline{OB} = \overline{FB}$이고 $\overline{OB} = \overline{OF}$이므로 $\triangle OBF$는 정삼각형이다.
$\angle BOF = 180° - 12\angle a = 60°$이므로
$\angle a = 10°$
$\therefore \angle ODE = \angle a = 10°$

04 【풀이전략】 $\triangle AQC$의 외심을 O라 하고, 점 O에서 $\overline{QC}$에 수선을 그은 후, 합동인 삼각형을 찾아 주어진 각의 크기를 구한다.

오른쪽 그림과 같이 $\triangle AQC$의 외심을 O라 하면 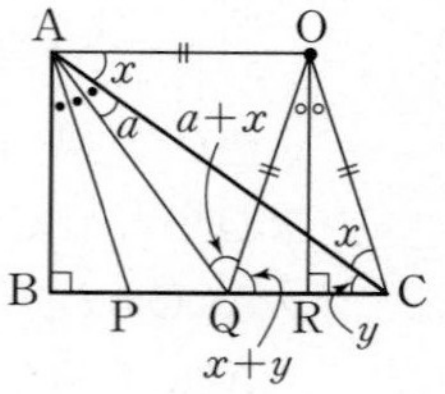
$\overline{OA} = \overline{OQ} = \overline{OC}$
점 O에서 $\overline{QC}$에 수선을 내려 $\overline{QC}$와의 교점을 R라 하면 $\overline{OR}$는 $\overline{QC}$의 수직이등분선이므로
$\overline{QC} = 2\overline{BP}$에서 $\overline{BP} = \overline{QR} = \overline{RC}$
한편, $\triangle OAC$에서 $\overline{OA} = \overline{OC}$이므로
$\angle OAC = \angle OCA = \angle x$라 하고, $\angle QAC = \angle a$라 하면
$\triangle OAQ$에서 $\overline{OA} = \overline{OQ}$이므로
$\angle OAQ = \angle OQA = \angle a + \angle x$
$\angle ACQ = \angle y$라 하면
$\triangle OQC$에서 $\overline{OQ} = \overline{OC}$이므로
$\angle OQC = \angle OCQ = \angle x + \angle y$
$\triangle AQC$에서
$\angle a + (\angle a + \angle x) + (\angle x + \angle y) + \angle y = 180°$이므로
$\triangle OQC$에서 $\angle QOC = 180° - 2(\angle x + \angle y) = 2\angle a$
$\therefore 2\angle QAC = 2\angle a = \angle QOC$
$2\angle QAC = \angle QOC$이고 $\overline{OR}$는 $\angle QOC$의 이등분선이므로
$\angle QAC = \angle QOR = \angle ROC$
$\triangle ABP$와 $\triangle ORC$에서
$\angle BAP = \angle QAC = \angle ROC$이고
$\angle ABP = \angle ORC = 90°$이므로
$\angle APB = \angle OCR$, $\overline{BP} = \overline{RC}$
$\therefore \triangle ABP \equiv \triangle ORC$ (ASA 합동)
$\therefore \overline{AP} = \overline{OC}$, $\overline{AP} \parallel \overline{OC}$
$\triangle APC$와 $\triangle COA$에서
$\overline{AP} = \overline{CO}$, $\angle PAC = \angle OCA$ (엇각)
$\overline{AC}$는 공통이므로
$\triangle APC \equiv \triangle COA$ (SAS 합동)
따라서 $\overline{AP} = \overline{CO} = \overline{AO} = \overline{CP}$이므로
$\angle PAC = \angle PCA$
$\therefore \angle PCA = \angle PAC = \dfrac{2}{3}\angle BAC$

$$\angle BAC + \angle BCA = \angle BAC + \frac{2}{3}\angle BAC = 90°$$

$$\frac{5}{3}\angle BAC = 90° \qquad \therefore \angle BAC = 54°$$

$$\therefore \angle C = \angle ACB = 90° - 54° = 36°$$

05 풀이전략 $\angle DCE = \angle ECH = \angle a$로 놓고 삼각형의 내심의 성질을 이용하여 각의 크기를 $\angle a$를 이용하여 나타낸 후, $\triangle ABC$에서 세 내각의 크기의 합은 $180°$가 됨을 이용하여 $\angle a$의 크기를 구하고, 주어진 각의 크기를 구한다.

점 E는 $\triangle DBC$의 내심이므로

$$\angle BDE = \angle CDE,$$

$$\angle DCE = \angle ECH$$

$\angle DCE = \angle ECH = \angle a$라 하면

$\triangle DBH$와 $\triangle DCH$에서

$$\angle BDH = \angle CDH,$$

$\angle DHB = \angle DHC = 90°$이므로

$$\angle DBH = \angle DCH = 2\angle a$$

점 I는 $\triangle ABC$의 내심이므로

$$\angle ABI = \angle IBC = \angle DBH = 2\angle a$$

$\triangle BCI$에서

$$\angle CID = \angle BCI + \angle CBI$$
$$= \angle a + 2\angle a = 3\angle a$$

$$\angle A = \angle DIE = \angle CID = 3\angle a$$

$\triangle ABC$에서

$$3\angle a + 4\angle a + 2\angle a = 180°$$

$$9\angle a = 180° \qquad \therefore \angle a = 20°$$

$\triangle DBH$에서

$$\angle BDH = 180° - (2\angle a + 90°)$$
$$= 180° - (40° + 90°) = 50°$$

$$\therefore \angle IDE = \angle BDH = 50°$$

06 풀이전략 (1) 점 I는 $\triangle ABC$의 내심인 동시에 $\triangle GDH$의 외심임을 이용하여 $\angle A$의 크기를 구한다.
(2) $\overline{BD} = 3x$, $\overline{DC} = 2x$ $(x > 0)$라 하고 $\triangle ABC$의 둘레의 길이 조건을 이용하여 x의 값을 구한 후, $\triangle ABC$의 넓이를 구한다.

(1) 점 I는 $\triangle ABC$의 내심이므로

$$\angle ABI = \angle IBD, \quad \angle ACI = \angle ICD$$

$\triangle GBE$와 $\triangle DBE$에서

$\angle GBE = \angle DBE$, $\overline{BE}$는 공통,

$\angle BEG = \angle BED = 90°$이므로

$\triangle GBE \equiv \triangle DBE$ (ASA 합동)

$$\therefore \overline{GE} = \overline{DE}$$

마찬가지로 $\triangle HCF \equiv \triangle DCF$ (ASA 합동)

$$\therefore \overline{HF} = \overline{DF}$$

이때 점 I는 $\overline{GD}$, $\overline{HD}$의 수직이등분선의 교점이므로 $\triangle GDH$의 외심이다.

즉, $\overline{GI} = \overline{DI} = \overline{HI}$이므로

$$\angle IDG = \angle IGD, \quad \angle IDH = \angle IHD$$

$$\therefore \angle GDH = \angle IDG + \angle IDH$$
$$= \angle IGD + \angle IHD = 45°$$

사각형 IEDF에서

$$\angle EIF = 360° - (90° + 90° + 45°) = 135°$$

점 I는 $\triangle ABC$의 내심이므로

$$\angle BIC = 90° + \frac{1}{2}\angle A = 135°$$

$$\frac{1}{2}\angle A = 45° \qquad \therefore \angle A = 90°$$

(2) 점 I는 $\triangle ABC$의 내심이므로

$$\overline{AG} = \overline{AH}, \quad \overline{BG} = \overline{BD},$$

$$\overline{CH} = \overline{CD}$$

$\overline{BD} : \overline{DC} = 3 : 2$이므로

$$\overline{BG} = \overline{BD} = 3x,$$

$\overline{CH} = \overline{CD} = 2x$ $(x > 0)$라 하고 $\overline{AG} = \overline{AH} = y$라 하자.

$\overline{AB} : \overline{AC} = 4 : 3$이므로

$$(3x + y) : (2x + y) = 4 : 3$$

$$4(2x + y) = 3(3x + y)$$

$$8x + 4y = 9x + 3y \qquad \therefore x = y$$

$\triangle ABC$의 둘레의 길이는 36 cm이므로

$$\overline{AB} + \overline{BC} + \overline{CA} = 4x + 5x + 3x$$
$$= 12x = 36$$

$$\therefore x = 3$$

$$\therefore \triangle ABC = \frac{1}{2} \times \overline{AB} \times \overline{AC}$$
$$= \frac{1}{2} \times 12 \times 9 = 54 \, (cm^2)$$

Ⅳ. 도형의 성질

2 평행사변형

01 ④ 02 16 03 7 cm 04 42° 05 ⑤ 06 17 cm
07 ㄴ, ㄹ 08 ③ 09 ④ 10 52° 11 ③ 12 16 cm²
13 46 cm² 14 8 cm² 15 36 cm² 16 ①

---

01 $\overline{AB}\,/\!/\,\overline{DC}$이므로 $\angle ABO=\angle CDO=35°$ (엇각)
$\overline{AD}\,/\!/\,\overline{BC}$이므로 $\angle DAO=\angle BCO=50°$ (엇각)
△ABD에서 삼각형의 세 내각의 크기의 합은 180°이므로
$50°+\angle x+35°+\angle y=180°$
∴ $\angle x+\angle y=95°$

02 평행사변형에서 대변의 길이는 서로 같으므로
$\overline{AD}=\overline{BC}$에서 $4x-1=3x+3$ ∴ $x=4$
$\overline{AO}=2x=2\times4=8$
평행사변형의 두 대각선은 서로 다른 것을 이등분하므로
$\overline{AO}=\overline{CO}$
∴ $\overline{AC}=2\overline{AO}=2\times8=16$

03 평행사변형의 대변의 길이는 서로 같으므로
$\overline{DC}=\overline{AB}=10$ cm
$\overline{AB}\,/\!/\,\overline{DC}$이므로
$\angle BAE=\angle CEF$ (동위각)
$\overline{AD}\,/\!/\,\overline{BC}$이므로
$\angle DAE=\angle EFC$ (엇각)
즉, $\angle CEF=\angle CFE$이므로 △CFE는 $\overline{CE}=\overline{CF}$인 이등변삼각형이다.
∴ $\overline{CE}=\overline{CF}=3$ cm
∴ $\overline{DE}=\overline{DC}-\overline{EC}=10-3=7$(cm)

04 평행사변형의 대각의 크기는 서로 같으므로
$\angle D=\angle B=74°$
△AED는 이등변삼각형이므로
$\angle AED=\angle D=74°$
$\angle DAE=180°-2\times74°=32°$

$\angle DAC=2\times32°=64°$
따라서 △ACD에서
$\angle ACD=180°-(64°+74°)=42°$

05 △ABC는 이등변삼각형이므로 $\angle B=\angle C$
$\overline{AB}\,/\!/\,\overline{FD}$이므로 $\angle B=\angle FDC$ (동위각)
$\overline{AC}\,/\!/\,\overline{ED}$이므로 $\angle EDB=\angle C$ (동위각)
즉, △EBD와 △FDC는 이등변삼각형이므로
$\overline{EB}=\overline{ED}$, $\overline{FD}=\overline{FC}$
따라서 □AEDF의 둘레의 길이는
$\overline{AE}+\overline{ED}+\overline{DF}+\overline{FA}=\overline{AE}+\overline{EB}+\overline{CF}+\overline{FA}$
$=\overline{AB}+\overline{AC}=14$(cm)

06 평행사변형의 대변의 길이는 서로 같으므로
$\overline{DC}=\overline{AB}=7$ cm
$\overline{AD}\,/\!/\,\overline{BC}$이므로
$\angle GAH=\angle AHB$ (엇각)
$\angle AGB=\angle GBH$ (엇각)
즉, $\angle BAH=\angle BHA$이므로 △ABH는 이등변삼각형이다.
∴ $\overline{BH}=\overline{AB}=7$ cm
마찬가지로 $\angle ABG=\angle AGB$이므로 △ABG는 이등변삼각형이다.
∴ $\overline{AG}=\overline{AB}=7$ cm
한편, $\angle AGB=\angle FGD$ (맞꼭지각)
$\angle AHB=\angle CHE$ (맞꼭지각)
$\overline{AB}\,/\!/\,\overline{DC}$이므로
$\angle ABG=\angle GFD$ (엇각)
$\angle BAH=\angle HEC$ (엇각)
즉, $\angle DGF=\angle DFG$이므로 △DFG는 이등변삼각형이다.
∴ $\overline{DF}=\overline{DG}=\overline{AD}-\overline{AG}=12-7=5$(cm)
마찬가지로 $\angle CHE=\angle CEH$이므로 △CHE는 이등변삼각형이다.
∴ $\overline{CE}=\overline{CH}=\overline{BC}-\overline{BH}=12-7=5$(cm)
∴ $\overline{EF}=\overline{EC}+\overline{CD}+\overline{DF}=5+7+5=17$(cm)

다른 풀이
$\overline{AB}\,/\!/\,\overline{DC}$이므로 $\overline{AB}\,/\!/\,\overline{FE}$이다.
$\angle ABF=\angle EFB$ (엇각)이므로 △BCF는 $\overline{BC}=\overline{CF}$인 이등변삼각형이다.
즉, $\overline{CF}=\overline{BC}=\overline{AD}=12$ cm
$\angle BAE=\angle FEA$ (엇각)이므로 △AED는 $\overline{AD}=\overline{DE}$인 이등변삼각형이다.

즉, $\overline{DE}=\overline{AD}=12$ cm

$\overline{CD}=\overline{AB}=7$ cm이므로

$\overline{EC}=\overline{DE}-\overline{CD}=12-7=5$(cm)

$\therefore \overline{EF}=\overline{EC}+\overline{CF}=5+12=17$(cm)

07 ㄱ. 오른쪽 그림과 같은 □ABCD는
$\overline{AB}=\overline{DC}$, $\overline{AC}=\overline{BD}$이지만 평행
사변형이 아니다.

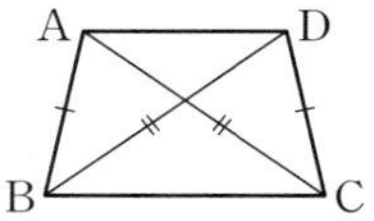

ㄴ. $\overline{AD}/\!\!/\overline{BC}$이고
$\angle OAB=\angle OCD$이므로 $\overline{AB}/\!\!/\overline{DC}$
따라서 두 쌍의 대변이 각각 평행하므로 □ABCD는 평행
사변형이다.

ㄷ. 오른쪽 그림과 같은 □ABCD는
$\overline{AO}=\overline{BO}$, $\overline{CO}=\overline{DO}$이지만 평행사변형
이 아니다.

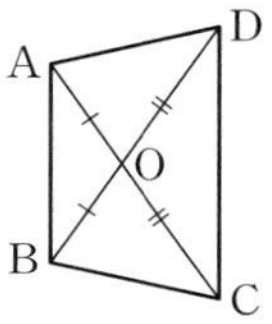

ㄹ. $\overline{AB}=\overline{DC}$이고
$\angle ABC+\angle BCD=180°$이므로
$\overline{AB}/\!\!/\overline{DC}$
따라서 한 쌍의 대변이 평행하고, 그 길이가 같으므로
□ABCD는 평행사변형이다.

ㅁ. 오른쪽 그림과 같은 □ABCD는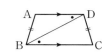
$\overline{AB}=\overline{DC}$, $\angle ADB=\angle CBD$이지
만 평행사변형이 아니다.

따라서 □ABCD가 평행사변형이 되는 것은 ㄴ, ㄹ이다.

참고

ㄹ. 오른쪽 그림에서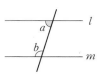
$\angle a+\angle b=180°$이면
$l/\!\!/m$

08 평행사변형 ABCD의 두 대각선은 서로 다른 것을 이등분하
므로
$\overline{AO}=\overline{CO}$, $\overline{BO}=\overline{DO}$
이때 점 E, F는 각각 $\overline{BO}$, $\overline{DO}$의 중점이므로
$\overline{BE}=\overline{EO}=\overline{FO}=\overline{DF}$
즉, $\overline{AO}=\overline{CO}$, $\overline{EO}=\overline{FO}$이므로 □AECF는 평행사변형이다.
$\therefore \overline{AE}=\overline{CF}$, $\angle AEC=\angle AFC$, $\angle ECO=\angle FAO$
또한, $\overline{BE}=\overline{DF}$에서 △ABE와 △ADF의 넓이가 같으므로
△ABE=△ADF
△ABO≡△CDO, △AFE≡△CEF
따라서 옳은 것은 ㄴ, ㄷ, ㄹ이다.

09 □ABCD가 평행사변형이므로 $\angle ABC=\angle ADC$

$\angle EBF=\dfrac{1}{2}\angle ABC=\dfrac{1}{2}\angle ADC=\angle EDF$

$\overline{AD}/\!\!/\overline{BC}$이므로

$\angle AEB=\angle EBF$ (엇각),
$\angle DFC=\angle EDF$ (엇각)

$\therefore \angle AEB=\angle DFC$

$\therefore \angle BED=180°-\angle AEB$
$\qquad =180°-\angle DFC=\angle BFD$

$\angle BED+\angle BFD=290°$이므로

$\angle BED=\angle BFD=\dfrac{1}{2}\times290°=145°$

□EBFD가 평행사변형이므로

$\angle EBF=180°-\angle BED=180°-145°=35°$

$\angle ABC=2\angle EBF=2\times35°=70°$

$\therefore \angle C=180°-\angle ABC=180°-70°=110°$

10 △ABE와 △CDF에서
$\overline{AB}=\overline{CD}$, $\angle AEB=\angle CFD=90°$,
$\angle ABE=\angle CDF$ (엇각)이므로
△ABE≡△CDF (RHA 합동)
$\therefore \overline{AE}=\overline{CF}$ ……… ㉠
한편, △AFD와 △CEB에서
$\overline{AD}=\overline{CB}$, $\angle ADF=\angle CBE$ (엇각),
$\overline{DF}=\overline{BE}$ ($\because$ △ABE≡△CDF)이므로
△AFD≡△CEB (SAS 합동)
$\therefore \overline{AF}=\overline{CE}$ ……… ㉡
㉠, ㉡에서 □AECF는 평행사변형이므로
$\angle EAF=180°-\angle AEC$
$\qquad =180°-(90°+38°)=52°$

11 △AEO와 △CFO에서
$\angle AOE=\angle COF$ (맞꼭지각), $\overline{AO}=\overline{CO}$,
$\angle EAO=\angle FCO$ (엇각)이므로
△AEO≡△CFO (ASA 합동)
$\therefore$ △AEO=△CFO
$\therefore$ △AEO+△DOF=△CFO+△DOF
$\qquad\qquad\qquad\quad =$△DOC
$\qquad\qquad\qquad\quad =\dfrac{1}{4}$□ABCD
$\qquad\qquad\qquad\quad =\dfrac{1}{4}\times52=13$(cm²)

12 □ABCD가 평행사변형이므로
$\triangle BCD = \triangle ABC = 4\,cm^2$
□BFED에서 $\overline{BC} = \overline{CE}$, $\overline{DC} = \overline{CF}$
즉, 두 대각선이 서로 다른 것을 이등분하므로 □BFED는 평행사변형이다.
$\therefore$ □BFED $= 4\triangle BCD = 4 \times 4 = 16\,(cm^2)$

13 오른쪽 그림과 같이 평행사변형 ABCD의 대각선 BD를 그으면

□ABCD $= 2\triangle BCD$
$\triangle BCD$
$=$ □BEFD $- \triangle BEC - \triangle DCF$
$= \dfrac{1}{2} \times (2+6) \times 11 - \dfrac{1}{2} \times 6 \times 2 - \dfrac{1}{2} \times 5 \times 6$
$= 44 - 6 - 15 = 23\,(cm^2)$
$\therefore$ □ABCD $= 2\triangle BCD = 2 \times 23 = 46\,(cm^2)$

14 오른쪽 그림과 같이 $\overline{BC}$의 중점을 H라 하고, $\overline{AH}$, $\overline{DH}$, $\overline{GH}$를 그으면 □ABHG는 평행사변형이고

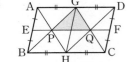

□ABHG $=$ □GHCD
$ = \dfrac{1}{2}$□ABCD
이므로
$\triangle GPH = \dfrac{1}{4}$□ABHG
$ = \dfrac{1}{4} \times \dfrac{1}{2}$□ABCD
$ = \dfrac{1}{8}$□ABCD
이때 □PHQG도 평행사변형이므로
$\triangle GPQ = \triangle GPH$
$\therefore \triangle GPQ = \dfrac{1}{8}$□ABCD
$ = \dfrac{1}{8} \times 64 = 8\,(cm^2)$

15 $\triangle PAB + \triangle PCD = \triangle PBC + \triangle PDA$
$ = \dfrac{1}{2}$□ABCD
□ABCD의 넓이는 $12 \times 9 = 108\,(cm^2)$이므로

$\triangle PCD = \dfrac{1}{2}$□ABCD $- \triangle PAB$
$ = \dfrac{1}{2} \times 108 - 18 = 36\,(cm^2)$

16 $\triangle PAD + \triangle PBC = \dfrac{1}{2}$□ABCD
$ = \dfrac{1}{2} \times 50 = 25\,(cm^2)$
$\triangle PAD : \triangle PBC = 2 : 3$이므로
$\triangle PBC = \dfrac{3}{2+3} \times 25 = 15\,(cm^2)$

Level ②

본문 24~25쪽

01 ③　　**02** 36°　　**03** D(6, 1)　　**04** 18 cm　　**05** 4초

06 56 cm²　　**07** 108 cm²　　**08** ③

01 평행사변형의 대변의 길이는 서로 같으므로
$\overline{AD} = \overline{BC} = 14\,cm$
$\overline{AB} = x\,cm$라 하면 $\overline{DC} = \overline{AB} = x\,cm$
$\overline{AD} /\!/ \overline{BC}$이므로 $\angle AEB = \angle EBC$ (엇각)
즉, $\angle ABE = \angle AEB$이므로 $\triangle ABE$는 $\overline{AB} = \overline{AE}$인 이등변삼각형이다.
$\therefore \overline{AE} = \overline{AB} = x\,cm$
또한, $\angle DFC = \angle FCB$ (엇각)
즉, $\angle DCF = \angle DFC$이므로 $\triangle DFC$는 $\overline{DF} = \overline{DC}$인 이등변삼각형이다.
$\therefore \overline{DF} = \overline{DC} = x\,cm$
이때 $\overline{AD} = \overline{AE} + \overline{DF} - \overline{EF}$이므로
$x + x - 4 = 14$　　$\therefore x = 9$
$\therefore \overline{AB} = 9\,cm$

02 $\angle BAD + \angle D = 180°$이므로
$\angle BAD = 180° - 65° = 115°$
이때 $\angle DAC = \angle ACE = 43°$ (엇각)이므로
$\angle BAC = 115° - 43° = 72°$

따라서 ∠EFC=∠BAE (엇각)이므로

$$\angle EFC=\angle BAE=\frac{1}{2}\angle BAC=\frac{1}{2}\times72°=36°$$

다른 풀이

$\overline{AD}\,/\!/\,\overline{BC}$이므로 ∠D=∠ECF (동위각)

∴ ∠ACF=∠ACE+∠ECF

$\qquad\quad=43°+65°=108°$

이때 $\overline{AB}\,/\!/\,\overline{DC}$에서 ∠BAE=∠EFC (엇각)이므로

△CAF는 $\overline{CA}=\overline{CF}$인 이등변삼각형이다.

∴ $\angle EFC=\frac{1}{2}\times(180°-108°)=36°$

03 점 D의 좌표를 $(a,\ b)$라 하자.

□ABCD가 평행사변형이 되려면

$\overline{AB}\,/\!/\,\overline{DC}$에서

$$\frac{3-(-2)}{-1-(-4)}=\frac{b-(-4)}{a-3}$$

즉, $5(a-3)=3(b+4)$이므로

$5a-3b=27$ ····· ㉠

$\overline{AD}\,/\!/\,\overline{BC}$에서

$$\frac{b-3}{a-(-1)}=\frac{-4-(-2)}{3-(-4)}$$

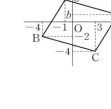

즉, $7(b-3)=-2(a+1)$이므로

$2a+7b=19$ ····· ㉡

㉠, ㉡을 연립하여 풀면 $a=6,\ b=1$

∴ D(6, 1)

04 평행사변형 ABCD에서 ∠A=∠C이므로

$$\angle FAE=\frac{1}{2}\angle A=\frac{1}{2}\angle C=\angle FCE$$

이때 ∠AED=∠FAE (엇각)이므로

∠FCE=∠AED

즉, 동위각의 크기가 같으므로 $\overline{AE}\,/\!/\,\overline{FC}$

또한, $\overline{AB}\,/\!/\,\overline{DC}$에서 $\overline{AF}\,/\!/\,\overline{EC}$

따라서 두 쌍의 대변이 각각 평행하므로 □AFCE는 평행사변형이다.

이때 ∠FAE+∠AFC=180°에서

∠FAE=180°-120°=60°이므로

∠DAE=∠FAE=∠AED=60°

즉, △AED는 정삼각형이므로

$\overline{AE}=\overline{ED}$

또한, $\overline{CD}=\overline{AB}=9$ cm이므로

$\overline{CE}+\overline{AE}=\overline{CE}+\overline{ED}=\overline{CD}=9$ (cm)

따라서 □AFCE의 둘레의 길이는

$2(\overline{AE}+\overline{CE})=2\times9=18$ (cm)

05 $\overline{AP}\,/\!/\,\overline{CQ}$이므로 □AQCP가 평행사변형이 되려면 $\overline{AP}=\overline{CQ}$이어야 한다.

점 Q가 출발한 지 x초 후에 $\overline{CQ}=5x$ cm이고,

점 P는 점 Q보다 6초 먼저 출발했으므로

$\overline{AP}=2(6+x)$ cm

$\overline{AP}=\overline{CQ}$에서

$2(6+x)=5x$ ∴ $x=4$

따라서 점 Q가 출발한 지 4초 후에 □AQCP는 평행사변형이 된다.

06 □ABCD가 평행사변형이므로 $\overline{MB}\,/\!/\,\overline{DN}$이고 $\overline{AB}=\overline{DC}$에서

$\overline{MB}=\overline{DN}$이므로 □MBND는 평행사변형이다.

∴ $\overline{MD}\,/\!/\,\overline{BN}$

오른쪽 그림과 같이 평행사변형 ABCD의 대각선 BD를 그어 두 대각선의 교점을 O라 하면

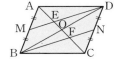

△OBF와 △ODE에서

∠OBF=∠ODE (엇각)

$\overline{BO}=\overline{DO}$, ∠BOF=∠DOE (맞꼭지각)이므로

△OBF≡△ODE (ASA 합동)

□MBFE=□MBOE+△OBF

$\qquad\quad=$□MBOE+△ODE

$\qquad\quad=$△DMB

$\qquad\quad=\frac{1}{2}$△DAB

$\qquad\quad=\frac{1}{2}\times\frac{1}{2}$□ABCD

$\qquad\quad=\frac{1}{4}$□ABCD

이므로

□ABCD=4□MBFE=4×14=56 (cm²)

07 오른쪽 그림과 같이 점 M을 지나고 $\overline{DC}$에 평행한 직선이 $\overline{DA}$의 연장선과 만나는 점을 F, $\overline{BC}$와 만나는 점을 G라 하자.

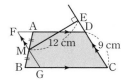

△MAF와 △MBG에서

∠MAF=∠MBG (엇각),

$\overline{AM}=\overline{BM}$, $\angle AMF=\angle BMG$ (맞꼭지각)이므로

$\triangle MAF \equiv \triangle MBG$ (ASA 합동)

따라서 사다리꼴 ABCD의 넓이는 평행사변형 FGCD의 넓이와 같다.

$\therefore \square ABCD = \square FGCD = \overline{DC} \times \overline{ME}$
$= 9 \times 12 = 108(\text{cm}^2)$

08 평행사변형 ABCD에서 내부의 한 점 P에 대하여

$\triangle PAD + \triangle PBC = \triangle PAB + \triangle PCD$
$= \dfrac{1}{2}\square ABCD$

이므로

$\triangle PAD + \triangle PBC = \dfrac{1}{2}\square ABCD = \triangle ABD$

이때 $\triangle ABD = \triangle PAD + \triangle PAB + \triangle PBD$이므로

$\triangle PAD + \triangle PBC = \triangle PAD + \triangle PAB + \triangle PBD$에서

$\triangle PBC = \triangle PAB + \triangle PBD$

$10 = 6 + \triangle PBD$ $\therefore \triangle PBD = 4(\text{cm}^2)$

Level ③   본문 26~27쪽

01 ②   **02** 30 cm   **03** (1) 16 cm   (2) 26°

04 (5, 2), (1, −2), (−3, 4)   **05** ②   **06** 60 cm²

---

01 $\triangle ABC$와 $\triangle ECB$에서

$\overline{AB}=\overline{DC}=\overline{EC}$, $\overline{BC}$는 공통,

$\angle ABC = \angle D = \angle DEC = \angle ECB$이므로

$\triangle ABC \equiv \triangle ECB$ (SAS 합동)

$\therefore \overline{EB}=\overline{AC}=17 \text{ cm}$, $\angle ACB = \angle EBC$

즉, $\triangle FBC$는 $\overline{FB}=\overline{FC}$인 이등변삼각형이다.

따라서 $\triangle EFC$의 둘레의 길이는

$\overline{EF}+\overline{FC}+\overline{CE}=\overline{EF}+\overline{FB}+\overline{CE}$
$=\overline{EB}+\overline{EC}$
$=17+11=28(\text{cm})$

02 $\square AEDF$, $\square FHGI$는 두 쌍의 대변이 각각 평행하므로 모두 평행사변형이다.

$\square FHGI$에서 $\overline{FH}=\overline{IG}$, $\overline{FI}=\overline{HG}$이므로

$\square AEDF$에서 $\overline{AE}=\overline{FD}=\overline{FH}+\overline{HD}=\overline{IG}+\overline{HD}$,

$\overline{AF}=\overline{ED}$

따라서 $\triangle EBD$, $\triangle HDG$, $\triangle IGC$의 둘레의 길이의 합은

$(\overline{EB}+\overline{BD}+\overline{ED})+(\overline{HD}+\overline{DG}+\overline{HG})+(\overline{IG}+\overline{GC}+\overline{IC})$
$=(\overline{EB}+\overline{HD}+\overline{IG})+(\overline{ED}+\overline{HG}+\overline{IC})$
$\qquad\qquad\qquad\qquad\qquad +(\overline{BD}+\overline{DG}+\overline{GC})$
$=\{\overline{EB}+(\overline{HD}+\overline{IG})\}+(\overline{AF}+\overline{FI}+\overline{IC})+\overline{BC}$
$=(\overline{EB}+\overline{AE})+\overline{AC}+\overline{BC}$
$=\overline{AB}+\overline{AC}+\overline{BC}$
$=8+10+12=30(\text{cm})$

03 (1) $\square ABCD$는 평행사변형이므로

$\overline{AB}/\!/\overline{DC}$, $\overline{AB}=\overline{DC}$

$\therefore \overline{AB}/\!/\overline{ED}$, $\overline{AB}=\overline{DC}=\overline{ED}$

즉, $\square ABDE$는 평행사변형이다.

$\angle AEO = \angle DOE$ (엇각)

$\angle DEO = \angle AEO = \angle DOE$이므로 $\triangle DEO$는 $\overline{DE}=\overline{DO}$인 이등변삼각형이다.

$\therefore \overline{DO}=\overline{DE}=\overline{AB}=8 \text{ cm}$

$\overline{BD}=2\overline{DO}=2 \times 8=16(\text{cm})$

$\therefore \overline{AE}=\overline{BD}=16 \text{ cm}$

(2) $\overline{AB}=\overline{DO}=\overline{BO}$이므로 $\triangle BAO$는 $\overline{BA}=\overline{BO}$인 이등변삼각형이다.

$\therefore \angle BAO = \angle BOA$
$= 180° - \angle BOC$
$= 180° - 116° = 64°$

$\triangle ABO$에서 $\angle ABO = 180° - 2 \times 64° = 52°$

$\square ABDE$는 평행사변형이므로

$\angle AED = \angle ABD = 52°$

$\therefore \angle AEO = \dfrac{1}{2}\angle AED = \dfrac{1}{2} \times 52° = 26°$

04 좌표평면 위에 세 점 A(1, 3), B(−1, 1), C(3, 0)를 표시하고, 네 점 A, B, C, D를 꼭짓점으로 하는 사각형이 평행사변형이 되는 점 D의 위치를 모두 나타내면 오른쪽 그림과 같다.

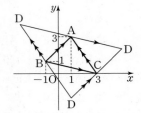

(i) $\square ABCD$가 평행사변형인 경우 점 D의 좌표를 (a, b)라 하자.

□ABCD가 평행사변형이 되려면

$\overline{AB} /\!/ \overline{DC}$에서

$\dfrac{3-1}{1-(-1)}=\dfrac{b-0}{a-3}$

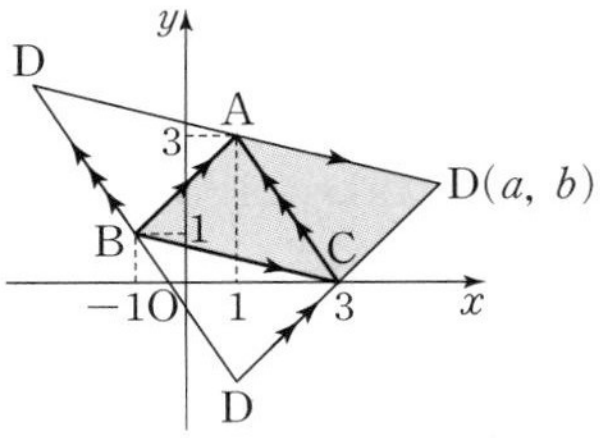

즉, $2(a-3)=2b$

이므로

$a-b=3$ ······ ㉠

$\overline{AD} /\!/ \overline{BC}$에서 $\dfrac{b-3}{a-1}=\dfrac{0-1}{3-(-1)}$

즉, $4(b-3)=-(a-1)$이므로

$a+4b=13$ ······ ㉡

㉠, ㉡을 연립하여 풀면 $a=5$, $b=2$

∴ D$(5,\,2)$

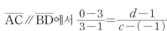

(ii) □ABDC가 평행사변형인 경우 점 D의 좌표를 $(c,\,d)$라 하자.

□ABDC가 평행사변형이

되려면

$\overline{AB} /\!/ \overline{CD}$에서

$\dfrac{3-1}{1-(-1)}=\dfrac{d-0}{c-3}$

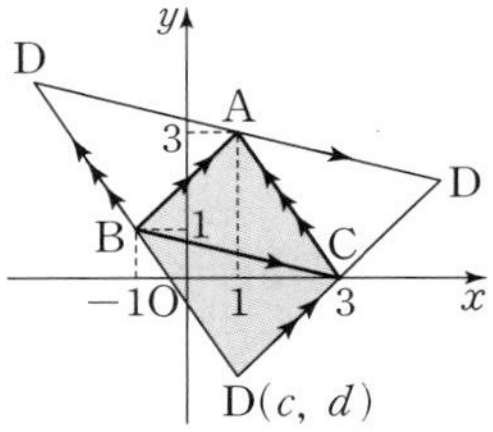

즉, $2(c-3)=2d$이므로

$c-d=3$ ······ ㉢

$\overline{AC} /\!/ \overline{BD}$에서 $\dfrac{0-3}{3-1}=\dfrac{d-1}{c-(-1)}$

즉, $-3(c+1)=2(d-1)$이므로

$3c+2d=-1$ ······ ㉣

㉢, ㉣을 연립하여 풀면 $c=1$, $d=-2$

∴ D$(1,\,-2)$

(iii) □ADBC가 평행사변형인 경우 점 D의 좌표를 $(e,\,f)$라 하자.

□ADBC가 평행사변형이

되려면

$\overline{DA} /\!/ \overline{BC}$에서

$\dfrac{f-3}{e-1}=\dfrac{1-0}{-1-3}$

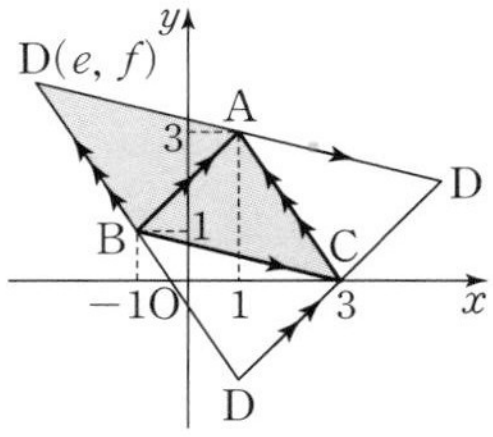

즉, $-4(f-3)=e-1$이므로

$e+4f=13$ ······ ㉤

$\overline{DB} /\!/ \overline{AC}$에서 $\dfrac{f-1}{e-(-1)}=\dfrac{3-0}{1-3}$

즉, $-2(f-1)=3(e+1)$이므로

$3e+2f=-1$ ······ ㉥

㉤, ㉥을 연립하여 풀면 $e=-3$, $f=4$

∴ D$(-3,\,4)$

(i), (ii), (iii)에 의하여 구하는 점 D의 좌표는 $(5,\,2)$, $(1,\,-2)$, $(-3,\,4)$이다.

05 오른쪽 그림과 같이 $\overline{BC}$, $\overline{CD}$의 중점을 각각 G, H라 하고, $\overline{EH}$, $\overline{FG}$의 교점을 O라 하면

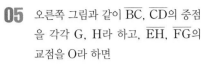

$\triangle AEF=\dfrac{1}{2}\square AEOF$

$=\dfrac{1}{2}\times\dfrac{1}{4}\square ABCD$

$=\dfrac{1}{8}\square ABCD$

$\triangle EBC=\dfrac{1}{2}\square EBCH=\dfrac{1}{2}\times\dfrac{1}{2}\square ABCD$

$=\dfrac{1}{4}\square ABCD$

$\triangle DFC=\dfrac{1}{2}\square FGCD=\dfrac{1}{2}\times\dfrac{1}{2}\square ABCD$

$=\dfrac{1}{4}\square ABCD$

∴ $\triangle FEC=\square ABCD-\triangle AEF-\triangle EBC-\triangle DFC$

$=\square ABCD-\dfrac{1}{8}\square ABCD-\dfrac{1}{4}\square ABCD$

$-\dfrac{1}{4}\square ABCD$

$=\dfrac{3}{8}\square ABCD$

$=\dfrac{3}{8}\times48=18(\text{cm}^2)$

06 오른쪽 그림과 같이 $\overline{FE}$를 그으면

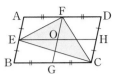

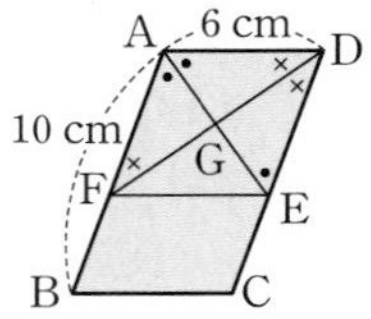

$\angle AFD=\angle EDF$ (엇각)

$=\angle ADF$

에서 △AFD는 $\overline{AF}=\overline{AD}$인 이등변삼각형이므로

$\overline{AF}=\overline{AD}=6\,\text{cm}$

또,

$\angle DEA=\angle FAE$ (엇각)

$=\angle DAE$

에서 △DAE는 $\overline{DA}=\overline{DE}$인 이등변삼각형이므로

$\overline{DE}=\overline{DA}=6\,\text{cm}$

따라서 $\overline{AF} /\!/ \overline{DE}$, $\overline{AF}=\overline{DE}$이므로 □AFED는 평행사변형이다.

∴ □AFED$=4\triangle AGD=4\times9=36(\text{cm}^2)$

이때 두 평행사변형 AFED와 ABCD의 밑변을 각각 $\overline{AF}$, $\overline{AB}$라 하면 두 평행사변형의 높이가 같으므로 넓이의 비는 $\overline{AF}:\overline{AB}$와 같다.

□AFED : □ABCD$=6:10$이므로

$36:\square ABCD=6:10$, $6\square ABCD=360$

∴ □ABCD$=60(\text{cm}^2)$

정답과 풀이

Level ④

본문 28~29쪽

01 24° **02** ③ **03** 13 cm **04** ③

05 (1) 90° (2) 12 cm² **06** 16 cm²

---

01 풀이전략 $\overline{AB}$와 $\overline{DE}$의 연장선을 그린 후 합동인 삼각형을 찾고, 직각삼각형의 빗변의 중점은 외심임을 이용하여 주어진 각의 크기를 구한다.

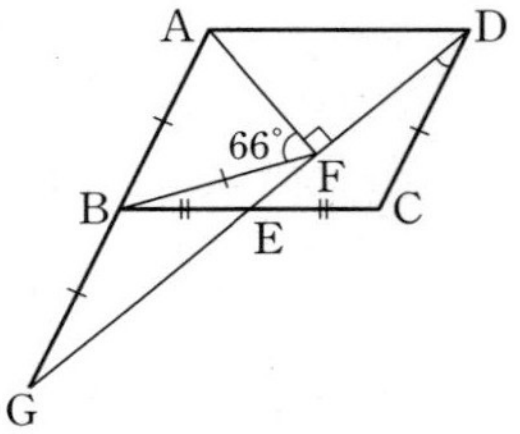

오른쪽 그림과 같이 $\overline{AB}$의 연장선과 $\overline{DE}$의 연장선의 교점을 G라 하자.

△BGE와 △CDE에서

$\overline{AG}\,/\!/\,\overline{CD}$이므로

∠GBE=∠DCE (엇각),

$\overline{BE}=\overline{CE}$, ∠BEG=∠CED (맞꼭지각)

∴ △BGE≡△CDE (ASA 합동)

∴ $\overline{BG}=\overline{CD}$

평행사변형의 대변의 길이는 서로 같으므로 $\overline{AB}=\overline{CD}$

∴ $\overline{AB}=\overline{CD}=\overline{BG}$

이때 점 B는 직각삼각형 AGF의 빗변의 중점이므로 △AGF의 외심이다.

∴ $\overline{BA}=\overline{BF}=\overline{BG}$

따라서 △BGF는 $\overline{BG}=\overline{BF}$인 이등변삼각형이므로

∠BGF=∠BFG=90°-66°=24°

한편, $\overline{AG}\,/\!/\,\overline{CD}$이므로

∠CDE=∠BGE=24° (엇각)

02 풀이전략 $\overline{DA}$와 $\overline{EF}$의 연장선을 그린 후 합동인 삼각형을 찾고, 직각삼각형의 빗변의 중점은 외심임을 이용하여 주어진 각의 크기를 구한다.

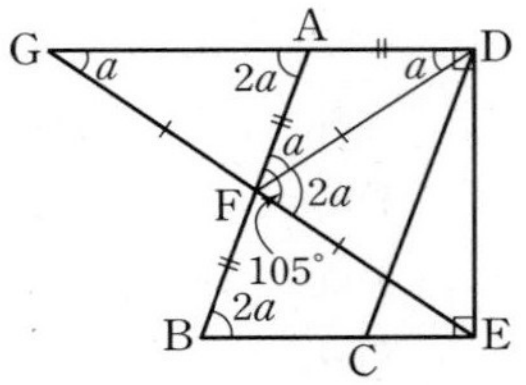

오른쪽 그림과 같이 $\overline{DA}$의 연장선과 $\overline{EF}$의 연장선의 교점을 G라 하자.

△AGF와 △BEF에서

∠AFG=∠BFE (맞꼭지각),

$\overline{AF}=\overline{BF}$, $\overline{GD}\,/\!/\,\overline{BE}$이므로 ∠GAF=∠EBF (엇각)

∴ △AGF≡△BEF (ASA 합동)

∴ $\overline{GF}=\overline{EF}$

이때 △EDG는 ∠EDG=90°인 직각삼각형이므로 빗변의 중점인 점 F는 △EDG의 외심이다.

∴ $\overline{FE}=\overline{FD}=\overline{FG}$

즉, △FDG에서 $\overline{FD}=\overline{FG}$이므로

∠FDG=∠FGD=∠a라 하면

∠DFE=∠FDG+∠FGD=∠a+∠a=2∠a

또한, △AFD에서 $\overline{AF}=\overline{AD}$이므로

∠AFD=∠ADF=∠a이고

∠FAG=∠AFD+∠ADF=∠a+∠a=2∠a

∠AFE=∠AFD+∠DFE

   =∠a+2∠a=3∠a=105°

∴ ∠a=35°

∴ ∠B=∠FAG=2∠a=2×35°=70°

다른 풀이

풀이전략 $\overline{DC}$의 중점 O를 잡아 직각삼각형의 빗변의 중점은 외심임을 이용하여 주어진 각의 크기를 구한다.

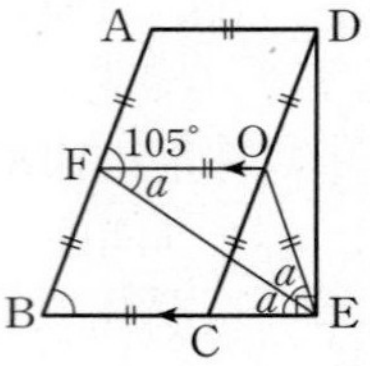

오른쪽 그림과 같이 $\overline{DC}$의 중점 O를 잡아 $\overline{OF}$와 $\overline{OE}$를 그으면 점 O는 직각삼각형 DCE의 외심이므로

$\overline{OD}=\overline{OE}=\overline{OC}=\overline{OF}$

$\overline{FO}\,/\!/\,\overline{BE}$이므로

∠OFE=∠FEB (엇각),

∠OFE=∠FEB=∠a라 하면

△OFE에서 $\overline{OF}=\overline{OE}$이므로

∠OFE=∠OEF=∠a

△OCE에서 $\overline{OC}=\overline{OE}$이므로

∠OCE=∠OEC=∠a+∠a=2∠a

$\overline{AB}\,/\!/\,\overline{DC}$이므로 ∠B=∠OCE=2∠$a$ (동위각)

$\overline{FO}\,/\!/\,\overline{BE}$이므로 ∠AFO=∠B=2∠$a$ (동위각)

∠AFE=∠AFO+∠OFE

   =2∠a+∠a=3∠a=105°

∴ ∠a=35°

∴ ∠B=2∠a=2×35°=70°

03 풀이전략 △PAQ가 이등변삼각형임을 알고 점 P가 점 B에 있을 때와 점 C에 있을 때의 경우로 나누어 점 Q가 움직인 거리를 구한다.

$\overline{AD}\,/\!/\,\overline{BC}$에서 ∠DAQ=∠PQA (엇각)이고,

∠PAQ=∠DAQ이므로 ∠PQA=∠PAQ

즉, △PQA는 $\overline{PA}=\overline{PQ}$인 이등변삼각형이다.

(ⅰ) 점 P가 점 B에 있을 때,

오른쪽 그림에서

$\overline{PQ}=\overline{PA}=6$ cm이므로

$\overline{QC}=\overline{PC}-\overline{PQ}$

   $=9-6=3$ (cm)

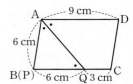

(ⅱ) 점 P가 점 C에 있을 때,

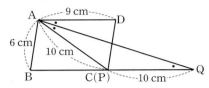

위의 그림에서 $\overline{PQ}=\overline{PA}=10\,cm$이므로

$\overline{CQ}=\overline{PQ}=10\,cm$

점 Q가 움직인 거리는 (ⅰ)에서 점 Q가 점 C까지 움직인 거리와 (ⅱ)에서 점 Q가 점 C를 지난 후 움직인 거리의 합이다.

(ⅰ)에서 $\overline{QC}=3\,cm$, (ⅱ)에서 $\overline{CQ}=10\,cm$이므로

점 Q가 움직인 거리는

$3+10=13\,(cm)$

04 【풀이전략】 $\triangle ABC$와 합동인 삼각형들을 찾고, $\square EDAF$가 평행사변형이 됨을 이용하여 주어진 각의 크기를 구한다.

$\triangle ABC$와 $\triangle DBE$에서

$\overline{BC}=\overline{BE}$, $\overline{AB}=\overline{DB}$, $\angle ABC=60°+\angle ABE=\angle DBE$

이므로 $\triangle ABC\equiv\triangle DBE$ (SAS 합동)

$\therefore \overline{AC}=\overline{DE}$

$\triangle ABC$와 $\triangle FEC$에서

$\overline{BC}=\overline{EC}$, $\overline{AC}=\overline{FC}$, $\angle ACB=60°-\angle ACE=\angle FCE$

이므로 $\triangle ABC\equiv\triangle FEC$ (SAS 합동)

$\therefore \overline{AB}=\overline{FE}$

이때 $\overline{DE}=\overline{AC}=\overline{AF}$, $\overline{FE}=\overline{AB}=\overline{AD}$에서 $\square EDAF$는 두 쌍의 대변의 길이가 각각 같으므로 평행사변형이다.

$\therefore \angle EDA=\angle EFA=\dfrac{1}{2}\times34°=17°$

$\therefore \angle BAC=\angle BDE=\angle BDA+\angle EDA$
$\qquad\qquad\qquad =60°+17°=77°$

05 【풀이전략】 $\overline{AP}$의 연장선 위에 $\overline{AP}=\overline{PH}$가 되는 점 H를 잡아 $\square EAFH$를 그리고, $\triangle ABC$와 합동인 삼각형을 찾아서 $\angle AQC$의 크기를 구한 후, $\triangle EAF$의 넓이를 구한다.

오른쪽 그림과 같이 $\overline{AP}$의 연장선 위에 $\overline{AP}=\overline{PH}$가 되는 점 H를 잡아 $\square EAFH$를 그리면 $\square EAFH$는 두 대각선이 서로 다른 것을 이등분하므로 평행사변형이다.

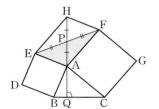

$\triangle ABC$와 $\triangle FHA$에서

$\overline{AB}=\overline{AE}=\overline{FH}$, $\overline{AC}=\overline{FA}$,

$\angle BAC=360°-90°-90°-\angle EAF$
$\qquad\quad =180°-\angle EAF=\angle HFA$
$\qquad\qquad\qquad$ ($\because \square EAFH$는 평행사변형)

$\therefore \triangle ABC\equiv\triangle FHA$ (SAS 합동)

(1) $\angle AQC=\angle ABQ+\angle BAQ$
$\qquad\quad =\angle FHA+\angle BAQ$ ($\because \triangle ABC\equiv\triangle FHA$)
$\qquad\quad =\angle EAH+\angle BAQ$ (엇각)
$\qquad\quad =180°-\angle EAB$
$\qquad\quad =180°-90°=90°$

(2) $\triangle ABC\equiv\triangle FHA$이므로

$\overline{HA}=\overline{BC}=6\,cm$

$\overline{PA}=\dfrac{1}{2}\overline{HA}=\dfrac{1}{2}\times6=3\,(cm)$

$\overline{AQ}=\overline{PQ}-\overline{PA}=7-3=4\,(cm)$

$\therefore \triangle EAF=\triangle FHA=\triangle ABC$
$\qquad\qquad =\dfrac{1}{2}\times\overline{BC}\times\overline{AQ}$
$\qquad\qquad =\dfrac{1}{2}\times6\times4=12\,(cm^2)$

06 【풀이전략】 대각선 AC를 그은 후, $\triangle PBC$의 넓이를 $a\,cm^2$로 놓고 $\triangle APC$의 넓이를 구하고, $\triangle QDA$의 넓이를 $b\,cm^2$로 놓고 $\triangle ACQ$의 넓이를 구하여 $\square APCQ$의 넓이를 구한다.

오른쪽 그림과 같이 $\overline{AC}$를 긋고 $\triangle PBC$의 넓이를 $a\,cm^2$라 하면

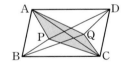

$\triangle PDA+\triangle PBC=\dfrac{1}{2}\square ABCD$

이므로

$19+a=\dfrac{1}{2}\square ABCD$

$\therefore \triangle ABC=\dfrac{1}{2}\square ABCD=a+19$

$\therefore \triangle APC=\triangle ABC-\triangle PAB-\triangle PBC$
$\qquad\qquad =a+19-10-a=9\,(cm^2)$

마찬가지로 $\triangle QDA$의 넓이를 $b\,cm^2$라 하면

$\triangle QDA+\triangle QBC=\dfrac{1}{2}\square ABCD$이므로

$b+15=\dfrac{1}{2}\square ABCD$

$\therefore \triangle ACD=\dfrac{1}{2}\square ABCD=b+15$

$\triangle ACQ=\triangle ACD-\triangle QDA-\triangle QCD$
$\qquad\qquad =b+15-b-8=7\,(cm^2)$

$\therefore \square APCQ=\triangle APC+\triangle ACQ$
$\qquad\qquad\quad =9+7=16\,(cm^2)$

Ⅳ. 도형의 성질

3 여러 가지 사각형

Level ①　　　　　　　　　본문 32~35쪽

01 23°　**02** ②　**03** 56°　**04** 42°　**05** 110°　**06** ①, ④　**07** ③

08 32 cm　　**09** ③　　**10** ④

11 둘레의 길이 : 20 cm, 넓이 : 24 cm²　**12** ②, ⑤　**13** 60 cm²

14 ②　　**15** 16 cm²　　**16** 72 cm²

---

01 □ABCD는 직사각형이므로
　∠BFE=∠BCE=90°
　∠BEF=∠BEC (접은 각)이므로
　∠BEF=∠BEC=$\dfrac{1}{2}$×(180°−46°)=67°
　따라서 △FBE에서
　∠FBE=180°−(90°+67°)=23°

02 ① ∠ABC+∠BAD=180°에서 ∠ABC=∠BAD이면
　　∠ABC=∠BAD=90°이므로 □ABCD는 직사각형
　　이 된다.
　② ∠AOB=90°이면 □ABCD는 마름모가 된다.
　③ ∠OAB=∠OBA이면 $\overline{OA}=\overline{OB}$, 즉 $\overline{AC}=\overline{BD}$이므로
　　□ABCD는 직사각형이 된다.
　④ $\overline{BO}=\overline{CO}$이면 $\overline{AC}=\overline{BD}$이므로 □ABCD는 직사각형이
　　된다.
　⑤ $\overline{BD}$=12 cm이면 $\overline{AC}=\overline{BD}$이므로 □ABCD는 직사각형
　　이 된다.
　따라서 □ABCD가 직사각형이 되기 위한 조건이 아닌 것은 ②
　이다.

> **실수하기 쉬운 부분 짚어보기**
> 평행사변형의 한 내각의 크기가 90°이거나 두 대각선의 길이가 같으면 직
> 사각형이 된다. 이때 평행사변형의 이웃하는 두 내각의 크기의 합이 180°
> 이므로 이웃하는 두 내각의 크기가 같으면 한 내각의 크기는 90°가 되어
> 직사각형이 된다.

03 △ABE와 △ADF에서
　∠AEB=∠AFD=90°, $\overline{AB}=\overline{AD}$, ∠B=∠D이므로
　△ABE≡△ADF (RHA 합동)　∴ $\overline{AE}=\overline{AF}$
　△AEF는 $\overline{AE}=\overline{AF}$인 이등변삼각형이므로
　∠AFE=∠AEF=62°

∴ ∠EAF=180°−2×62°=56°
이때 □AECF에서
∠C=360°−(56°+90°+90°)=124°이므로
∠B=180°−∠C=180°−124°=56°

04 평행사변형 ABCD의 두 대각선의 교점을 O라 하면
　∠BAO=∠DCO=66°(엇각)이므로
　△ABO에서 ∠AOB=180°−(66°+24°)=90°
　즉, 평행사변형 ABCD의 두 대각선이 직교하므로
　□ABCD는 마름모이다.
　∴ $\overline{AB}=\overline{BC}=\overline{CD}=\overline{DA}$
　△DAC에서 $\overline{DA}=\overline{DC}$이므로
　∠DAC=∠DCA=66°
　∠CDB=∠ABD=24° (엇각)
　△CBD에서 $\overline{CB}=\overline{CD}$이므로
　∠CBD=∠CDB=24°
　∴ ∠DAC−∠CBD=66°−24°=42°

05 △PBC와 △PDC에서
　$\overline{BC}=\overline{DC}$, ∠PCB=∠PCD=45°, $\overline{PC}$는 공통이므로
　△PBC≡△PDC (SAS 합동)
　∴ ∠PBC=∠PDC=65°
　따라서 △PBC에서 외각의 성질에 의하여
　∠APB=∠PBC+∠PCB
　　　　=65°+45°=110°

06 ② 마름모가 된다.
　③, ⑤ 직사각형이 된다.
　따라서 정사각형이 되는 것은 ①, ④이다.

> **실수하기 쉬운 부분 짚어보기**
> 평행사변형이 정사각형이 되려면 직사각형과 마름모의 성질을 동시에 가
> 져야 한다.
>
> | 직사각형이 되는 조건 | 마름모가 되는 조건 |
> | --- | --- |
> | ∠B=90°
∠A=∠B
$\overline{AC}=\overline{BD}$ | $\overline{AB}=\overline{BC}$
$\overline{AC}\perp\overline{BD}$ |

07 □ABCD는 등변사다리꼴이므로
　∠ABC=∠C, $\overline{AB}=\overline{DC}$
　$\overline{AB}=\overline{DC}=\overline{AD}$에서 △ABD는 $\overline{AB}=\overline{AD}$인 이등변삼각형

이므로

$\angle ABD = \angle ADB$

$\overline{AD} /\!/ \overline{BC}$이므로 $\angle ADB = \angle DBC$ (엇각)

$\angle ABD = \angle ADB = \angle DBC = \angle x$라 하면

$\angle C = \angle ABC = \angle ABD + \angle DBC = 2\angle x$

$\triangle DBC$에서 $75° + \angle x + 2\angle x = 180°$

$3\angle x = 105°$ $\quad \therefore \angle x = 35°$

$\therefore \angle C = 2\angle x = 2 \times 35° = 70°$

08 오른쪽 그림과 같이 $\overline{AB} /\!/ \overline{DE}$가
되도록 $\overline{BC}$ 위에 점 E를 잡으면 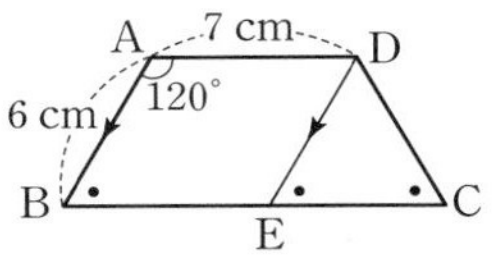
$\square ABED$는 평행사변형이므로

$\overline{BE} = \overline{AD} = 7$ cm,

$\angle B = 180° - \angle A = 180° - 120° = 60°$

$\square ABCD$가 등변사다리꼴이므로

$\overline{DC} = \overline{AB} = 6$ cm, $\angle C = \angle B = 60°$

$\overline{AB} /\!/ \overline{DE}$이므로 $\angle DEC = \angle B = 60°$ (동위각)

즉, $\triangle DEC$는 정삼각형이므로

$\overline{EC} = \overline{DC} = 6$ cm

따라서 $\square ABCD$의 둘레의 길이는

$\overline{AB} + \overline{BE} + \overline{EC} + \overline{CD} + \overline{DA}$

$= 6 + 7 + 6 + 6 + 7 = 32$ (cm)

09 ① 이웃하는 두 변의 길이가 같은 평행사변형은 마름모이다.
② 두 대각선의 길이가 같은 평행사변형은 직사각형이다.
④ 등변사다리꼴일 수도 있다.
⑤ 두 대각선이 서로 다른 것을 수직이등분하는 평행사변형은
마름모이다.

따라서 옳은 것은 ③이다.

10 ④ (라)에 필요한 조건은 '이웃하는 두 변의 길이가 같거나 두 대각
선이 직교한다.'이다.

실수하기 쉬운 부분 짚어보기

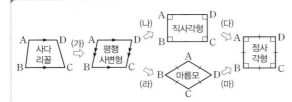

(가) : 다른 한 쌍의 대변이 평행하다.

(나), (마) : 한 내각이 직각이거나 두 대각선의 길이가 같다.

(다), (라) : 이웃하는 두 변의 길이가 같거나 두 대각선이 직교한다.

11 $\triangle AEH \equiv \triangle BEF \equiv \triangle CGF \equiv \triangle DGH$ (SAS 합동)
이므로 $\overline{EH} = \overline{EF} = \overline{GF} = \overline{GH}$

즉, $\square EFGH$는 마름모이다.

따라서 $\square EFGH$의 둘레의 길이는

$5 \times 4 = 20$ (cm)

$\square EFGH = \dfrac{1}{2} \times 8 \times 6 = 24$ (cm²)

12 $\triangle AEH \equiv \triangle CGF$ (SAS 합동),
$\triangle BEF \equiv \triangle DGH$ (SAS 합동)이므로

$\angle AEH = \angle AHE = \angle CFG = \angle CGF$,

$\angle BEF = \angle BFE = \angle DHG = \angle DGH$

$\square EFGH$에서

$\angle HEF = 180° - (\angle AEH + \angle BEF)$

$\qquad = 180° - (\angle CFG + \angle BFE)$

$\qquad = \angle EFG$

같은 방법으로

$\angle HEF = \angle EFG = \angle FGH = \angle GHE$

즉, $\square EFGH$는 직사각형이다.

따라서 직사각형에 대한 설명으로 옳지 않은 것은 ②, ⑤이다.

13 오른쪽 그림과 같이 $\overline{DE}$를 그으면 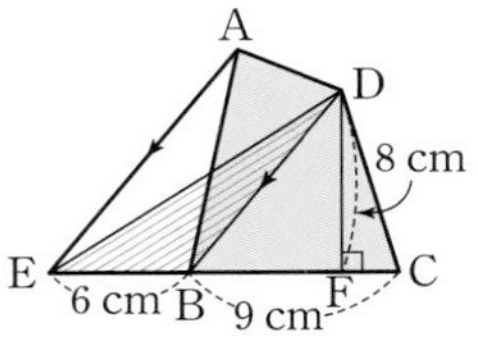
$\overline{AE} /\!/ \overline{DB}$이므로

$\triangle ABD = \triangle DEB$

$\therefore \square ABCD = \triangle ABD + \triangle DBC$

$\qquad = \triangle DEB + \triangle DBC$

$\qquad = \triangle DEC$

$\qquad = \dfrac{1}{2} \times (6+9) \times 8 = 60$ (cm²)

14 오른쪽 그림과 같이 $\overline{OC}, \overline{OD}$를 그으면 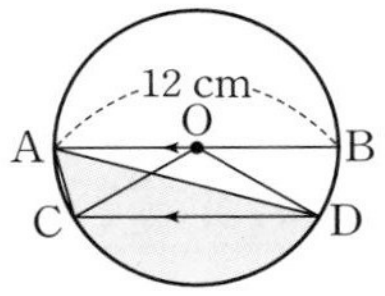
$\overline{AB} /\!/ \overline{CD}$이므로

$\triangle ACD = \triangle OCD$

즉, 색칠한 부분의 넓이는 부채꼴 COD
의 넓이와 같다.

이때 $\overarc{CD}$의 길이가 원주의 $\dfrac{1}{3}$이므로 부채꼴 COD의 중심각의

크기는

$360° \times \dfrac{1}{3} = 120°$

따라서 색칠한 부분의 넓이는

$\pi \times 6^2 \times \dfrac{120}{360} = 12\pi$ (cm²)

15 점 M은 $\overline{BC}$의 중점이므로

$$\triangle ABM = \frac{1}{2}\triangle ABC$$
$$= \frac{1}{2} \times 48 = 24 \, (\text{cm}^2)$$

$\overline{AP} : \overline{PM} = 1 : 2$이므로

$\triangle ABP : \triangle PBM = 1 : 2$

$$\therefore \triangle PBM = \frac{2}{3}\triangle ABM$$
$$= \frac{2}{3} \times 24 = 16 \, (\text{cm}^2)$$

16 $\overline{AO} : \overline{OC} = 1 : 2$이므로

$\triangle DAO : \triangle DOC = 1 : 2$

$$\therefore \triangle DOC = \frac{2}{3}\triangle ACD$$
$$= \frac{2}{3} \times 36 = 24 \, (\text{cm}^2)$$

이때 $\overline{AD} /\!/ \overline{BC}$이므로

$\triangle ABD = \triangle ACD$

$\therefore \triangle ABO = \triangle ABD - \triangle AOD$
$= \triangle ACD - \triangle AOD$
$= \triangle DOC = 24 \, (\text{cm}^2)$

또한, $\triangle ABO : \triangle OBC = 1 : 2$이므로

$24 : \triangle OBC = 1 : 2$

$\triangle OBC = 48 \, (\text{cm}^2)$

$\therefore \triangle ABC = \triangle ABO + \triangle OBC$
$= 24 + 48 = 72 \, (\text{cm}^2)$

Level ② 본문 36~37쪽

01 58° **02** 6 cm² **03** ④ **04** 4 cm **05** 6

06 ㄱ, ㄷ, ㅁ **07** ③ **08** 6 cm²

01 □ABCD는 직사각형이므로

$\overline{AO} = \overline{BO} = \overline{CO} = \overline{DO}$

즉, $\triangle OAB$는 $\overline{OA} = \overline{OB}$인 이등변삼각형이다.

이때 ∠ABE=∠x라 하면

∠OBA=∠OAB=2∠x이므로

$\triangle ABE$에서 $2\angle x + \angle x + 93° = 180°$

$3\angle x = 87°$ $\therefore \angle x = 29°$

한편, ∠ABF=∠OFC=90°

즉, 동위각의 크기가 같으므로

$\overline{AB} /\!/ \overline{OF}$

∠ABO=∠BOF (엇각)

$\therefore \angle BOF = \angle ABO = 2\angle x$
$= 2 \times 29° = 58°$

02 마름모의 두 대각선은 서로 다른 것을 수직이등분하므로

$$\overline{OD} = \frac{1}{2}\overline{BD} = \frac{1}{2} \times 16 = 8 \, (\text{cm})$$

$\overline{DE} = \overline{DF} = 6$ cm이므로

$\overline{OF} = \overline{OD} - \overline{DF}$
$= 8 - 6 = 2 \, (\text{cm})$

$\triangle ABD = \frac{1}{2} \times \overline{BD} \times \overline{AO} = 48 \, (\text{cm}^2)$에서

$$\frac{1}{2} \times 16 \times \overline{AO} = 48$$

$\therefore \overline{AO} = 6 \, (\text{cm})$

$$\therefore \triangle AOF = \frac{1}{2} \times \overline{OF} \times \overline{AO}$$
$$= \frac{1}{2} \times 2 \times 6 = 6 \, (\text{cm}^2)$$

03 $\overline{DE} = \overline{DC} = \overline{AD}$이므로 $\triangle DAE$는 $\overline{DA} = \overline{DE}$인 이등변삼각형이다.

∠DAE=∠DEA=∠a라 하면

$\triangle DAE$에서 ∠ADE=180°−2∠a이므로

∠CDE=∠ADE−90°=90°−2∠a

$\triangle DCE$에서 세 내각의 크기의 합은 180°이므로

$(90° - 2\angle a) + 2(\angle a + \angle AEC) = 180°$

$90° - 2\angle a + 2\angle a + 2\angle AEC = 180°$

$2\angle AEC = 90°$

$\therefore \angle AEC = 45°$

04 $\triangle ABC$와 $\triangle DCB$에서

$\overline{AB} = \overline{DC}$, ∠ABC=∠DCB,

$\overline{BC}$는 공통이므로

$\triangle ABC \equiv \triangle DCB$ (SAS 합동)

$\therefore \angle BAC = \angle CDB$ …… ㉠

$\triangle ABO$와 $\triangle DCO$에서

$\angle AOB = \angle DOC = 90°,$

$\square ABCD$는 등변사다리꼴이므로

$\overline{AB} = \overline{DC},$

$\angle BAO = \angle CDO$ ($\because$ ㉠)

$\therefore \triangle ABO \equiv \triangle DCO$ (RHA 합동)

$\angle BAO = \angle CDO = 90° - \angle DCO$
$\qquad\quad = \angle COF = \angle EOA$

이므로 $\overline{EA} = \overline{EO}$

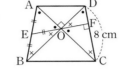

$\angle ABO = \angle DCO = 90° - \angle ODF$
$\qquad\quad = \angle DOF = \angle EOB$

이므로 $\overline{EB} = \overline{EO}$

즉, $\overline{EA} = \overline{EO} = \overline{EB}$

$\therefore \overline{EO} = \dfrac{1}{2}\overline{AB} = \dfrac{1}{2}\overline{DC}$
$\qquad\quad = \dfrac{1}{2} \times 8 = 4\,(cm)$

05 정사각형은 직사각형과 마름모의 성질을 동시에 가지므로
정사각형이 아닌 직사각형의 개수는

$17 - 8 = 9$

정사각형이 아닌 마름모의 개수는

$15 - 8 = 7$

따라서 직사각형도 마름모도 아닌 평행사변형의 개수는

(평행사변형의 총 개수) $-$ {(정사각형이 아닌 직사각형의 개수)
$+$ (정사각형이 아닌 마름모의 개수) $+$ (정사각형의 개수)}
$= 30 - (9 + 7 + 8) = 6$

실수하기 쉬운 부분 짚어보기

(1) 직사각형과 마름모는 평행사변형의
성질을 가지고 있다.

(2) 정사각형은 직사각형과 마름모의
성질을 모두 가지고 있다.

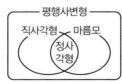

06 사각형 (가)~(마)와 사각형 (가)~(마)의 각 변의 중점을 연
결하여 만든 사각형 (a)~(e)는 다음과 같다.

(가) 평행사변형 ➡ (a) 평행사변형

(나) 직사각형 ➡ (b) 마름모

(다) 마름모 ➡ (c) 직사각형

(라) 정사각형 ➡ (d) 정사각형

(마) 등변사다리꼴 ➡ (e) 마름모

ㄱ. (a)~(e) 중 네 변의 길이가 모두 같은 사각형은 (b),
(d), (e)의 3개이다.

ㄴ. (a)~(e) 중 네 내각의 크기가 모두 같은 사각형은 (c),
(d)의 2개이다.

ㄷ. (a)~(e) 중 두 대각선의 길이가 같은 사각형은 (c), (d)
의 2개이다.

ㄹ. (c)의 두 대각선은 길이가 같고 서로를 이등분하지만 직교
하지는 않는다.

ㅁ. (e)의 두 대각선은 서로를 수직이등분한다.

따라서 옳은 것은 ㄱ, ㄷ, ㅁ이다.

07 $\overline{AD} /\!/ \overline{BC}$이므로 $\triangle ABE$와 $\triangle ACE$는 밑변 AE가 공통이고
높이가 같다.

$\therefore \triangle ABE = \triangle ACE$ (①=④)

$\overline{AC} /\!/ \overline{EF}$이므로 $\triangle ACE$와 $\triangle ACF$는 밑변 AC가 공통이고
높이가 같다.

$\therefore \triangle ACE = \triangle ACF$ (④=②)

$\overline{AB} /\!/ \overline{DC}$이므로 $\triangle ACF$와 $\triangle BCF$는 밑변 CF가 공통이고
높이가 같다.

$\therefore \triangle ACF = \triangle BCF$ (②=⑤)

따라서 넓이가 나머지 넷과 다른 삼각형은 ③ $\triangle AFD$이다.

08 $\overline{AE} : \overline{EC} = 2 : 3$이므로

$\triangle ABE : \triangle EBC = 2 : 3$

$\therefore \triangle EBC = \dfrac{3}{5}\triangle ABC$
$\qquad\quad = \dfrac{3}{5} \times 35 = 21\,(cm^2)$

또한, $\triangle EBC$에서 $\overline{BO} : \overline{OE} = 5 : 2$이므로

$\triangle OBC : \triangle EOC = 5 : 2$

$\therefore \triangle EOC = \dfrac{2}{7}\triangle EBC$
$\qquad\quad = \dfrac{2}{7} \times 21 = 6\,(cm^2)$

이때 $\square DBCE$는 $\overline{DE} /\!/ \overline{BC}$인 사다리꼴이므로

$\triangle DBC = \triangle EBC$

$\therefore \triangle DBO = \triangle DBC - \triangle OBC$
$\qquad\quad\ = \triangle EBC - \triangle OBC$
$\qquad\quad\ = \triangle EOC = 6\,(cm^2)$

Level ③

본문 38~39쪽

01 ④   **02** $\dfrac{12}{5}$ cm   **03** (1) 57° (2) $a+b$ **04** 50°

05 12 cm²   **06** 14 cm²

---

01 $\overline{AB}:\overline{BC}=3:4$이므로

$3\overline{BC}=4\overline{AB}$

$\therefore \overline{AB}=\dfrac{3}{4}\overline{BC}, \ \overline{BC}=\dfrac{4}{3}\overline{AB}$

$\overline{AD}$에서 $\overline{AF}:\overline{FD}=1:3$이므로

$\overline{AF}=\dfrac{1}{4}\overline{AD}, \ \overline{FD}=\dfrac{3}{4}\overline{AD}$

$\overline{CD}$에서 $\overline{CE}:\overline{ED}=2:1$이므로

$\overline{DE}=\dfrac{1}{3}\overline{DC}$

다음 그림과 같이 $\overline{BF}$를 그으면

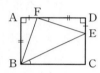

$\triangle$FAB와 $\triangle$EDF에서

$\angle A=\angle D=90°$,

$\overline{AB}=\dfrac{3}{4}\overline{BC}=\dfrac{3}{4}\overline{AD}=\overline{DF}$,

$\overline{AF}=\dfrac{1}{4}\overline{AD}=\dfrac{1}{4}\overline{BC}$

$\qquad =\dfrac{1}{4}\times\dfrac{4}{3}\overline{AB}=\dfrac{1}{3}\overline{DC}=\overline{DE}$

이므로 $\triangle$FAB≡$\triangle$EDF (SAS 합동)

$\therefore \overline{BF}=\overline{FE}, \ \angle ABF=\angle DFE$

또한, $\angle AFB+\angle DFE=\angle AFB+\angle ABF=90°$이므로

$\triangle$FBE는 $\angle BFE=90°$, $\overline{FB}=\overline{FE}$인 직각이등변삼각형이다.

따라서 $\angle FBE=\dfrac{1}{2}\times(180°-90°)=45°$이므로

$\angle CBE+\angle DFE=\angle CBE+\angle ABF$

$\qquad\qquad\qquad\quad =\angle ABC-\angle FBE$

$\qquad\qquad\qquad\quad =90°-45°=45°$

02 다음 그림과 같이 $\overline{EO}$를 그으면

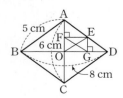

□FOGE는 직사각형이므로

$\overline{FG}=\overline{EO}$

이때 점 E는 $\overline{AD}$ 위를 움직이는 점이므로 $\overline{EO}$의 길이가 가장 짧아지는 때는 점 E가 점 O에서 $\overline{AD}$에 내린 수선의 발일 때이다.

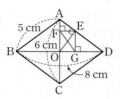

□ABCD는 마름모이므로

$\overline{AD}=\overline{AB}=5$ cm, $\angle AOD=90°$

$\overline{AO}=\dfrac{1}{2}\overline{AC}=\dfrac{1}{2}\times6=3(\text{cm})$

$\overline{OD}=\dfrac{1}{2}\overline{BD}=\dfrac{1}{2}\times8=4(\text{cm})$

$\triangle$AOD에서 $\overline{AO}\times\overline{OD}=\overline{AD}\times\overline{OE}$이므로

$3\times4=5\times\overline{OE}$

$\therefore \overline{OE}=\dfrac{12}{5}(\text{cm})$

따라서 $\overline{FG}$의 길이의 최솟값은 $\dfrac{12}{5}$ cm이다.

03 오른쪽 그림과 같이 $\overline{CD}$의 연장선 위에 $\overline{BE}=\overline{DG}$가 되도록 점 G를 잡으면

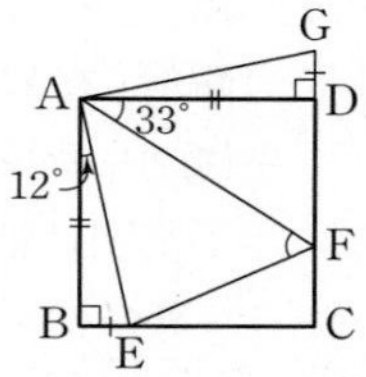

$\triangle$ABE와 $\triangle$ADG에서

$\angle ABE=\angle ADG=90°$,

$\overline{AB}=\overline{AD}, \ \overline{BE}=\overline{DG}$이므로

$\triangle$ABE≡$\triangle$ADG (SAS 합동)

$\therefore \overline{AE}=\overline{AG}, \ \angle BAE=\angle DAG=12°, \ \angle AEB=\angle AGD$

한편, $\angle EAF=90°-12°-33°=45°$,

$\angle GAF=\angle FAD+\angle DAG$

$\qquad\qquad =33°+12°=45°$

이므로 $\angle EAF=\angle GAF$

$\triangle$AEF와 $\triangle$AGF에서

$\overline{AE}=\overline{AG}, \ \angle EAF=\angle GAF, \ \overline{AF}$는 공통이므로

$\triangle$AEF≡$\triangle$AGF (SAS 합동)

(1) $\triangle$AFD에서 $\angle AFD=180°-(90°+33°)=57°$

$\triangle$AEF≡$\triangle$AGF이므로

$\angle AFE=\angle AFG$

$\therefore \angle AFE=\angle AFG=\angle AFD=57°$

(2) $\overline{DG}=\overline{BE}=a$

$\triangle$AEF≡$\triangle$AGF이므로

$$\overline{EF}=\overline{GF}$$
$$\therefore \overline{EF}=\overline{GF}=\overline{GD}+\overline{DF}=a+b$$

04 등변사다리꼴 FECG에서 ∠FEC=∠GCE이므로
∠EFG=∠FGC
□FECG≡□FEAD이므로
∠EFG=∠EFD, ∠FGC=∠FDA
□ABCD는 평행사변형이므로
∠B=∠D, ∠BEF=∠DFE (엇각)
$$\therefore \angle B=\angle BEF=\angle EFG=\angle FGC$$
오각형 EBCGF에서
∠CBE=∠BEF=∠EFG=∠FGC=∠a라 하면
오각형의 내각의 크기의 합은 540°이므로
$$4\angle a+80°=540°$$
$$\therefore \angle a=115°$$
등변사다리꼴 FECG에서 $\overline{FG}/\!/\overline{EC}$이고
∠EFG=∠FGC=115°이므로
∠FEC=∠ECG=180°−115°=65°
한편, ∠AEF=∠CEF (접은 각),
∠AEF=∠CFE (엇각)이므로
△CEF는 ∠CEF=∠CFE인 이등변삼각형이다.
$$\therefore \angle ECF=180°-2\angle CEF$$
$$=180°-2\times65°=50°$$

05 오른쪽 그림과 같이 $\overline{EC}$, $\overline{BD}$를 그은 후,
평행선 사이에서 넓이가 같은 삼각형을
찾으면 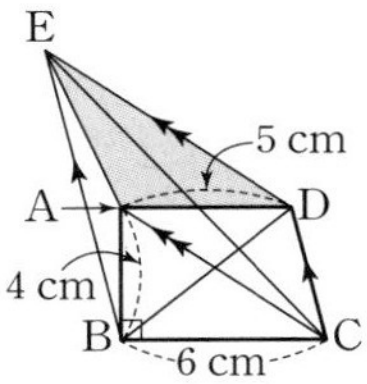
$\overline{ED}/\!/\overline{AC}$이므로 △EAD=△ECD
$\overline{EB}/\!/\overline{DC}$이므로 △ECD=△BCD
$\overline{AD}/\!/\overline{BC}$이므로 △BCD=△ABC
$$\therefore \triangle EAD=\triangle ABC=\frac{1}{2}\times6\times4=12(\text{cm}^2)$$

06 □ABCD는 평행사변형이므로
$$\triangle ABF=\frac{1}{2}\Box ABCD=\frac{1}{2}\times70=35(\text{cm}^2)$$
△ABF에서 $\overline{AG}:\overline{GF}=5:2$이므로
△ABG : △GBF=5 : 2

$$\therefore \triangle GBF=\frac{2}{7}\triangle ABF$$
$$=\frac{2}{7}\times35=10(\text{cm}^2)$$
이때 $\overline{AB}/\!/\overline{DC}$이므로 △AFD=△BFD이고
△AGD=△AFD−△DGF
$$=\triangle BFD-\triangle DGF$$
$$=\triangle GBF=10(\text{cm}^2)$$
△DAF에서 $\overline{AG}:\overline{GF}=5:2$이므로
△DAG : △DGF=5 : 2
10 : △DGF=5 : 2
5△DGF=20
$$\therefore \triangle DGF=4(\text{cm}^2)$$
$\overline{AE}/\!/\overline{BC}$이므로 △EBC=△DBC이고,
△EFC=△EBC−△FBC
$$=\triangle DBC-\triangle FBC$$
$$=\triangle DBF$$
$$\therefore \triangle EFC=\triangle DBF$$
$$=\triangle DGF+\triangle GBF$$
$$=4+10=14(\text{cm}^2)$$

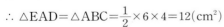

Level **4** 본문 40~41쪽

01 8 cm **02** 50 cm² **03** ④ **04** 20 cm **05** ②
06 E(6, 2)

01 [풀이전략] 점 C를 $\overline{AD}$에 대하여 대칭이동한 점을 F라 하고,
$\overline{BE}+\overline{EC}=\overline{BE}+\overline{EF}\geq\overline{BF}$임을 이용하여 $\overline{BE}+\overline{EC}$의 길이의 최솟값을 구한다.

반원 O의 반지름의 길이를 r cm라 하면
$$\frac{1}{2}\pi r^2=8\pi$$에서
$$r^2=16 \qquad \therefore r=4 \ (\because r>0)$$
오른쪽 그림과 같이 점 C를 $\overline{AD}$에 대하여
대칭이동한 점을 F라 하면 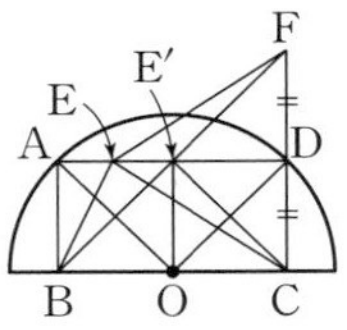
$\overline{EC}=\overline{EF}$이므로
$$\overline{BE}+\overline{EC}=\overline{BE}+\overline{EF}\geq\overline{BF}$$
$\overline{AD}$와 $\overline{BF}$의 교점을 E'이라 하면

△ABE′과 △DFE′에서

∠BAE′=∠FDE′=90°, $\overline{AB}=\overline{DC}=\overline{DF}$,

∠ABE′=∠DFE′ (엇각)이므로

△ABE′≡△DFE′ (ASA 합동)

∴ $\overline{AE'}=\overline{DE'}$

이때 □ABOE′과 □E′OCD는 직사각형이므로

$\overline{AO}=\overline{BE'}=\overline{E'C}=\overline{OD}=4$ cm

따라서 $\overline{BE}+\overline{EC}$의 길이의 최솟값은

$$\begin{aligned}\overline{BF}&=\overline{BE'}+\overline{E'F}\\&=\overline{BE'}+\overline{E'C}\\&=\overline{AO}+\overline{DO}\\&=4+4=8\,(\text{cm})\end{aligned}$$

02 풀이전략 직각삼각형에서 빗변의 중점은 외심임을 이용하여 □OECF가 마름모가 됨을 알고, 마름모의 성질을 이용하여 주어진 삼각형의 넓이를 구한다.

오른쪽 그림과 같이 $\overline{EO}$, $\overline{FO}$를 긋고, $\overline{EF}$를 그어 $\overline{OC}$와 만나는 점을 R라 하자.

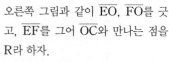
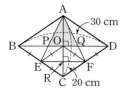

□ABCD는 마름모이므로

$\overline{AC}\perp\overline{BD}$에서 △BCO와 △CDO는 직각삼각형이다.

점 E는 직각삼각형 BCO의 빗변의 중점이므로 △BCO의 외심이다.

∴ $\overline{EC}=\overline{EO}$

점 F는 직각삼각형 CDO의 빗변의 중점이므로 △CDO의 외심이다.

∴ $\overline{FC}=\overline{FO}$

따라서 $\overline{OE}=\overline{EC}=\frac{1}{2}\overline{BC}=\frac{1}{2}\overline{CD}=\overline{CF}=\overline{FO}$이므로

□OECF는 마름모이다.

∴ $\overline{OC}\perp\overline{EF}$

$$\begin{aligned}\triangle AEO&=\triangle OEC\\&=\frac{1}{8}\square ABCD\\&=\frac{1}{8}\times\left(\frac{1}{2}\times30\times20\right)\\&=\frac{75}{2}\,(\text{cm}^2)\end{aligned}$$

$\overline{BD}\,/\!/\,\overline{EF}$이므로 $\overline{PO}$를 밑변으로 하는 △PEO의 높이는 $\overline{OR}$의 길이이다.

□OECF는 마름모이므로

$\overline{OR}=\frac{1}{2}\overline{OC}=\frac{1}{2}\overline{OA}$

△APO : △PEO=$\overline{AO}:\overline{OR}$=2 : 1

∴ $\triangle APO=\frac{2}{3}\triangle AEO$

$\qquad\quad=\frac{2}{3}\times\frac{75}{2}=25\,(\text{cm}^2)$

△APO≡△AQO (ASA 합동)이므로

△AQO=△APO=25 cm²

∴ △APQ=2△APO=2×25=50 (cm²)

03 풀이전략 △ECD와 합동인 △GAD를 그린 후, △GAD≡△ECD임을 이용하여 주어진 선분의 길이의 비를 구한다.

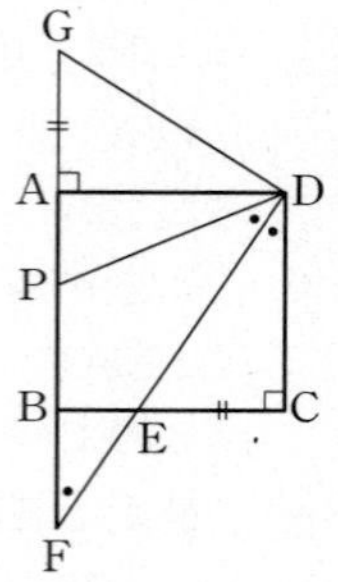

오른쪽 그림과 같이 $\overline{BA}$의 연장선 위에 $\overline{CE}=\overline{AG}$가 되도록 점 G를 잡으면

△GAD와 △ECD에서

∠GAD=∠ECD=90°,

$\overline{GA}=\overline{EC}$,

$\overline{AD}=\overline{CD}$이므로

△GAD≡△ECD (SAS 합동)

∴ ∠GDA=∠EDC, ∠AGD=∠CED

또한, $\overline{AD}\,/\!/\,\overline{BC}$이므로

∠ADE=∠DEC (엇각)

$$\begin{aligned}\angle ADE&=\angle ADP+\angle PDE\\&=\angle ADP+\angle EDC\\&=\angle ADP+\angle GDA\\&=\angle GDP\end{aligned}$$

따라서 ∠PGD=∠CED=∠ADE=∠PDG이므로

$\overline{PG}=\overline{PD}$

$\overline{AF}\,/\!/\,\overline{DC}$이므로

∠PFD=∠CDE (엇각)

∠PDF=∠CDE=∠PFD이므로

$\overline{PF}=\overline{PD}$

∴ $\overline{PG}=\overline{PD}=\overline{PF}$

한편, △APD : △DEC=5 : 8이므로

$\left(\frac{1}{2}\times\overline{AP}\times\overline{AD}\right):\left(\frac{1}{2}\times\overline{EC}\times\overline{DC}\right)$=5 : 8

∴ $\overline{AP}:\overline{EC}$=5 : 8

$\overline{AP}=5k$, $\overline{EC}=8k$ (k>0)라 하면

$$\begin{aligned}\overline{PF}=\overline{PG}&=\overline{GA}+\overline{AP}=\overline{EC}+\overline{AP}\\&=8k+5k=13k\end{aligned}$$

∴ $\overline{AP}:\overline{PF}$=5k : 13k

$\qquad\qquad\quad=5:13$

04 **풀이전략** 직각삼각형에서 빗변의 중점은 외심임을 이용하여 합동인 삼각형을 찾고, 주어진 선분의 길이를 구한다.

점 D는 직각삼각형 BFE의 빗변 BE의
중점이므로 △BFE의 외심이다.
오른쪽 그림과 같이 $\overline{DF}$를 그으면
$\overline{BD}=\overline{DF}=\overline{DE}$

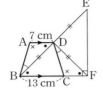

이때 △ABD와 △CDF에서
$\overline{BD}=\overline{DF}$ ...... ㉠
$\overline{AD}\,/\!/\,\overline{BC}$이므로 ∠ADB=∠CBD (엇각)
$\overline{BD}=\overline{DF}$이므로 ∠CBD=∠CFD
∴ ∠ADB=∠CBD=∠CFD ...... ㉡
또한, ∠A=∠ADC=∠DCF이므로
∠ABD=∠CDF ...... ㉢
따라서 ㉠, ㉡, ㉢에 의하여 △ABD≡△CDF (ASA 합동)
이므로
$\overline{CF}=\overline{AD}=7$ cm
∴ $\overline{BF}=\overline{BC}+\overline{CF}=13+7=20$ (cm)

05 **풀이전략** $\overline{BF}$, $\overline{DE}$를 그은 후 평행선 사이에서 넓이가 같은 삼각형들을 찾고, △FEC=□ABCD−△AEF−△EBC−△FCD임을 이용하여 △FEC의 넓이를 구한다.

□ABCD는 평행사변형이므로
$\triangle ABD=\dfrac{1}{2}\square ABCD$
　　　　$=\dfrac{1}{2}\times50=25$ (cm²)

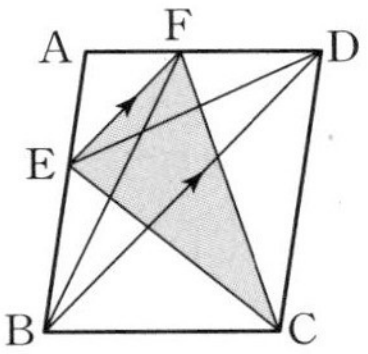

오른쪽 그림과 같이 $\overline{BF}$, $\overline{DE}$를 그으면
△ABD에서 $\overline{AF}:\overline{FD}=2:3$이므로
△ABF : △FBD=2 : 3

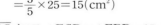

∴ $\triangle FBD=\dfrac{3}{5}\triangle ABD$
　　　　$=\dfrac{3}{5}\times25=15$ (cm²)
$\overline{AD}\,/\!/\,\overline{BC}$이므로 △FCD=△FBD=15 cm²
$\overline{EF}\,/\!/\,\overline{BD}$이므로 △EBD=△FBD=15 cm²
$\overline{AB}\,/\!/\,\overline{DC}$이므로 △EBC=△EBD=15 cm²
한편, △AED=△ABD−△EBD=25−15=10 (cm²)
△AED에서 $\overline{AF}:\overline{FD}=2:3$이므로
△AEF : △FED=2 : 3
∴ $\triangle AEF=\dfrac{2}{5}\triangle AED=\dfrac{2}{5}\times10=4$ (cm²)
∴ △FEC=□ABCD−△AEF−△EBC−△FCD
　　　　$=50-4-15-15=16$ (cm²)

06 **풀이전략** □ABCD의 꼭짓점 C를 지나고 □ABCD의 대각선 BD와 평행한 직선이 $\overline{AD}$의 연장선과 만나는 점을 E로 잡아 점 E의 좌표를 구한다.

점 E의 좌표를 $(a,\,b)$라 하자.
점 E가 $\overline{AD}$의 연장선 위에 있으므로 두 점 A, D를 지나는 일차함수의 그래프의 기울기와 두 점 D, E를 지나는 일차함수의 그래프의 기울기는 같다.
$\dfrac{3-4}{2-(-2)}=\dfrac{b-3}{a-2}$, $\dfrac{-1}{4}=\dfrac{b-3}{a-2}$
$-a+2=4b-12$ ∴ $a+4b=14$ ...... ㉠

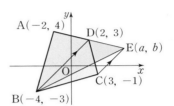

위의 그림과 같이 $\overline{AD}$의 연장선 위의 점 E에 대하여
□ABCD=△ABD+△DBC,
△ABE=△ABD+△DBE
이므로 □ABCD=△ABE가 되려면 △DBC=△DBE이어야 한다.
즉, $\overline{BD}\,/\!/\,\overline{CE}$이므로 두 점 B, D를 지나는 일차함수의 그래프의 기울기와 두 점 C, E를 지나는 일차함수의 그래프의 기울기가 같다.
$\dfrac{3-(-3)}{2-(-4)}=\dfrac{b-(-1)}{a-3}$, $\dfrac{6}{6}=\dfrac{b+1}{a-3}$
$a-3=b+1$ ∴ $a-b=4$ ...... ㉡
㉠, ㉡을 연립하여 풀면
$a=6$, $b=2$
∴ E(6, 2)

대단원 마무리 **Level 종합** 　　　　　　본문 42~43쪽

01 100° **02** ② **03** 30 cm² **04** 30° **05** ⑤ **06** 4 cm
07 15 cm² **08** ②

01 ∠A=∠x라 하면
△AED는 이등변삼각형이므로

$\angle DEA = \angle DAE = \angle x$

$\angle EDF$는 $\triangle AED$의 한 외각이므로

$\angle EDF = \angle EAD + \angle AED$
$\qquad = \angle x + \angle x = 2\angle x$

$\triangle DEF$에서 $\angle EFD = \angle EDF = 2\angle x$

$\triangle AEF$에서

$\angle FEB = \angle EAF + \angle AFE$
$\qquad = \angle x + 2\angle x = 3\angle x$

$\triangle EBF$에서 $\angle FBE = \angle FEB = 3\angle x$

$\triangle ABF$에서

$\angle BFC = \angle BAF + \angle ABF$
$\qquad = \angle x + 3\angle x = 4\angle x$

$\triangle FBC$에서 $\angle C = \angle BFC = 4\angle x$

$\triangle ABC$에서 $\angle ABC = \angle C = 4\angle x$

$\triangle ABC$의 세 내각의 크기의 합은 $180°$이므로

$\angle x + 4\angle x + 4\angle x = 180°$

$9\angle x = 180°$ $\qquad \therefore \angle x = 20°$

$\therefore \angle DEF = 180° - 2 \times 2\angle x$
$\qquad\qquad = 180° - 4\angle x$
$\qquad\qquad = 180° - 80° = 100°$

02 점 O는 $\triangle ABC$의 외심이므로

$\angle BOC = 2\angle A = 2 \times 34° = 68°$

점 I는 $\triangle ABC$의 내심이므로

$\angle BIC = 90° + \dfrac{1}{2}\angle A$
$\qquad\quad = 90° + \dfrac{1}{2} \times 34° = 107°$

$\therefore \angle BIC - \angle BOC = 107° - 68° = 39°$

03 오른쪽 그림과 같이 $\overline{AC}$와 $\overline{IE}$, $\overline{IF}$의
교점을 각각 J, K라 하고, 점 I에서
$\overline{AB}$, $\overline{BC}$, $\overline{AC}$에 내린 수선의 발을
각각 L, M, N이라 하면

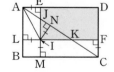

$\overline{IL} = \overline{IM} = \overline{IN}$이고

$\square ALIE$와 $\square IMCF$는 직사각형이므로

$\overline{IL} = \overline{AE}$, $\overline{IM} = \overline{FC}$이다.

$\triangle AJE$와 $\triangle IJN$에서

$\overline{AE} = \overline{IN}$, $\angle AEJ = \angle INJ = 90°$,

$\angle AJE = \angle IJN$ (맞꼭지각)이므로

$\angle EAJ = \angle NIJ$

$\therefore \triangle AJE \equiv \triangle IJN$ (ASA 합동) $\cdots\cdots$ ㉠

$\triangle NIK$와 $\triangle FCK$에서

$\overline{NI} = \overline{FC}$, $\angle INK = \angle CFK = 90°$,

$\angle NKI = \angle FKC$ (맞꼭지각)이므로

$\angle NIK = \angle FCK$

$\therefore \triangle NIK \equiv \triangle FCK$ (ASA 합동) $\cdots\cdots$ ㉡

㉠, ㉡에서 $\triangle AJE \equiv \triangle IJN$, $\triangle NIK \equiv \triangle FCK$이므로

$\square EIFD = \triangle ACD = \dfrac{1}{2}\square ABCD$
$\qquad\quad = \dfrac{1}{2} \times 60 = 30\,(\mathrm{cm}^2)$

04 $\triangle BAE$와 $\triangle BFE$에서

$\angle BAE = \angle BFE = 90°$, $\overline{BE}$는 공통,

$\angle ABE = \angle FBE$이므로

$\triangle BAE \equiv \triangle BFE$ (RHA 합동)

$\therefore \overline{BA} = \overline{BF}$

$\overline{FC} = \overline{FB} = \overline{AB} = \overline{DC}$이므로 $\triangle CDF$는 $\overline{CD} = \overline{CF}$인 이등변
삼각형이다.

$\therefore \angle CDF = \angle CFD$

$\angle FBC = \angle x$라 하면

$\triangle FBC$에서 $\angle FCB = \angle FBC = \angle x$이고

삼각형의 외각의 성질에 의하여

$\angle CFD = \angle x + \angle x = 2\angle x$

$\triangle CDF$에서 $\angle CDF = \angle CFD = 2\angle x$

$\angle ABF = \angle CDF = 2\angle x$ (엇각)

$\angle ABF + \angle FBC = \angle ABC$이므로

$2\angle x + \angle x = 90°$

$3\angle x = 90°$ $\qquad \therefore \angle x = 30°$

05 정사각형 $ABCD$의 넓이가 $36\,\mathrm{cm}^2$이므로

$\overline{CD} = 6\,\mathrm{cm}$

오른쪽 그림과 같이 점 E에서 $\overline{BC}$의
연장선에 내린 수선의 발을 H라 하자.

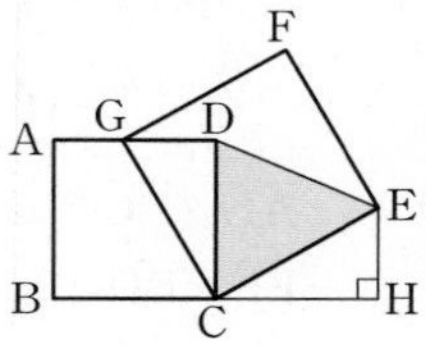

$\triangle GCD$와 $\triangle ECH$에서

$\angle GDC = \angle EHC = 90°$,

$\overline{GC} = \overline{EC}$,

$\angle GCD = \angle GCE - \angle DCE = 90° - \angle DCE$
$\qquad\quad = \angle DCH - \angle DCE = \angle ECH$

이므로 $\triangle GCD \equiv \triangle ECH$ (RHA 합동)

$\therefore \overline{CH} = \overline{CD} = 6\,\mathrm{cm}$

$\therefore \triangle DCE = \dfrac{1}{2} \times \overline{DC} \times \overline{CH}$
$\qquad\qquad = \dfrac{1}{2} \times 6 \times 6 = 18\,(\mathrm{cm}^2)$

06 오른쪽 그림과 같이 평행사변형

ABCD의 대각선 AC를 그으면

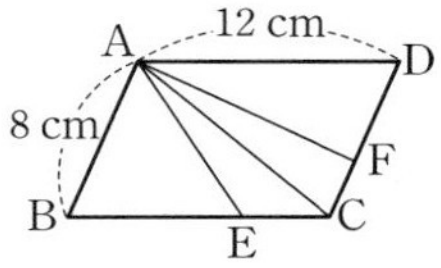

$\triangle ABC = \triangle CDA$이므로

$\triangle ABE + \triangle AEC$

$= \triangle AFD + \triangle ACF$

이때 $\triangle ABE = \square AECF = \triangle AFD$가 되려면

$\triangle ABE = \triangle AFD$에서

$\triangle AEC = \triangle ACF$

$\triangle ABE = \square AECF$에서

$\triangle ABE = \triangle AEC + \triangle ACF = 2\triangle AEC$

즉, $\triangle ABE : \triangle AEC = 2 : 1$이므로

$\overline{BE} : \overline{EC} = 2 : 1$

$\therefore \overline{EC} = \dfrac{1}{2+1} \times \overline{BC} = \dfrac{1}{3} \times 12 = 4(cm)$

07 $\overline{AE} : \overline{EO} = 2 : 1$이므로

$\triangle DAE : \triangle DEO = 2 : 1$

$\therefore \triangle DEO = \dfrac{1}{3} \triangle DAO$

$\qquad\qquad = \dfrac{1}{3} \times \dfrac{1}{4} \square ABCD$

$\qquad\qquad = \dfrac{1}{3} \times \dfrac{1}{4} \times 45 = \dfrac{15}{4}(cm^2)$

같은 방법으로

$\triangle EBO = \triangle BFO = \triangle FDO = \dfrac{15}{4} cm^2$

$\therefore \square EBFD = 4 \times \dfrac{15}{4} = 15(cm^2)$

08 오른쪽 그림과 같이 $\overline{AE}$를 그으면

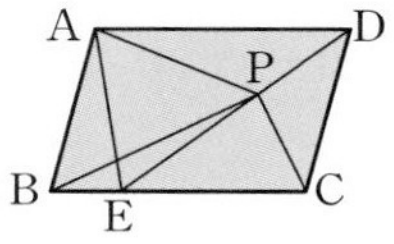

$\overline{DP} : \overline{PE} = 2 : 3$이므로

$\triangle AEP : \triangle APD = 3 : 2$

$\triangle AEP = 3x \, cm^2$,

$\triangle APD = 2x \, cm^2 \, (x > 0)$라 하면

$\triangle AED = \triangle AEP + \triangle APD$

$\qquad\qquad = 3x + 2x = 5x(cm^2)$

$\square ABCD = 2\triangle AED$

$\qquad\qquad = 2 \times 5x = 10x(cm^2)$

한편, 평행사변형 ABCD에서 내부의 한 점 P에 대하여

$\triangle PAD + \triangle PBC = \triangle PAB + \triangle PCD$

$\qquad\qquad = \dfrac{1}{2} \square ABCD$

이므로

$2x + 15 = 5x, \ 3x = 15$

$\therefore x = 5$

$\therefore \square ABCD = 10x = 10 \times 5 = 50(cm^2)$

V. 도형의 닮음과 피타고라스 정리

4 도형의 닮음

 Level 1

본문 46~49쪽

01 ㄷ, ㄹ, ㅂ **02** ①, ③ **03** 96 cm **04** 50 **05** 8 cm

06 ③ **07** 60 cm² **08** 27π cm² **09** ⑤ **10** 10 cm

11 16 cm **12** 36 cm **13** 16 cm **14** ④

15 ㄱ, ㄷ **16** $\frac{8}{3}$ cm

---

01 ㄱ. 도형 ㈏는 도형 ㈎를 축소한 도형과 합동이므로 두 도형 ㈎
와 ㈏는 닮은 도형이다.

ㄴ. 점 C에 대응하는 점은 점 E이다.

ㅁ. 닮음비는 대응하는 변의 길이의 비이고 $\overline{BC}$와 $\overline{HE}$는 대응하
는 변이다. 모눈 한 칸의 길이를 1이라 할 때, $\overline{BC}=8$,
$\overline{HE}=4$이므로 도형 ㈎와 도형 ㈏의 닮음비는
8 : 4=2 : 1이다.

따라서 옳은 것은 ㄷ, ㄹ, ㅂ이다.

02 ② 한 내각의 크기가 서로 같아도 이웃하는 두 변의 길이의 비가
같지 않으면 두 평행사변형은 닮은 도형이 아니다.

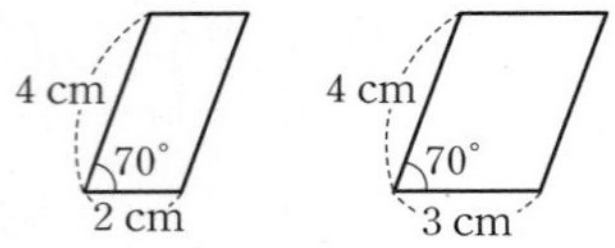

④ 반지름의 길이가 서로 같아도 중심각의 크기가 같지 않으면
두 부채꼴은 닮은 도형이 아니다.

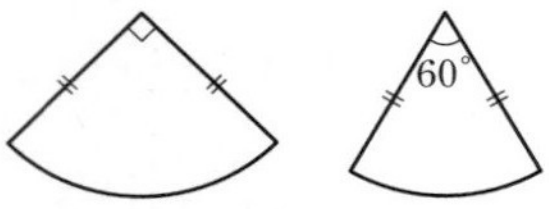

⑤ 윗변과 아랫변의 길이의 비가 서로 같아도 내각의 크기가 같
지 않으면 두 등변사다리꼴은 닮은 도형이 아니다.

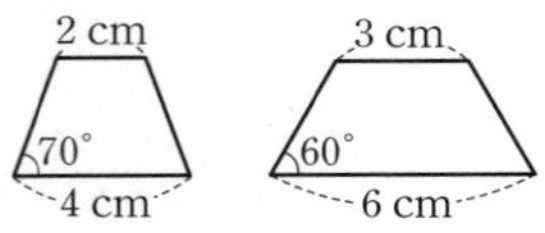

따라서 항상 닮은 도형인 것은 ①, ③이다.

03 큰 액자의 가로의 길이를 x cm, 작은 액자의 세로의 길이를

---

y cm라 하자.

두 액자의 닮음비가 5 : 3이므로

$x : 30=5 : 3$에서 $3x=150$

∴ $x=50$

$70 : y=5 : 3$에서 $5y=210$

∴ $y=42$

큰 액자의 둘레의 길이는

$2\times(50+70)=240(\text{cm})$

작은 액자의 둘레의 길이는

$2\times(30+42)=144(\text{cm})$

따라서 두 액자의 둘레의 길이의 차는

$240-144=96(\text{cm})$

04 입체도형에서 닮음비는 대응하는 모서리의 길이의 비이므로 두
삼각기둥의 닮음비는

$\overline{BC} : \overline{B'C'}=6 : 4=3 : 2$

$x : 10=3 : 2$에서 $2x=30$

∴ $x=15$

또한, 입체도형에서 대응하는 면은 닮은 도형이므로

$\triangle ABC \backsim \triangle A'B'C'$

즉, $\angle ACB=\angle A'C'B'=60°$이므로 $\triangle ABC$에서

$\angle ABC=180°-(85°+60°)=35°$

∴ $y=35$

∴ $x+y=15+35=50$

05 큰 원뿔의 밑면의 반지름의 길이를 r cm라 하면

$2\pi r=9\pi$이므로

$r=\frac{9}{2}$

즉, 큰 원뿔의 밑면의 반지름의 길이는 $\frac{9}{2}$ cm, 작은 원뿔의 밑

면의 반지름의 길이는 3 cm이므로 두 원뿔의 닮음비는

$\frac{9}{2} : 3=9 : 6=3 : 2$

작은 원뿔의 높이를 h cm라 하면

$12 : h=3 : 2$에서

$3h=24$ ∴ $h=8$

따라서 작은 원뿔의 높이는 8 cm이다.

06 □ABCD와 □AEFG의 닮음비는 8 : 12=2 : 3이므로
넓이의 비는 $2^2 : 3^2=4 : 9$

□ABCD : 126=4 : 9에서

$9\square ABCD=504$

$\therefore \square ABCD=56(cm^2)$

따라서 색칠한 부분의 넓이는

$\square AEFG-\square ABCD=126-56=70(cm^2)$

07 $\triangle ADG$, $\triangle AEH$, $\triangle AFI$, $\triangle ABC$는 모두 서로 닮은 도형이
고 닮음비가

$\overline{AD}:\overline{AE}:\overline{AF}:\overline{AB}=1:2:3:4$

이므로 넓이의 비는

$\triangle ADG : \triangle AEH : \triangle AFI : \triangle ABC$

$=1^2:2^2:3^2:4^2$

$=1:4:9:16$

$\therefore \square DEHG : \square FBCI=(4-1):(16-9)$

$=3:7$

즉, $\square DEHG : 140=3:7$에서

$7\square DEHG=420$

$\therefore \square DEHG=60(cm^2)$

08 두 원기둥의 닮음비는 $6:9=2:3$이므로 부피의 비는

$2^3:3^3=8:27$

큰 원기둥의 부피를 $x\,cm^3$라 하면

$72\pi : x=8:27$에서 $8x=1944\pi$

$\therefore x=243\pi$

따라서 큰 원기둥의 밑넓이는

$243\pi \div 9=27\pi(cm^2)$

09 ⑤ $\triangle ABC$에서 $\angle A=70°$이면

$\angle C=180°-(70°+65°)=45°$

$\triangle DFE$에서 $\angle F=65°$이면

$\angle B=\angle F$, $\angle C=\angle E$

$\therefore \triangle ABC \backsim \triangle DFE$ (AA 닮음)

10 $\triangle ABC$와 $\triangle DBA$에서

$\overline{AB}:\overline{DB}=18:12=3:2$,

$\overline{BC}:\overline{BA}=27:18=3:2$,

$\angle B$는 공통이므로

$\triangle ABC \backsim \triangle DBA$ (SAS 닮음)

이때 닮음비는 $3:2$이므로

$\overline{AC}:\overline{DA}=3:2$에서 $15:\overline{DA}=3:2$

$3\overline{DA}=30$ $\therefore \overline{DA}=10(cm)$

11 $\triangle ABC$와 $\triangle ADB$에서

$\angle ACB=\angle ABD$, $\angle A$는 공통이므로

$\triangle ABC \backsim \triangle ADB$ (AA 닮음)

이때 닮음비는 $\overline{AB}:\overline{AD}=15:9=5:3$이므로

$\overline{AC}:\overline{AB}=5:3$에서 $\overline{AC}:15=5:3$

$3\overline{AC}=75$ $\therefore \overline{AC}=25(cm)$

$\therefore \overline{DC}=\overline{AC}-\overline{AD}=25-9=16(cm)$

12 $\triangle AED$와 $\triangle BEF$에서

$\angle DAE=\angle FBE=90°$,

$\angle AED=\angle BEF$ (맞꼭지각)이므로

$\triangle AED \backsim \triangle BEF$ (AA 닮음)

$\overline{FB}=\overline{FC}-\overline{BC}=16-12=4(cm)$이므로

두 삼각형의 닮음비는

$\overline{AD}:\overline{BF}=12:4=3:1$

$\overline{DE}:\overline{FE}=3:1$에서 $\overline{DE}:5=3:1$

$\therefore \overline{DE}=15(cm)$

$\overline{AB}=12\,cm$, $\overline{AE}:\overline{BE}=3:1$에서

$\overline{AE}=\dfrac{3}{4}\times 12=9(cm)$

따라서 $\triangle AED$의 둘레의 길이는

$\overline{AE}+\overline{ED}+\overline{AD}=9+15+12=36(cm)$

13 $\triangle ABC$와 $\triangle ADF$에서

$\angle A$는 공통, $\angle C=\angle AFD=90°$이므로

$\triangle ABC \backsim \triangle ADF$ (AA 닮음)

$\overline{DF}=\overline{FC}=x\,cm$라 하면

$\overline{AF}=(12-x)cm$

$\overline{AC}:\overline{AF}=\overline{BC}:\overline{DF}$이므로

$12:(12-x)=6:x$

$12x=72-6x$

$18x=72$ $\therefore x=4$

따라서 $\square DECF$의 둘레의 길이는

$4\times 4=16(cm)$

14 $\triangle ABC \backsim \triangle HBA$ (AA 닮음)이므로

$\overline{AB}:\overline{HB}=\overline{BC}:\overline{BA}$에서

$\overline{AB}^2 = \overline{BH} \times \overline{BC}$

$20^2 = 16 \times \overline{BC}$ ∴ $\overline{BC} = 25$(cm)

$\overline{CH} = \overline{BC} - \overline{BH} = 25 - 16 = 9$(cm)

또한, $\triangle HBA \backsim \triangle HAC$ (AA 닮음)이므로

$\overline{BH} : \overline{AH} = \overline{AH} : \overline{CH}$에서

$\overline{AH}^2 = \overline{BH} \times \overline{CH} = 16 \times 9 = 144 = 12^2$

∴ $\overline{AH} = 12$(cm) (∵ $\overline{AH} > 0$)

∴ $\triangle ABC = \dfrac{1}{2} \times \overline{BC} \times \overline{AH}$

$= \dfrac{1}{2} \times 25 \times 12 = 150$(cm²)

15 $\triangle ABC \backsim \triangle ACD$ (AA 닮음)이므로

$\overline{AB} : \overline{AC} = \overline{AC} : \overline{AD}$

∴ $\overline{AC}^2 = \overline{AB} \times \overline{AD}$

$\triangle ADC \backsim \triangle CDB$ (AA 닮음)이므로

$\overline{AD} : \overline{CD} = \overline{DC} : \overline{DB}$

∴ $\overline{CD}^2 = \overline{AD} \times \overline{BD}$

따라서 옳은 것은 ㄱ, ㄷ이다.

16 $\triangle BAD$와 $\triangle ACD$에서

$\angle BDA = \angle ADC = 90°,$

$\angle BAD = 90° - \angle CAD = \angle ACD$이므로

$\triangle BAD \backsim \triangle ACD$ (AA 닮음)

이때 닮음비는 $\overline{AD} : \overline{CD} = 8 : 6 = 4 : 3$이므로

$\overline{AB} : \overline{CA} = 4 : 3$에서 $\overline{AB} : 10 = 4 : 3$

$3\overline{AB} = 40$ ∴ $\overline{AB} = \dfrac{40}{3}$(cm)

$\overline{BD} : \overline{AD} = 4 : 3$에서 $\overline{BD} : 8 = 4 : 3$

$3\overline{BD} = 32$ ∴ $\overline{BD} = \dfrac{32}{3}$(cm)

∴ $\overline{AB} - \overline{BD} = \dfrac{40}{3} - \dfrac{32}{3} = \dfrac{8}{3}$(cm)

다른 풀이

$\overline{AD}^2 = \overline{BD} \times \overline{DC}$이므로

$8^2 = \overline{BD} \times 6$ ∴ $\overline{BD} = \dfrac{32}{3}$(cm)

$\overline{AB}^2 = \overline{BD} \times \overline{BC}$이므로

$\overline{AB}^2 = \dfrac{32}{3} \times \left(\dfrac{32}{3} + 6\right)$

$= \dfrac{32}{3} \times \dfrac{50}{3}$

$= \dfrac{1600}{9} = \left(\dfrac{40}{3}\right)^2$

∴ $\overline{AB} = \dfrac{40}{3}$(cm) (∵ $\overline{AB} > 0$)

∴ $\overline{AB} - \overline{BD} = \dfrac{40}{3} - \dfrac{32}{3} = \dfrac{8}{3}$(cm)

Level ② 본문 50~51쪽

01 ㄱ, ㄷ, ㄹ, ㅂ   **02** 35 cm   **03** 1 : 3 : 5   **04** 4분 54초

05 9 cm   **06** ③   **07** 12 cm   **08** $\dfrac{27}{5}$ cm

01 ㄴ. 다음 그림의 두 이등변삼각형은 한 내각의 크기가 40°로 같지만 서로 닮음이 아니다.

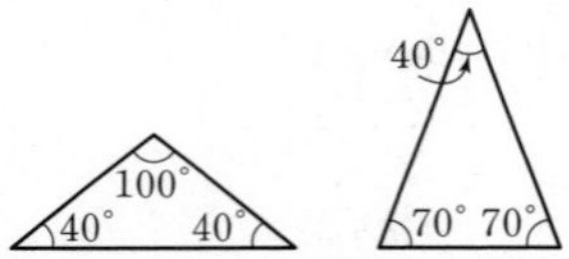

ㅁ. 세 쌍의 대응변의 길이의 비가 일정한 두 삼각형은 닮은 도형이지만 네 쌍의 대응변의 길이의 비가 일정한 두 사각형은 닮은 도형이 아니다.

예를 들어 다음 그림과 같이 한 변의 길이가 1 cm인 정사각형과 한 변의 길이가 2 cm인 마름모는 대응변의 길이의 비는 1 : 2로 일정하지만 대응각의 크기는 다를 수 있으므로 항상 닮은 도형인 것은 아니다.

따라서 옳은 것은 ㄱ, ㄷ, ㄹ, ㅂ이다.

02 $\triangle ABC \backsim \triangle AEF$이므로

$\overline{AB} : \overline{AE} = \overline{BC} : \overline{EF}$에서 $18 : 6 = 12 : \overline{EF}$

$18\overline{EF} = 72$ ∴ $\overline{EF} = 4$(cm)

$\overline{AB} : \overline{AE} = \overline{AC} : \overline{AF}$에서 $18 : 6 = \overline{AC} : 8$

$6\overline{AC} = 144$ ∴ $\overline{AC} = 24$(cm)

또한, $\triangle AEF \backsim \triangle BDC$이므로

$\overline{AE} : \overline{BD} = \overline{AF} : \overline{BC}$에서 $6 : \overline{BD} = 8 : 12$

$8\overline{BD} = 72$ ∴ $\overline{BD} = 9$(cm)

$\overline{AE} : \overline{BD} = \overline{EF} : \overline{DC}$에서 $6 : 9 = 4 : \overline{DC}$

$6\overline{DC}=36$ $\quad\therefore \overline{DC}=6(cm)$

$\overline{DE}=\overline{AC}-\overline{AE}-\overline{DC}$

$\quad\quad=24-6-6=12(cm)$

따라서 사각형 FBDE의 둘레의 길이는

$\overline{FB}+\overline{BD}+\overline{DE}+\overline{EF}=10+9+12+4=35(cm)$

03 밑면에서 가장 작은 원의 반지름의 길이를 a라 하면

세 원의 반지름의 길이는 각각 a, $2a$, $3a$이므로

닮음비는 $1:2:3$이고 넓이의 비는

$1^2:2^2:3^2=1:4:9$

따라서 세 부분 A, B, C의 넓이의 비는

$1:(4-1):(9-4)=1:3:5$

이때 원기둥의 높이는 일정하므로 세 부분 A, B, C를 밑면으로

하는 기둥의 부피의 비는 $1:3:5$이다.

04 1분 21초는 81초이고 원뿔 모양의 그릇과 물이 채워진 부분은

닮음비가 $5:3$인 닮은 도형이므로 그릇과 81초 동안 채운 물의

부피의 비는

$5^3:3^3=125:27$

그릇에 물을 가득 채울 때까지 더 걸리는 시간을 x초라 하면

$81:x=27:(125-27)$에서

$27x=81\times98$ $\quad\therefore x=294$

따라서 물을 가득 채울 때까지 294초, 즉 4분 54초가 더 걸린다.

05 $\triangle ABC$는 정삼각형이므로

$\overline{BC}=\overline{AB}=\overline{AD}+\overline{DB}$

$\quad\quad=\overline{ED}+\overline{DB}=10+8=18(cm)$

$\angle DBE=\angle DEF=\angle ECF=60°$

$\triangle DBE$와 $\triangle ECF$에서

$\angle DBE=\angle ECF=60°$,

$\angle BDE=180°-(\angle DBE+\angle DEB)$

$\quad\quad=120°-\angle DEB$

$\quad\quad=180°-(\angle DEF+\angle DEB)$

$\quad\quad=\angle CEF$

이므로 $\triangle DBE\backsim\triangle ECF$ (AA 닮음)

이때 $\overline{BE}:\overline{EC}=2:1$이므로

$\overline{EC}=\dfrac{1}{2+1}\times18=6(cm)$

따라서 $\triangle DBE$와 $\triangle ECF$의 닮음비는

$\overline{DB}:\overline{EC}=8:6=4:3$

$\overline{BE}:\overline{CF}=4:3$에서 $(18-6):\overline{CF}=4:3$

$4\overline{CF}=36$ $\quad\therefore \overline{CF}=9(cm)$

06 $\triangle EBM$과 $\triangle MCH$에서

$\angle EBM=\angle MCH=90°$,

$\angle BEM=90°-\angle EMB=\angle CMH$이므로

$\triangle EBM\backsim\triangle MCH$ (AA 닮음)

점 M은 $\overline{BC}$의 중점이므로

$\overline{BM}=\overline{CM}=\dfrac{1}{2}\overline{BC}=\dfrac{1}{2}\times24=12(cm)$

$\triangle EBM$과 $\triangle MCH$의 닮음비는

$\overline{EB}:\overline{MC}=9:12=3:4$

이때 $\overline{EM}=\overline{EA}=24-9=15(cm)$이므로

$\overline{EM}:\overline{MH}=3:4$에서 $15:\overline{MH}=3:4$

$3\overline{MH}=60$ $\quad\therefore \overline{MH}=20(cm)$

07 $\triangle ABC$와 $\triangle DEF$에서

$\angle DEF=\angle BAE+\angle ABE$

$\quad\quad=\angle CBF+\angle ABE$

$\quad\quad=\angle ABC$

$\angle DFE=\angle CBF+\angle BCF$

$\quad\quad=\angle ACD+\angle BCF$

$\quad\quad=\angle ACB$

이므로 $\triangle ABC\backsim\triangle DEF$ (AA 닮음)

이고 닮음비는 $\overline{BC}:\overline{EF}=12:3=4:1$

$\overline{AB}:\overline{DE}=4:1$에서 $16:\overline{DE}=4:1$

$4\overline{DE}=16$ $\quad\therefore \overline{DE}=4(cm)$

$\overline{AC}:\overline{DF}=4:1$에서 $20:\overline{DF}=4:1$

$4\overline{DF}=20$ $\quad\therefore \overline{DF}=5(cm)$

따라서 $\triangle DEF$의 둘레의 길이는

$\overline{DE}+\overline{EF}+\overline{FD}=4+3+5=12(cm)$

08 $\triangle ABC\backsim\triangle BDC$ (AA 닮음)이므로

$\overline{AC}:\overline{BC}=\overline{AB}:\overline{BD}$에서 $25:20=15:\overline{BD}$

$25\overline{BD}=300$ $\quad\therefore \overline{BD}=12(cm)$

$\triangle ABC\backsim\triangle DEB$ (AA 닮음)이므로

$\overline{AC}:\overline{DB}=\overline{BC}:\overline{EB}$에서

$25:12=20:\overline{EB}$

$25\overline{EB}=240$

$$\therefore \overline{EB}=\frac{48}{5}(cm)$$

$$\therefore \overline{AE}=\overline{AB}-\overline{EB}=15-\frac{48}{5}=\frac{27}{5}(cm)$$

다른 풀이

직각삼각형 ABC에서 $\overline{AC}\times\overline{BD}=\overline{BC}\times\overline{AB}$이므로

$25\times\overline{BD}=20\times15$에서

$\overline{BD}=12(cm)$

직각삼각형 DAB에서 $\overline{DB}^2=\overline{BE}\times\overline{BA}$이므로

$12^2=\overline{BE}\times15$에서

$$\overline{BE}=\frac{144}{15}=\frac{48}{5}(cm)$$

$$\therefore \overline{AE}=\overline{AB}-\overline{EB}=15-\frac{48}{5}=\frac{27}{5}(cm)$$

 Level ③ 본문 52~53쪽

01 $16:36:81$ **02** $1:4:8$ **03** ④   **04** $3\,cm$ **05** ④

06 $\dfrac{36}{5}\,cm$

---

01 다음 그림과 같이 직선 $y=\dfrac{1}{2}x+1$ 위에 있는 세 정사각형 A,

B, C의 꼭짓점을 각각 P, Q, R라 하고, 세 점 P, Q, R의 y좌
표를 각각 a, b, c라 하자.

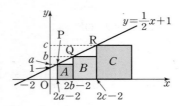

이때 세 점 P, Q, R의 x좌표를 각각 구하면

$2a-2$, $2b-2$, $2c-2$이다.

정사각형 A의 한 변의 길이는

$a=(2b-2)-(2a-2)$

$3a=2b$ $\therefore a=\dfrac{2}{3}b$

정사각형 B의 한 변의 길이는

$b=(2c-2)-(2b-2)$

$3b=2c$ $\therefore c=\dfrac{3}{2}b$

세 정사각형 A, B, C의 닮음비는

$a:b:c=\dfrac{2}{3}b:b:\dfrac{3}{2}b$

$\quad\quad\quad=\dfrac{2}{3}:1:\dfrac{3}{2}$

$\quad\quad\quad=4:6:9$

따라서 세 정사각형 A, B, C의 넓이의 비는

$4^2:6^2:9^2=16:36:81$

02 모든 정사면체는 닮은 도형이고 큰 정사면체 C의 한 모서리의
길이는 작은 정사면체 A의 한 모서리의 길이의 2배이므로

A와 C의 닮음비는 $1:2$,

부피의 비는 $1^3:2^3=1:8$

A의 부피를 a라 하면 C의 부피는 $8a$이므로

정팔면체 B의 부피는

$8a-4a=4a$

따라서 A, B, C의 부피의 비는

$a:4a:8a=1:4:8$

03 $\triangle ABC \backsim \triangle DCE$이므로

$\overline{AC}:\overline{DE}=\overline{BC}:\overline{CE}$에서

$\overline{AC}:10=9:6$

$6\overline{AC}=90$ $\therefore \overline{AC}=15(cm)$

$\triangle DBE$와 $\triangle FBC$에서

$\angle DEB=\angle FCB$ ($\because \triangle ABC \backsim \triangle DCE$),

$\angle FBC$는 공통이므로

$\triangle DBE \backsim \triangle FBC$ (AA 닮음)

따라서 $\overline{DE}:\overline{FC}=\overline{BE}:\overline{BC}$에서

$10:\overline{FC}=(9+6):9$

$15\overline{FC}=90$ $\therefore \overline{FC}=6(cm)$

$\therefore \overline{AF}=\overline{AC}-\overline{FC}=15-6=9(cm)$

04 오른쪽 그림과 같이 $\overline{BE}$의 연장선
을 그어 $\overline{AC}$와 만나는 점을 F라
하면

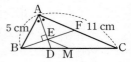

$\triangle ABE$와 $\triangle AFE$에서

$\angle BAE=\angle FAE$, $\overline{AE}$는 공통,

$\angle AEB=\angle AEF=90°$이므로

$\triangle ABE \equiv \triangle AFE$ (ASA 합동)

$\therefore \overline{AB}=\overline{AF}=5\,\text{cm}, \overline{BE}=\overline{FE}$

또한, $\triangle BEM$과 $\triangle BFC$에서

$\overline{BE}:\overline{BF}=1:2, \overline{BM}:\overline{BC}=1:2,$

$\angle FBC$는 공통이므로

$\triangle BEM \backsim \triangle BFC$ (SAS 닮음)

$\therefore \overline{EM}:\overline{FC}=1:2$

이때 $\overline{FC}=\overline{AC}-\overline{AF}=11-5=6\,(\text{cm})$이므로

$\overline{EM}:6=1:2$

$2\overline{EM}=6 \qquad \therefore \overline{EM}=3\,(\text{cm})$

05 오른쪽 그림과 같이 $\overline{BA}$와 $\overline{CE}$의
연장선을 그어 교점을 F라 하자.

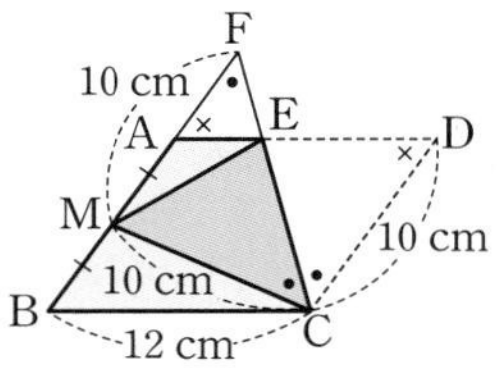

$\angle MCE=\angle DCE$ (접은 각),

$\angle AFE=\angle DCE$ (엇각)이므로

$\angle MCE=\angle AFE$

즉, $\triangle MCF$는 이등변삼각형이므로

$\overline{MF}=\overline{MC}=\overline{DC}=10\,\text{cm}$

$\overline{AB}=\overline{CD}=10\,\text{cm}$이므로

$\overline{AM}=\dfrac{1}{2}\overline{AB}=\dfrac{1}{2}\times10=5\,(\text{cm})$

$\overline{AF}=\overline{MF}-\overline{MA}=10-5=5\,(\text{cm})$

$\triangle AFE$와 $\triangle DCE$에서

$\angle AFE=\angle DCE$ (엇각),

$\angle FAE=\angle CDE$ (엇각)이므로

$\triangle AFE \backsim \triangle DCE$ (AA 닮음)

$\therefore \overline{AE}:\overline{DE}=\overline{AF}:\overline{DC}=5:10=1:2$

$\overline{AD}=\overline{BC}=12\,\text{cm}$이므로

$\overline{ED}=\dfrac{2}{1+2}\times12=8\,(\text{cm})$

$\therefore \overline{ME}=\overline{DE}=8\,\text{cm}$

06 $\overline{AD}^2=\overline{BD}\times\overline{CD}=2\times8=16=4^2$

$\therefore \overline{AD}=4\,(\text{cm})\ (\because \overline{AD}>0)$

점 M은 직각삼각형 ABC의 외심이므로

$\overline{AM}=\overline{BM}=\overline{CM}=\dfrac{1}{2}\overline{BC}$

$\qquad\quad =\dfrac{1}{2}\times10=5\,(\text{cm})$

$\overline{DM}=\overline{BM}-\overline{BD}=5-2=3\,(\text{cm})$

직각삼각형 ADM에서

$\overline{AM}\times\overline{DE}=\overline{DM}\times\overline{AD}$이므로

$5\times\overline{DE}=3\times4 \qquad \therefore \overline{DE}=\dfrac{12}{5}\,(\text{cm})$

직각삼각형 ADM에서

$\overline{DM}^2=\overline{ME}\times\overline{MA}$이므로

$3^2=\overline{EM}\times5 \qquad \therefore \overline{EM}=\dfrac{9}{5}\,(\text{cm})$

따라서 $\triangle EDM$의 둘레의 길이는

$\overline{DE}+\overline{DM}+\overline{EM}=\dfrac{12}{5}+3+\dfrac{9}{5}=\dfrac{36}{5}\,(\text{cm})$

Level 4 본문 54~55쪽

01 $37:19$ **02** 36 **03** $\dfrac{7}{5}$ **04** ②   **05** $81:8$

06 $1\,\text{cm}$

01 풀이전략 컵의 모선을 연장하여 원뿔을 만들었을 때, 밑면의 반지름이 각각 $\overline{AD}, \overline{EF}, \overline{BC}$인 세 원뿔의 부피의 비를 구하여 두 원뿔대의 부피를 비교한다.

오른쪽 그림과 같이 컵의 모선을 연장하여
원뿔을 만들고 컵의 두 밑면의 반지름을
$\overline{AD}, \overline{BC}$, 남긴 음료수의 수면의 반지름을
$\overline{EF}$라 하면

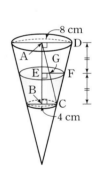

$\overline{AD}=4\,\text{cm}, \overline{BC}=2\,\text{cm}$

$\square ABCD$는 사다리꼴이고

$\overline{AD}\,/\!/\,\overline{EF}\,/\!/\,\overline{BC}$이다.

$\overline{AC}$와 $\overline{EF}$의 교점을 G라 하면

$\triangle AEG \backsim \triangle ABC$ (AA 닮음)

따라서 $\overline{AE}=\overline{EB}$이므로 $\triangle AEG$와 $\triangle ABC$의 닮음비는 $1:2$이다.

$\overline{EG}:\overline{BC}=1:2$에서 $\overline{EG}:2=1:2$

$2\overline{EG}=2 \qquad \therefore \overline{EG}=1\,(\text{cm})$

또한, $\triangle CFG \backsim \triangle CDA$ (AA 닮음)

따라서 $\overline{CF}=\overline{FD}$이므로 $\triangle CFG$와 $\triangle CDA$의 닮음비는 $1:2$이다.

$\overline{FG}:\overline{DA}=1:2$에서 $\overline{FG}:4=1:2$

$2\overline{FG}=4 \qquad \therefore \overline{FG}=2\,(\text{cm})$

$\therefore \overline{EF}=\overline{EG}+\overline{FG}=1+2=3\,(\text{cm})$

밑면의 반지름의 길이가 각각 4 cm, 3 cm, 2 cm인 세 원뿔의
닮음비는 $4:3:2$이므로 부피의 비는

$4^3:3^3:2^3=64:27:8$

따라서 동생이 마신 음료수의 양과 남은 음료수의 양의 비는

$(64-27):(27-8)=37:19$

실수하기 쉬운 부분 짚어보기

원뿔대 모양의 컵의 모선을 연장하여 원뿔을 만들었을 때, 밑면의 반지름이 각각 $\overline{AD}$, $\overline{EF}$, $\overline{BC}$인 세 원뿔은 닮은 도형이다. 이때 컵에서 음료수를 마신 부분의 원뿔대 모양과 남긴 음료수가 들어 있는 부분의 원뿔대 모양이 닮은 도형이라고 생각하지 않게 주의한다.

02 **풀이전략** 구는 모두 닮은 도형이므로 닮은 도형의 부피의 비와 겉넓이의 비를 이용한다.

쇠구슬은 모두 구 모양이므로 닮은 도형이다.

지름의 길이가 1 cm, 2 cm인 새로 만든 쇠구슬과 지름의 길이가 3 cm, 4 cm, 5 cm인 녹이기 전 세 쇠구슬의 닮음비는 작은 것부터 순서대로 $1:2:3:4:5$이므로

겉넓이의 비는

$1^2:2^2:3^2:4^2:5^2=1:4:9:16:25$

부피의 비는

$1^3:2^3:3^3:4^3:5^3=1:8:27:64:125$

세 쇠구슬을 모두 녹여서 작은 쇠구슬을 모두 a개씩 만들고 녹인 쇠구슬은 남김없이 사용하므로

$27+64+125=(1+8)\times a$

$9a=216$ ∴ $a=24$

새로 만든 작은 쇠구슬들의 겉넓이의 합과 녹이기 전 세 쇠구슬의 겉넓이의 합의 비는

$\{(1+4)\times24\}:(9+16+25)=120:50$

$=12:5$

따라서 새로 만든 작은 쇠구슬 전체의 겉넓이의 합은 녹이기 전 세 쇠구슬의 겉넓이 합의 $\dfrac{12}{5}$배이다.

∴ $b=\dfrac{12}{5}$

∴ $a+5b=24+5\times\dfrac{12}{5}=36$

03 **풀이전략** $\triangle ABD\equiv\triangle ACE$임을 이용하여 $\angle ABD=\angle ACE$임을 알고 닮음인 삼각형을 찾는다.

$\triangle ABD$와 $\triangle ACE$에서

$\overline{AB}=\overline{AC}$, $\angle BAD=\angle CAE=60°$,

$\overline{AD}=\overline{AE}$이므로

$\triangle ABD\equiv\triangle ACE$ (SAS 합동)

∴ $\angle ABD=\angle ACE$

또한, $\triangle ABD$와 $\triangle FCD$에서

$\angle ABD=\angle FCD$,

$\angle ADB=\angle FDC$ (맞꼭지각)이므로

$\triangle ABD\infty\triangle FCD$ (AA 닮음)

$\overline{AD}:\overline{DC}=5:2$이므로

$\overline{AD}=5k$, $\overline{DC}=2k\ (k>0)$라 하면

$\overline{AB}=\overline{AC}=\overline{AD}+\overline{DC}$

$=5k+2k=7k$

$\overline{AB}:\overline{FC}=\overline{AD}:\overline{FD}$에서

$7k:\overline{FC}=5k:\overline{FD}$

∴ $\dfrac{\overline{FC}}{\overline{DF}}=\dfrac{7k}{5k}=\dfrac{7}{5}$

04 **풀이전략** $\triangle ABC$의 밑변의 길이와 높이의 변화량을 이용하여 $\triangle DBE$의 넓이를 구하는 식을 세워 본다.

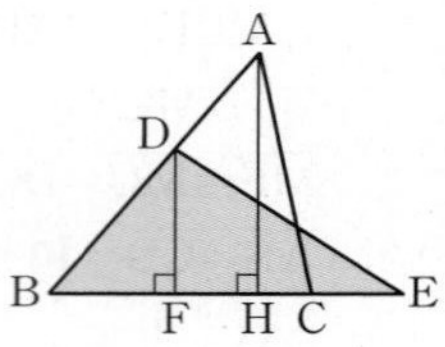

오른쪽 그림과 같이 점 A에서 $\overline{BC}$에 내린 수선의 발을 H라 하고 $\triangle ABC$의 높이를 $\overline{AH}$라 하자. 또, 점 D에서 $\overline{BE}$에 내린 수선의 발을 F라 하고 $\triangle DBE$의 높이를 $\overline{DF}$라 하자.

$\triangle DBF$와 $\triangle ABH$에서

$\angle BFD=\angle BHA=90°$, $\angle B$는 공통이므로

$\triangle DBF\infty\triangle ABH$ (AA 닮음)

$\overline{DF}:\overline{AH}=\overline{BD}:\overline{BA}$

$=\left(1-\dfrac{40}{100}\right)\overline{AB}:\overline{AB}$

$=\dfrac{60}{100}:1$

∴ $\overline{DF}=\dfrac{60}{100}\overline{AH}=\dfrac{3}{5}\overline{AH}$

$\triangle DBE=\dfrac{1}{2}\times\overline{BE}\times\overline{DF}$

$=\dfrac{1}{2}\times\left(1+\dfrac{35}{100}\right)\overline{BC}\times\dfrac{3}{5}\overline{AH}$

$=\dfrac{135}{100}\times\dfrac{3}{5}\times\left(\dfrac{1}{2}\times\overline{BC}\times\overline{AH}\right)$

$=\dfrac{81}{100}\triangle ABC$

$=\left(1-\dfrac{19}{100}\right)\triangle ABC$

따라서 $\triangle DBE$의 넓이는 $\triangle ABC$의 넓이보다 19 % 줄어든 것이다.

05 **풀이전략** 과정을 반복할 때마다 색칠되는 정사각형의 한 변의 길이가 어떻게 변하는 지를 알고, 각 단계의 정사각형의 한 변의 길이를 순서대로 구하여 닮음비를 구한다.

[1단계]에서 색칠되는 정사각형의 한 변의 길이는

$\dfrac{1}{3}\overline{AB}$이고

$\overline{A_1B_1}=\dfrac{2}{3}\overline{AB}$

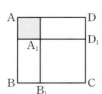

[2단계]에서 새로 색칠되는 정사각형의 한 변의 길이는

$\dfrac{1}{3}\overline{A_1B_1}=\dfrac{1}{3}\times\dfrac{2}{3}\overline{AB}=\dfrac{2}{9}\overline{AB}$이고

$\overline{A_2B_2}=\dfrac{2}{3}\overline{A_1B_1}=\dfrac{2}{3}\times\dfrac{2}{3}\overline{AB}$

$\qquad\quad=\dfrac{4}{9}\overline{AB}$

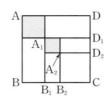

[3단계]에서 새로 색칠되는 정사각형의 한 변의 길이는

$\dfrac{1}{3}\overline{A_2B_2}=\dfrac{1}{3}\times\dfrac{4}{9}\overline{AB}=\dfrac{4}{27}\overline{AB}$이고

$\overline{A_3B_3}=\dfrac{2}{3}\overline{A_2B_2}=\dfrac{2}{3}\times\dfrac{4}{9}\overline{AB}$

$\qquad\quad=\dfrac{8}{27}\overline{AB}$

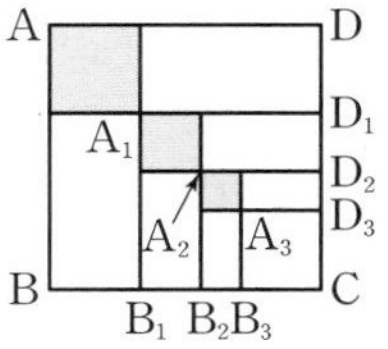

즉, [4단계]에서 새로 색칠되는 정사각형의 한 변의 길이는

$\dfrac{1}{3}\overline{A_3B_3}=\dfrac{1}{3}\times\dfrac{8}{27}\overline{AB}=\dfrac{8}{81}\overline{AB}$

따라서 처음 정사각형의 한 변의 길이는 $\overline{AB}$이고, [4단계]에서 새로 색칠되는 정사각형의 한 변의 길이는 $\dfrac{8}{81}\overline{AB}$이므로 구하는 닮음비는

$\overline{AB} : \dfrac{8}{81}\overline{AB}=81 : 8$

06 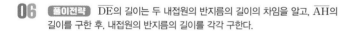 풀이전략 $\overline{DE}$의 길이는 두 내접원의 반지름의 길이의 차임을 알고, $\overline{AH}$의 길이를 구한 후, 내접원의 반지름의 길이를 각각 구한다.

$\triangle ABC$에서

$\overline{AB}\times\overline{AC}=\overline{AH}\times\overline{BC}$이므로

$20\times15=\overline{AH}\times25$

$\therefore \overline{AH}=12(cm)$

$\overline{AB}^2=\overline{BH}\times\overline{BC}$이므로

$20^2=\overline{BH}\times25$

$\therefore \overline{BH}=16(cm)$

$\overline{CH}=\overline{BC}-\overline{BH}$

$\qquad=25-16=9(cm)$

다음 그림과 같이 $\triangle ABH$의 내접원의 반지름의 길이를 R cm 라 하면

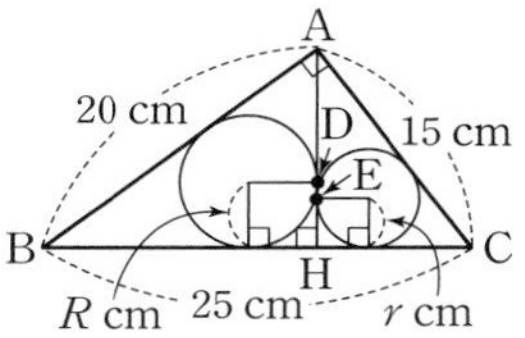

$\triangle ABH=\dfrac{1}{2}\times\overline{BH}\times\overline{AH}$

$\qquad\quad=\dfrac{1}{2}\times R\times(\overline{AB}+\overline{BH}+\overline{HA})$

즉, $\dfrac{1}{2}\times16\times12=\dfrac{1}{2}\times R\times(20+16+12)$

$24R=96 \qquad \therefore R=4$

또한, $\triangle AHC$의 내접원의 반지름의 길이를 r cm라 하면

$\triangle AHC=\dfrac{1}{2}\times\overline{CH}\times\overline{AH}$

$\qquad\quad=\dfrac{1}{2}\times r\times(\overline{AC}+\overline{CH}+\overline{HA})$

즉, $\dfrac{1}{2}\times9\times12=\dfrac{1}{2}\times r\times(15+9+12)$

$18r=54 \qquad \therefore r=3$

$\therefore \overline{DE}=R-r=4-3=1(cm)$

V. 도형의 닮음과 피타고라스 정리

5 평행선 사이의 선분의 길이의 비

본문 58~61쪽

01 ①	02 ②	03 ②	04 ①	05 ②	06 ⑤	07 ⑤
08 ⑤	09 ⑤	10 ②	11 ④	12 ④	13 ⑤	14 ④
15 ②	16 ③					

01 $\overline{BC} /\!/ \overline{DE}$이므로
$\overline{AD} : \overline{DB} = \overline{AE} : \overline{EC} = 9 : 6 = 3 : 2$
또한, $\overline{BC} /\!/ \overline{DE}$이므로
$\overline{AB} : \overline{DB} = \overline{AC} : \overline{EC} = (9+6) : 6 = 5 : 2$
$2\overline{AB} = 5\overline{DB}$
$\therefore \dfrac{\overline{AB}}{\overline{DB}} = \dfrac{5}{2}$

02 $\overline{AD} : \overline{AB} = \overline{DE} : \overline{BC} = 6 : 8 = 3 : 4$이므로
$\overline{AD} = 3a$ cm $(a > 0)$라 하면
$\overline{AB} = 4a$ cm
점 M이 $\overline{DB}$의 중점이고 $\overline{DB} = 7a$ cm이므로
$\overline{MD} = \overline{MB} = \dfrac{1}{2}\overline{DB} = \dfrac{1}{2} \times 7a = \dfrac{7}{2}a \text{(cm)}$
$\therefore \overline{AM} = \overline{MD} - \overline{AD} = \dfrac{7}{2}a - 3a = \dfrac{a}{2} \text{(cm)}$
따라서 $\overline{ED} : \overline{MN} = \overline{AD} : \overline{AM} = 3a : \dfrac{a}{2} = 6 : 1$이므로
$6 : \overline{MN} = 6 : 1,\ 6\overline{MN} = 6$
$\therefore \overline{MN} = 1 \text{(cm)}$

03 $\angle EAB = \angle FBC = \angle GCD = 60°$
즉, 동위각의 크기가 같으므로
$\overline{EA} /\!/ \overline{FB} /\!/ \overline{GC}$
이때 $\overline{HB} = \overline{HA} - \overline{BA} = 8 - 3 = 5 \text{(cm)}$이고
$\triangle HEA$에서 $\overline{HB} : \overline{HA} = \overline{FB} : \overline{EA}$이므로
$5 : 8 = \overline{FB} : 3,\ 8\overline{FB} = 15$
$\therefore \overline{FB} = \dfrac{15}{8} \text{(cm)}$
$\therefore \overline{HC} = \overline{HB} - \overline{CB} = 5 - \dfrac{15}{8} = \dfrac{25}{8} \text{(cm)}$

따라서 $\triangle HFB$에서 $\overline{HC} : \overline{HB} = \overline{GC} : \overline{FB}$이므로
$\dfrac{25}{8} : 5 = \overline{GC} : \dfrac{15}{8},\ 5\overline{GC} = \dfrac{375}{64}$
$\therefore \overline{GC} = \dfrac{75}{64} \text{(cm)}$
$\therefore \overline{DH} = \overline{HC} - \overline{CD} = \dfrac{25}{8} - \dfrac{75}{64} = \dfrac{125}{64} \text{(cm)}$

04 $\overline{BD} : \overline{CD} = \overline{AB} : \overline{AC} = 6 : 9 = 2 : 3$
$\triangle BDE$와 $\triangle CDF$에서
$\angle BDE = \angle CDF$ (맞꼭지각),
$\angle BED = \angle CFD = 90°$이므로
$\triangle BDE \backsim \triangle CDF$ (AA 닮음)
$\overline{DE} : \overline{DF} = \overline{BD} : \overline{CD}$에서 $2 : \overline{DF} = 2 : 3$
$2\overline{DF} = 6$ $\therefore \overline{DF} = 3 \text{(cm)}$

05 $\overline{AB} = x$ cm라 하면
$\triangle ABD : \triangle ADC = \overline{BD} : \overline{CD} = \overline{AB} : \overline{AC} = x : 8$
이므로
$\triangle ABD = \dfrac{x}{x+8} \triangle ABC$
$\qquad = \dfrac{x}{x+8} \times 36$
$\qquad = \dfrac{36x}{x+8} \text{(cm}^2)$
이때 $\triangle ABD = \dfrac{1}{2} \times \overline{AB} \times \overline{DE}$이므로
$\dfrac{36x}{x+8} = \dfrac{1}{2} \times x \times 4$
$x \neq 0$이므로
$\dfrac{36}{x+8} = 2,\ x+8 = 18$
$\therefore x = 10$
$\therefore \overline{AB} = 10$ cm

함정 피하기
$\triangle ABD$와 $\triangle ADC$의 높이가 같으므로 두 삼각형의 넓이의 비는 $\overline{BD}^2 : \overline{CD}^2$이 아니고 밑변의 길이의 비인 $\overline{BD} : \overline{CD}$와 같음에 유의한다.

06 $\overline{AB} : \overline{AC} = \overline{BD} : \overline{CD}$에서 $6 : 4 = 3 : \overline{CD}$
$6\overline{CD} = 12$ $\therefore \overline{CD} = 2 \text{(cm)}$
$\overline{AB} : \overline{AC} = \overline{BE} : \overline{CE}$에서 $6 : 4 = (3+2+\overline{CE}) : \overline{CE}$
$6\overline{CE} = 4(5+\overline{CE}),\ 6\overline{CE} = 20 + 4\overline{CE}$

$2\overline{CE}=20$ $\therefore \overline{CE}=10(cm)$

$\triangle ABD:\triangle ACE=\overline{BD}:\overline{CE}$이므로

$\triangle ABD:20=3:10$, $10\triangle ABD=60$

$\therefore \triangle ABD=6(cm^2)$

07 $\overline{BD}/\!/\overline{FE}$이므로

$\overline{AF}:\overline{AB}=\overline{FE}:\overline{BD}$, $12:(12+4)=9:\overline{BD}$

$12\overline{BD}=144$ $\therefore \overline{BD}=12(cm)$

$\triangle GCE$에서 $\overline{GB}=\overline{BC}$, $\overline{GE}/\!/\overline{BD}$이므로

$\overline{GE}=2\overline{BD}=2\times12=24(cm)$

$\therefore \overline{FG}=\overline{GE}-\overline{FE}=24-9=15(cm)$

08 오른쪽 그림과 같이 $\overline{BA}$의
연장선 위에 점 E를 잡으면

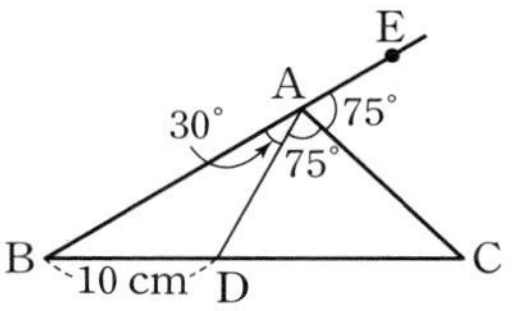

$\angle CAE=180°-(30°+75°)$

　　　　$=75°=\angle CAD$

따라서 $\triangle ABD$에서 $\overline{AC}$는

$\angle BAD$의 외각의 이등분선이므로

$\overline{AB}:\overline{AD}=\overline{BC}:\overline{DC}$, $4:3=(10+\overline{DC}):\overline{DC}$

$4\overline{DC}=3(10+\overline{DC})$, $4\overline{DC}=30+3\overline{DC}$

$\therefore \overline{DC}=30(cm)$

실수하기 쉬운 부분 짚어보기

　$\angle BAD:\angle DAC\ne\overline{BD}:\overline{DC}$임에 유의한다. 보조선을 그어 $\angle BAD$의 외각의 이등분선의 성질을 이용하여 $\overline{DC}$의 길이를 구한다.

09 오른쪽 그림과 같이 $\overline{AD}$의 중점을
G라 하고 $\overline{EG}$를 그으면

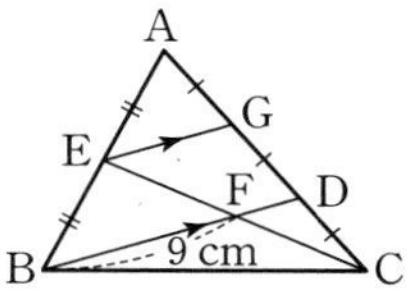

$\overline{AD}:\overline{DC}=2:1$이므로

$\overline{AG}=\overline{GD}=\overline{DC}$

$\triangle ABD$에서 $\overline{FD}=x$ cm라 하면

$\overline{AE}=\overline{EB}$, $\overline{AG}=\overline{GD}$이므로

$\overline{EG}/\!/\overline{BD}$, $\overline{EG}=\dfrac{1}{2}\overline{BD}=\dfrac{1}{2}(9+x)(cm)$

$\triangle GEC$에서 $\overline{GD}=\overline{DC}$, $\overline{EG}/\!/\overline{FD}$이므로

$\overline{FD}=\dfrac{1}{2}\overline{EG}=\dfrac{1}{2}\times\dfrac{1}{2}(9+x)=\dfrac{1}{4}(9+x)=x(cm)$

$9+x=4x$ $\therefore x=3$

$\therefore \overline{FD}=3$ cm

10 $2\overline{AE}=3\overline{EB}$이므로

$\overline{AE}:\overline{EB}=3:2$

$\triangle BDA$에서 $\overline{BE}:\overline{BA}=\overline{EP}:\overline{AD}$이므로

$2:(2+3)=\overline{EP}:4$

$5\overline{EP}=8$ $\therefore \overline{EP}=\dfrac{8}{5}(cm)$

$\triangle ABC$에서 $\overline{AE}:\overline{AB}=\overline{EQ}:\overline{BC}$이므로

$3:(3+2)=\left(\dfrac{8}{5}+3\right):\overline{BC}$

$3\overline{BC}=23$ $\therefore \overline{BC}=\dfrac{23}{3}(cm)$

11 동위각의 크기가 $90°$로 같으므로

$\overline{AB}/\!/\overline{EF}/\!/\overline{DC}$

$\triangle BCD$에서

$\overline{BF}:\overline{BC}=\overline{EF}:\overline{DC}=2:8=1:4$

즉, $\overline{BF}:\overline{BC}=1:4$이므로

$\overline{BF}:(\overline{BF}+8)=1:4$

$\overline{BF}+8=4\overline{BF}$ $\therefore \overline{BF}=\dfrac{8}{3}(cm)$

$\triangle CAB$에서

$\overline{CF}:\overline{CB}=\overline{EF}:\overline{AB}$이므로

$8:\left(8+\dfrac{8}{3}\right)=2:\overline{AB}$

$8\overline{AB}=\dfrac{64}{3}$ $\therefore \overline{AB}=\dfrac{8}{3}(cm)$

$\therefore \triangle ABE=\dfrac{1}{2}\times\dfrac{8}{3}\times\dfrac{8}{3}=\dfrac{32}{9}(cm^2)$

12 오른쪽 그림과 같이 $\overline{AB}=a$라 하면

$6:(6+3)=4:(a+2)$이므로

$6(a+2)=36$, $a+2=6$

$\therefore a=4$

$3:6=a:x$이므로 $3:6=4:x$

$3x=24$ $\therefore x=8$

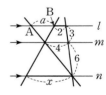

13 $\triangle AEF$에서 $\overline{AG}:\overline{AE}=\overline{AG'}:\overline{AF}=2:3$이므로

$\overline{GG'}/\!/\overline{EF}$

따라서 $\triangle AEF$에서 $\overline{GG'}/\!/\overline{EF}$이므로

$\overline{GG'}:\overline{EF}=\overline{AG}:\overline{AE}=2:3$

즉, $8:\overline{EF}=2:3$이므로

$2\overline{EF}=24$ $\therefore \overline{EF}=12(cm)$

또, 두 점 E와 F는 각각 $\overline{BD}$와 $\overline{DC}$의 중점이므로

$\overline{BE}=\overline{ED}=\overline{DF}=\overline{FC}$

따라서 $\overline{ED}=\dfrac{1}{2}\overline{EF}=6$(cm)이므로

$\overline{BF}=3\overline{ED}=3\times6=18$(cm)

14 오른쪽 그림과 같이 $\overline{AD}$의 중점을 E라

하고 $\overline{BE}$, $\overline{CE}$를 각각 그으면 △EBC

에서 $\overline{EG}:\overline{EB}=\overline{EG'}:\overline{EC}=1:3$이

므로 $\overline{GG'}/\!/\overline{BC}$

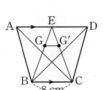

따라서 △EBC에서 $\overline{GG'}/\!/\overline{BC}$이므로

$\overline{GG'}:\overline{BC}=\overline{EG}:\overline{EB}=1:3$

즉, $\overline{GG'}:8=1:3$이므로

$3\overline{GG'}=8$ ∴ $\overline{GG'}=\dfrac{8}{3}$(cm)

15 $\overline{EF}/\!/\overline{DC}$이므로

$\overline{GF}:\overline{GD}=\overline{GE}:\overline{GC}=1:2$

∴ $\overline{GD}=2\overline{GF}$

$\overline{AG}:\overline{GD}=2:1$이므로

$\overline{AG}=2\overline{GD}=2\times2\overline{GF}=4\overline{GF}$

∴ △AEG$=\dfrac{4}{3}$△AEF$=\dfrac{4}{3}\times6=8$(cm²)

점 G는 △ABC의 무게중심이므로

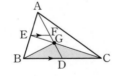

△GBD$=$△GDC

$\quad\quad=$△AEG

$\quad\quad=8$(cm²)

∴ △GBC$=$△GBD$+$△GDC

$\quad\quad\quad=8+8=16$(cm²)

16 오른쪽 그림과 같이 $\overline{AC}$를 그으면

점 P는 △ABC의 무게중심이므로

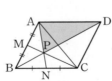

△ABC$=6$△BMP

$\quad\quad\quad=6\times3=18$(cm²)

△APC$=\dfrac{1}{3}$△ABC$=\dfrac{1}{3}\times18=6$(cm²)

△ACD$=$△ABC$=18$ cm²

∴ □APCD$=$△APC$+$△ACD

$\quad\quad\quad\quad=6+18=24$(cm²)

∴ △APD$=\dfrac{1}{2}$□APCD$=\dfrac{1}{2}\times24=12$(cm²)

Level ②　　　　　본문 62~63쪽

01 ②　**02** ②　**03** ③　**04** ②　**05** ①　**06** ①　**07** ①

08 ①

01 오른쪽 그림과 같이 점 E를 지나고

$\overline{BC}$에 수직인 직선을 그어 $\overline{AC}$와

만나는 점을 H라 하면 동위각의

크기가 $90°$로 같으므로

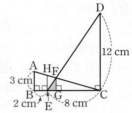

$\overline{AB}/\!/\overline{HE}/\!/\overline{FG}/\!/\overline{DC}$

△CAB에서

$\overline{CE}:\overline{CB}=\overline{HE}:\overline{AB}$이므로

$8:(8+2)=\overline{HE}:3$, $10\overline{HE}=24$

∴ $\overline{HE}=\dfrac{12}{5}$(cm)

$\overline{HE}/\!/\overline{DC}$이므로

$\overline{EF}:\overline{DF}=\overline{HE}:\overline{CD}$

$\quad\quad\quad=\dfrac{12}{5}:12$

$\quad\quad\quad=1:5$

△ECD에서 $\overline{EF}:\overline{ED}=\overline{FG}:\overline{DC}$이므로

$1:(1+5)=\overline{FG}:12$, $6\overline{FG}=12$

∴ $\overline{FG}=2$(cm)

$\overline{EF}:\overline{DF}=\overline{EG}:\overline{GC}$

$\quad\quad\quad=\overline{EG}:(8-\overline{EG})$

$\quad\quad\quad=1:5$

$8-\overline{EG}=5\overline{EG}$ ∴ $\overline{EG}=\dfrac{4}{3}$(cm)

∴ △EGF$=\dfrac{1}{2}\times\dfrac{4}{3}\times2=\dfrac{4}{3}$(cm²)

02 △ABC와 △DBA에서

∠B는 공통, ∠ACB$=$∠DAB이므로

△ABC∽△DBA (AA 닮음)

$\overline{AC}:\overline{DA}=\overline{BC}:\overline{BA}$에서

$20:\overline{DA}=24:12$

$24\overline{DA}=240$ ∴ $\overline{DA}=10$

$\overline{AB}:\overline{DB}=\overline{BC}:\overline{BA}$에서

$12:\overline{DB}=24:12$

$24\overline{DB}=144$ ∴ $\overline{DB}=6$

△ADC에서 $\overline{AD}:\overline{AC}=\overline{DE}:\overline{CE}$이므로

$10:20=\overline{DE}:(24-6-\overline{DE})$

$20\overline{DE}=10(18-\overline{DE})$

$2\overline{DE}=18-\overline{DE}$, $3\overline{DE}=18$

$\therefore \overline{DE}=6$

또, $\overline{DC}=24-6=18$이므로

$\dfrac{\overline{DC}}{\overline{DE}}=\dfrac{18}{6}=3$

03
$\triangle ABD : \triangle ADC = \overline{BD} : \overline{CD}$
$=\overline{AB} : \overline{AC}$
$=(6+4) : 4$
$=5 : 2$

이므로

$\triangle ABD=\dfrac{5}{7}\triangle ABC$

$\triangle AEC : \triangle EBC = \overline{AE} : \overline{EB}=6 : 4=3 : 2$이므로

$\triangle AEC=\dfrac{3}{5}\triangle ABC$

$\triangle EBC=\dfrac{2}{5}\triangle ABC$

이때 $\triangle AEC$에서 $\overline{EF} : \overline{FC}=\overline{AE} : \overline{AC}=6 : 4=3 : 2$이므로

$\triangle AEF=\dfrac{3}{5}\triangle AEC$

$\qquad =\dfrac{3}{5}\times\dfrac{3}{5}\triangle ABC$

$\qquad =\dfrac{9}{25}\triangle ABC$

$\therefore \square EBDF=\triangle ABD-\triangle AEF$

$\qquad =\dfrac{5}{7}\triangle ABC-\dfrac{9}{25}\triangle ABC$

$\qquad =\dfrac{62}{175}\triangle ABC$

$\triangle FDC=\triangle EBC-\square EBDF$

$\qquad =\dfrac{2}{5}\triangle ABC-\dfrac{62}{175}\triangle ABC$

$\qquad =\dfrac{8}{175}\triangle ABC$

$\therefore \dfrac{\triangle AEF}{\triangle FDC}=\dfrac{\dfrac{9}{25}\triangle ABC}{\dfrac{8}{175}\triangle ABC}=\dfrac{63}{8}$

04
$\triangle ABE$에서 $\overline{BF}=\overline{FA}$, $\overline{BD}=\overline{DE}$이므로

$\overline{FD} /\!/ \overline{AE}$

$\triangle FDC$에서 $\overline{DE}=2\overline{EC}$, $\overline{FD} /\!/ \overline{QE}$이므로

$\overline{FD}=3\overline{QE}$

$\triangle ABE$에서 $\overline{AE}=2\overline{FD}=2\times 3\overline{QE}=6\overline{QE}$

$\therefore \overline{AQ}=\overline{AE}-\overline{QE}=6\overline{QE}-\overline{QE}=5\overline{QE}$

$\overline{FP} : \overline{PQ}=\overline{FD} : \overline{AQ}=3\overline{QE} : 5\overline{QE}=3 : 5$이므로

$6 : \overline{PQ}=3 : 5$, $3\overline{PQ}=30$

$\therefore \overline{PQ}=10(\text{cm})$

$\triangle CFD$에서 $\overline{FQ} : \overline{QC}=\overline{DE} : \overline{EC}$이므로

$16 : \overline{QC}=2 : 1$, $2\overline{QC}=16$

$\therefore \overline{QC}=8(\text{cm})$

05 오른쪽 그림과 같이 점 D를 지나고 $\overline{BC}$에 평행한 직선을 그어 $\overline{AE}$와의 교점을 G라 하면

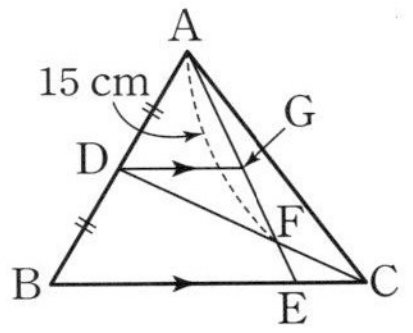

$\triangle DFG \backsim \triangle CFE$ (AA 닮음)이므로

$\overline{GF}=2\overline{EF}$

$\triangle ABE$에서 $\overline{AD}=\overline{DB}$, $\overline{DG} /\!/ \overline{BE}$이므로

$\overline{AG}=\overline{GE}=3\overline{FE}$

이때 $\overline{AF}=\overline{AG}+\overline{GF}=3\overline{FE}+2\overline{FE}=5\overline{FE}$이므로

$5\overline{FE}=15$ $\quad\therefore \overline{FE}=3(\text{cm})$

06 $\triangle AOD \backsim \triangle COB$ (AA 닮음)이므로

$\overline{DO} : \overline{BO}=\overline{AD} : \overline{CB}=8 : 12=2 : 3$

$\triangle BDA$에서 $\overline{BO} : \overline{BD}=\overline{EO} : \overline{AD}$이므로

$3 : (3+2)=\overline{EO} : 8$, $5\overline{EO}=24$

$\therefore \overline{EO}=\dfrac{24}{5}$

$\triangle EGO \backsim \triangle CGB$ (AA 닮음)이므로

$\overline{EG} : \overline{CG}=\overline{EO} : \overline{CB}=\dfrac{24}{5} : 12=2 : 5$

$\triangle COE$에서 $\overline{CG} : \overline{CE}=\overline{GH} : \overline{EO}$이므로

$5 : (2+5)=\overline{GH} : \dfrac{24}{5}$

$7\overline{GH}=24$ $\quad\therefore \overline{GH}=\dfrac{24}{7}$

$\therefore \overline{EO}+\overline{GH}=\dfrac{24}{5}+\dfrac{24}{7}=\dfrac{288}{35}$

07 $\triangle ABE$에서 $\overline{DG} /\!/ \overline{BE}$이므로

$\overline{AD} : \overline{AB}=\overline{AG} : \overline{AE}=2 : 3$

$\therefore \triangle ADE : \triangle ABE=2 : 3$

$\triangle ADE$에서 $\overline{AE} : \overline{GE}=3 : 1$이므로

$\triangle ADE : \triangle DEG=3 : 1$

$\therefore \triangle DEG=\dfrac{1}{3}\triangle ADE$

$\qquad =\dfrac{1}{3}\times\dfrac{2}{3}\triangle ABE$

$$=\frac{2}{9}\triangle ABE$$

$$=\frac{2}{9}\times\frac{1}{2}\triangle ABC$$

$$=\frac{1}{9}\triangle ABC$$

$$=\frac{1}{9}\times 81=9$$

같은 방법으로 하면

$$\triangle GEF=\frac{1}{9}\triangle ABC=\frac{1}{9}\times 81=9$$

$$\therefore \triangle DEF=\triangle DEG+\triangle GEF$$

$$=9+9=18$$

$\triangle ADF\backsim\triangle ABC$ (AA 닮음)이고

$\overline{AG}:\overline{AE}=2:3$이므로

$$\triangle ADF:\triangle ABC=2^2:3^2=4:9$$

$$\therefore \triangle ADF=\frac{4}{9}\triangle ABC=\frac{4}{9}\times 81=36$$

또한, $\triangle ADF$에서

$$\triangle HGI=2\triangle HGG'$$

$$=2\times\frac{1}{9}\triangle ADF$$

$$=2\times\frac{1}{9}\times 36=8$$

$$\therefore \triangle DEF+\triangle HGI=18+8=26$$

08 $\overline{DE}/\!/\overline{BC}$이므로 $\triangle ABI$와 $\triangle AIC$에서

$\overline{DG}:\overline{BI}=\overline{AG}:\overline{AI}=\overline{GE}:\overline{IC}=2:3$

이때 $\overline{BI}=\overline{IC}$이므로

$\overline{DG}=\overline{GE}$

$\triangle ADE$에서 $\overline{DG}=\overline{GE}$, $\overline{AD}/\!/\overline{FG}$이므로

$\overline{AF}=\overline{FE}=\frac{1}{2}\overline{AE}$

또, $\triangle AIC$에서 $\overline{GE}/\!/\overline{IC}$이므로

$\overline{AE}:\overline{EC}=\overline{AG}:\overline{GI}=2:1$

$\therefore \overline{EC}=\frac{1}{2}\overline{AE}$

따라서 $\overline{AF}=\overline{FE}=\overline{EC}$이므로

오른쪽 그림과 같이 $\overline{GC}$를 그으면

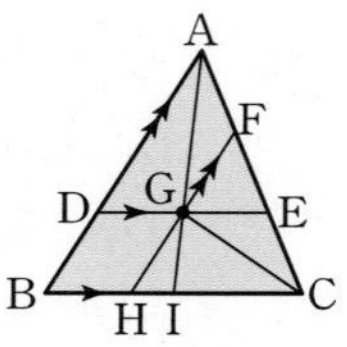

$$\triangle AGC=3\triangle GEF$$

$$=3\times 4=12(\text{cm}^2)$$

$$\therefore \triangle ABC=3\triangle AGC$$

$$=3\times 12=36(\text{cm}^2)$$

본문 64~65쪽

Level 3

01 ⑤ **02** $\frac{147}{125}$ **03** ⑤ **04** ① **05** $\frac{20}{9}$ **06** ③

01 $\triangle ADC$에서 $\overline{AF}=\overline{FC}$, $\overline{DE}=\overline{EC}$이므로

$\overline{AD}/\!/\overline{FE}$

$\triangle FBE$에서 $\overline{BD}=\overline{DE}$, $\overline{PD}/\!/\overline{FE}$이므로

$\overline{FE}=2\overline{PD}$

$\triangle ADC$에서 $\overline{AD}=2\overline{FE}=2\times 2\overline{PD}=4\overline{PD}$

$\therefore \overline{AP}=\overline{AD}-\overline{PD}=4\overline{PD}-\overline{PD}=3\overline{PD}$

$\overline{AP}/\!/\overline{FE}$이므로

$\overline{PQ}:\overline{FQ}=\overline{AP}:\overline{EF}=3\overline{PD}:2\overline{PD}=3:2$

이때 $\triangle FBE$에서 $\overline{BP}=\overline{PF}$이므로

$\overline{BP}:\overline{PQ}:\overline{QF}=\overline{PF}:\overline{PQ}:\overline{QF}$

$$=(3+2):3:2$$

$$=5:3:2$$

$\therefore \triangle BEP:\triangle PEQ:\triangle QEF=5:3:2$

$\triangle QEF=2$이므로 $\triangle BEP=5$, $\triangle PEQ=3$

$\therefore \triangle BEP\times\triangle PEQ=5\times 3=15$

02 $\triangle AEC$에서 $\overline{AF}:\overline{FE}=\overline{AC}:\overline{EC}=12:5$이므로

$\triangle AFC:\triangle FEC=\overline{AF}:\overline{FE}=12:5$

$\triangle FEC=a$라 하면

$\triangle AFC=\frac{12}{5}a$

$\therefore \triangle AEC=\triangle AFC+\triangle FEC$

$$=\frac{12}{5}a+a=\frac{17}{5}a$$

$\triangle AEC:\triangle ABE=\overline{EC}:\overline{BE}=5:3$이므로

$\frac{17}{5}a:\triangle ABE=5:3$

$5\triangle ABE=\frac{51}{5}a$ $\therefore \triangle ABE=\frac{51}{25}a$

$\triangle ABC=\triangle AEC+\triangle ABE$

$$=\frac{17}{5}a+\frac{51}{25}a=\frac{136}{25}a$$

$\triangle ABC$에서 $\overline{AD}:\overline{DB}=\overline{AC}:\overline{BC}=12:8=3:2$이므로

$\triangle ADC:\triangle DBC=\overline{AD}:\overline{DB}=3:2$

$\therefore \triangle DBC=\frac{2}{5}\triangle ABC=\frac{2}{5}\times\frac{136}{25}a=\frac{272}{125}a$

$\therefore \square DBEF=\triangle DBC-\triangle FEC$

$$=\frac{272}{125}a-a=\frac{147}{125}a$$

따라서 $\square DBEF = \dfrac{147}{125}\triangle FEC$이므로

$$k = \dfrac{147}{125}$$

03 오른쪽 그림과 같이 $\overline{AB}$, $\overline{BC}$의 중점을 각각 M, N이라 하고 $\overline{MN}$, $\overline{NH}$를 각각 그으면 $\overline{MN}$ // $\overline{AC}$이고,

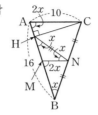

$$\overline{MN} = \dfrac{1}{2}\overline{AC} = \dfrac{1}{2}\times 10 = 5$$

이때 점 N은 직각삼각형 BCH의 빗변의 중점이므로 $\triangle BCH$의 외심이다.

즉, $\overline{BN} = \overline{CN} = \overline{HN}$이므로 $\triangle BNH$는 이등변삼각형이다.

$\angle ABC = \angle x$라 하면

$\angle MBN = \angle MHN = \angle x$

또, $\angle BAC = 2\angle ABC = 2\angle x$이므로

$\angle CAB = \angle NMB = \angle MNH + \angle NHM$

$2\angle x = \angle MNH + \angle x$

$\therefore \angle MNH = \angle x$

즉, $\angle NHM = \angle MNH = \angle x$이므로

$\overline{HM} = \overline{MN} = 5$

$\therefore \overline{AH} = \overline{AM} - \overline{HM} = \dfrac{1}{2}\overline{AB} - \overline{HM}$

$\qquad = 8 - 5 = 3$

04 오른쪽 그림과 같이 점 O를 지나고 $\overline{BQ}$에 평행한 직선을 그어 $\overline{DC}$와의 교점을 E라 하면

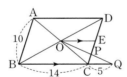

$\triangle DBC$에서

$\overline{DO} = \overline{OB}$, $\overline{OE}$ // $\overline{BC}$이므로

$$\overline{DE} = \overline{EC} = \dfrac{1}{2}\overline{DC} = \dfrac{1}{2}\overline{AB} = \dfrac{1}{2}\times 10 = 5$$

$$\overline{OE} = \dfrac{1}{2}\overline{BC} = \dfrac{1}{2}\times 14 = 7$$

$\overline{OE}$ // $\overline{CQ}$이므로

$\overline{PE} : \overline{PC} = \overline{OE} : \overline{QC} = 7 : 5$

$$\therefore \overline{PC} = \dfrac{5}{12}\overline{EC} = \dfrac{5}{12}\times 5 = \dfrac{25}{12}$$

$$\overline{DP} = \overline{DC} - \overline{PC} = 10 - \dfrac{25}{12} = \dfrac{95}{12}$$

따라서 $\dfrac{\overline{DP}}{\overline{PC}} = \overline{DP} \div \overline{PC} = \dfrac{95}{12} \div \dfrac{25}{12} = \dfrac{95}{12}\times\dfrac{12}{25} = \dfrac{19}{5}$이므로

$\overline{DP}$는 $\overline{PC}$의 $\dfrac{19}{5}$배이다.

$$\therefore k = \dfrac{19}{5}$$

05 오른쪽 그림과 같이 $\overline{BG}$, $\overline{CG}$의 연장선과 $\overline{AC}$, $\overline{AB}$의 교점을 각각 N, M이라 하고 $\overline{MN}$과 $\overline{AD}$의 교점을 F라 하자.

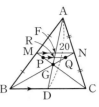

$\overline{AM} = \overline{MB}$, $\overline{AN} = \overline{CN}$이므로

$\overline{MN}$ // $\overline{BC}$

$\overline{AM} = \overline{MB}$, $\overline{MF}$ // $\overline{BD}$이므로

$$\overline{AF} = \overline{FD} = \dfrac{1}{2}\overline{AD} = \dfrac{1}{2}\times 20 = 10$$

점 G는 $\triangle ABC$의 무게중심이므로

$$\overline{AG} = \dfrac{2}{3}\overline{AD} = \dfrac{2}{3}\times 20 = \dfrac{40}{3}$$

$$\therefore \overline{FG} = \overline{AG} - \overline{AF}$$

$$\qquad = \dfrac{40}{3} - 10 = \dfrac{10}{3}$$

두 점 P, Q는 각각 $\triangle GAB$, $\triangle GCA$의 무게중심이므로

$\overline{GP} : \overline{PM} = 2 : 1$, $\overline{GQ} : \overline{QN} = 2 : 1$

이때 $\overline{PQ}$ // $\overline{MN}$이므로

$\overline{GR} : \overline{RF} = 2 : 1$

$$\therefore \overline{FR} = \dfrac{1}{3}\overline{FG} = \dfrac{1}{3}\times\dfrac{10}{3} = \dfrac{10}{9}$$

$$\therefore \overline{RG} = \overline{FG} - \overline{FR}$$

$$\qquad = \dfrac{10}{3} - \dfrac{10}{9} = \dfrac{20}{9}$$

06 $\triangle MCN \backsim \triangle BCD$ (SAS 닮음)이고

$\overline{CN} : \overline{CD} = 1 : 2$이므로

$\triangle MCN : \triangle BCD = 1^2 : 2^2 = 1 : 4$

이때 $\triangle MCN$의 넓이를 a라 하면

즉, $a : \triangle BCD = 1 : 4$이므로

$\triangle BCD = 4a$

$\therefore \triangle ABD = \triangle BCD = 4a$

오른쪽 그림과 같이 $\overline{AC}$를 그으면 두 점 P, Q는 각각 $\triangle ABC$, $\triangle ACD$의 무게중심이므로

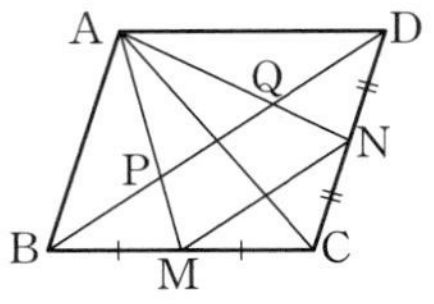

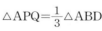

$\overline{BP} = \overline{PQ} = \overline{QD}$

$$\triangle APQ = \dfrac{1}{3}\triangle ABD$$

$$\qquad = \dfrac{1}{3}\times 4a = \dfrac{4}{3}a$$

$\triangle APQ \backsim \triangle AMN$ (SAS 닮음)이고

$\overline{AP} : \overline{AM} = 2 : 3$이므로

$\triangle APQ : \triangle AMN = 2^2 : 3^2 = 4 : 9$

즉, $\triangle APQ : \square PMNQ = 4 : (9-4) = 4 : 5$이므로

$$\dfrac{4}{3}a : \square PMNQ = 4 : 5$$

$4\square\text{PMNQ}=\dfrac{20}{3}a$

$\therefore \square\text{PMNQ}=\dfrac{5}{3}a$

따라서 $\square\text{PMNQ}$의 넓이는 $\triangle\text{MCN}$의 넓이의 $\dfrac{5}{3}$배이다.

$\therefore k=\dfrac{5}{3}$

Level ④　　　　　　　　本文 66~67쪽

01 ②　**02** ③　**03** 117　**04** 3　**05** ⑤　**06** ③　**07** 35

01　【풀이전략】 평행선의 성질을 이용하여 $\overline{\text{AG}}$의 길이를 구한 후, $\square\text{AGHD}$와 $\square\text{GBCH}$의 둘레의 길이를 구한다.

$\triangle\text{EHD}$에서 $\overline{\text{AG}}\,/\!/\,\overline{\text{DH}}$이고
$\overline{\text{EA}}:\overline{\text{AD}}=1:2$이므로
$\overline{\text{EA}}:\overline{\text{ED}}=\overline{\text{EA}}:(\overline{\text{EA}}+\overline{\text{AD}})=1:3$
$\therefore \overline{\text{AG}}:\overline{\text{DH}}=1:3$
$\triangle\text{FGB}$에서 $\overline{\text{HC}}\,/\!/\,\overline{\text{GB}}$이고
$\overline{\text{FC}}:\overline{\text{CB}}=1:3$이므로
$\overline{\text{FC}}:\overline{\text{FB}}=\overline{\text{FC}}:(\overline{\text{FC}}+\overline{\text{CB}})=1:4$
$\therefore \overline{\text{HC}}:\overline{\text{GB}}=1:4$
$\overline{\text{AG}}=a\,(a>0)$라 하면 $\overline{\text{DH}}=3a$이고
$\overline{\text{CH}}=1$이므로 $\overline{\text{GB}}=4$
$\overline{\text{AB}}=\overline{\text{DC}}$이므로

$a+4=3a+1$　$\therefore a=\dfrac{3}{2}$

$(\square\text{AGHD}의\ 둘레의\ 길이)=\overline{\text{AG}}+\overline{\text{GH}}+\overline{\text{HD}}+\overline{\text{DA}}$
$\qquad\qquad\qquad\qquad=\overline{\text{AD}}+\overline{\text{GH}}+\dfrac{3}{2}+\dfrac{9}{2}$
$\qquad\qquad\qquad\qquad=\overline{\text{AD}}+\overline{\text{GH}}+6$

$(\square\text{GBCH}의\ 둘레의\ 길이)=\overline{\text{BG}}+\overline{\text{GH}}+\overline{\text{HC}}+\overline{\text{CB}}$
$\qquad\qquad\qquad\qquad=\overline{\text{BC}}+\overline{\text{GH}}+1+4$
$\qquad\qquad\qquad\qquad=\overline{\text{BC}}+\overline{\text{GH}}+5$

따라서 $\overline{\text{AD}}=\overline{\text{BC}}$이므로 $\square\text{AGHD}$와 $\square\text{GBCH}$의 둘레의 길이의 차는
$(\overline{\text{AD}}+\overline{\text{GH}}+6)-(\overline{\text{BC}}+\overline{\text{GH}}+5)=1$

02　【풀이전략】 삼각형에서 평행선과 선분의 길이의 비와 무게중심을 이용하여 $\square\text{ABCD}$와 $\triangle\text{HFC}$의 넓이의 비를 구한다.

$\overline{\text{AB}}$와 $\overline{\text{DC}}$의 연장선이 만나는 점을 I라 하자.
$\triangle\text{IAD}$와 $\triangle\text{IBC}$에서
$\overline{\text{AD}}\,/\!/\,\overline{\text{BC}}$이므로
$\angle\text{IAD}=\angle\text{IBC},\ \angle\text{IDA}=\angle\text{ICB}$
　　　　　　　　　　　　(동위각)
$\therefore \triangle\text{IAD}\backsim\triangle\text{IBC}$ (AA 닮음)
이때 $\overline{\text{BC}}=3\overline{\text{AD}}$이므로 $\triangle\text{IAD}$와 $\triangle\text{IBC}$의 닮음비는 $1:3$이고 $\triangle\text{IAD}:\triangle\text{IBC}=1^2:3^2=1:9$이다.
$\square\text{ABCD}:\triangle\text{IBC}=(\triangle\text{IBC}-\triangle\text{IAD}):\triangle\text{IBC}$
$\qquad\qquad\qquad\quad=(9-1):9$
$\qquad\qquad\qquad\quad=8:9$
$\qquad\qquad\qquad\quad=16:18$　　……㉠
한편, $\overline{\text{IA}}:\overline{\text{IB}}=1:3$이므로 $\overline{\text{IA}}:\overline{\text{AB}}=1:2=2:4$이고
$\overline{\text{AG}}:\overline{\text{GB}}=1:3$이므로 $\overline{\text{IA}}:\overline{\text{AG}}:\overline{\text{GB}}=2:1:3$
$\therefore \overline{\text{IG}}=\overline{\text{GB}}$
따라서 $\overline{\text{CG}},\overline{\text{IF}}$는 $\triangle\text{IBC}$의 중선이므로 점 H는 $\triangle\text{IBC}$의 무게중심이다.
$\triangle\text{HFC}:\triangle\text{IBC}=1:6=3:18$　　……㉡
㉠, ㉡에서 $\square\text{ABCD}:\triangle\text{HFC}=16:3$
따라서 $a=16,\ b=3$이므로
$a+b=19$

참고 ①

a와 b가 서로소인 자연수일 때, $a:b$는 가장 간단한 자연수의 비이다.

참고 ②

직선 EF가 점 I를 지나는 이유는?
$\overline{\text{IF}}$와 $\overline{\text{AD}}$의 교점을 M이라 할 때, 두 점 E, M이 일치함을 보이면 된다.
즉, $\overline{\text{AM}}=\overline{\text{MD}}$임을 보이자.
$\triangle\text{IAM}$과 $\triangle\text{IBF}$에서
$\overline{\text{AD}}\,/\!/\,\overline{\text{BC}}$이므로
$\angle\text{IAM}=\angle\text{IBF}$
$\angle\text{IMA}=\angle\text{IFB}$ (동위각)
$\therefore \triangle\text{IAM}\backsim\triangle\text{IBF}$ (AA 닮음)
이때 $\triangle\text{IAM}$과 $\triangle\text{IBF}$의 닮음비는 $\overline{\text{IM}}:\overline{\text{IF}}$이다.
마찬가지로 $\triangle\text{IMD}\backsim\triangle\text{IFC}$ (AA 닮음)이고 두 삼각형의 닮음비도 $\overline{\text{IM}}:\overline{\text{IF}}$이다.
이때 $\overline{\text{AM}}:\overline{\text{BF}}=\overline{\text{IM}}:\overline{\text{IF}}=\overline{\text{MD}}:\overline{\text{FC}}$이고 $\overline{\text{BF}}=\overline{\text{FC}}$이므로 $\overline{\text{AM}}=\overline{\text{MD}}$이다.
따라서 두 점 E, M이 일치하며 직선 EF가 점 I를 지난다.

03 　**풀이전략** 각의 이등분선의 성질을 이용하여 $\overline{DF}$의 길이를 구한 후, □ADFE의 넓이를 구한다.

△ABC에서 내각의 이등분선의 성질에 의하여
$\overline{BA}:\overline{BC}=\overline{AE}:\overline{CE}$이므로
$\overline{AE}:\overline{CE}=10:8=5:4$
오른쪽 그림과 같이 $\overline{AF}$를 그으면
△FAE : △FCE=5 : 4이므로
$\triangle FAE=\dfrac{5}{4}S$

∴ △AFC=△FAE+△FCE
$\qquad =\dfrac{5}{4}S+S=\dfrac{9}{4}S$

한편, 점 D가 $\overline{AB}$의 중점이므로
$\overline{DB}=5$
△DBC에서 $\overline{BF}$는 ∠B의 이등분선이므로 내각의 이등분선의 성질에 의하여
$\overline{BD}:\overline{BC}=\overline{DF}:\overline{CF}$, 즉 $\overline{DF}:\overline{CF}=5:8$
△ADF : △AFC=5 : 8이므로
$\triangle ADF=\dfrac{5}{8}\triangle AFC=\dfrac{5}{8}\times\dfrac{9}{4}S=\dfrac{45}{32}S$
□ADFE=△ADF+△AFE
$\qquad =\dfrac{45}{32}S+\dfrac{5}{4}S=\dfrac{85}{32}S$

따라서 $p=32$, $q=85$이므로
$p+q=117$

04 　**풀이전략** 각의 이등분선의 성질과 삼각형의 무게중심을 이용하여 △EOA의 넓이를 구한다.

$\overline{OE}$의 연장선과 $\overline{AB}$가 만나는 점을 F라 하자.
△BOA에서 내각의 이등분선의 성질에 의하여
$\overline{OA}:\overline{OB}=\overline{AF}:\overline{BF}$
$\overline{OA}=\overline{OB}$이므로 $\overline{AF}=\overline{BF}$
또한, $\overline{OD}=\overline{DA}$이므로 점 E는 △BOA의 무게중심이다.
한편, $\overline{AC}=\dfrac{1}{2}\overline{OA}=\dfrac{1}{2}\times6=3$이므로
$\triangle BOA=\dfrac{1}{2}\times6\times3=9$
∴ $\triangle EOA=\dfrac{1}{3}\triangle BOA=\dfrac{1}{3}\times9=3$

05 　**풀이전략** 평행선의 성질과 닮음비를 이용하여 △GAE, △HCF의 넓이를 구한 후, 오각형 AGFCD의 넓이를 구한다.

$\overline{GB}/\!/\overline{CH}$이므로 $\overline{GF}:\overline{HF}=\overline{BF}:\overline{CF}=3:1$
또한, $\overline{AD}=\overline{BC}$이므로 $\overline{EA}:\overline{BC}=1:2=2:4$
따라서 $\overline{BC}=\overline{BF}+\overline{FC}$이므로 $\overline{EA}:\overline{BF}=2:3$이고
$\overline{EA}/\!/\overline{BF}$이므로 $\overline{EG}:\overline{GF}=2:3$이다.
∴ $\overline{EG}:\overline{GF}:\overline{FH}=2:3:1$
△GBF와 △HDE에서
$\overline{ED}/\!/\overline{BF}$이므로 ∠GFB=∠HED (엇각),
∠GBF=∠HDE (평행사변형의 대각)
∴ △GBF ∽ △HDE (AA 닮음)
따라서 두 삼각형의 닮음비는 $\overline{GF}:\overline{HE}=3:6=1:2$이다.
두 삼각형의 넓이의 비는 $1^2:2^2=1:4$이므로
△HDE=4△GBF=4×9=36
△GBF와 △GAE에서
$\overline{EA}/\!/\overline{BF}$이므로
∠GFB=∠GEA, ∠GBF=∠GAE (엇각)
∴ △GBF ∽ △GAE (AA 닮음)
따라서 두 삼각형의 닮음비는 $\overline{GF}:\overline{GE}=3:2$이다.
두 삼각형의 넓이의 비는 $3^2:2^2=9:4$이므로
△GAE=4
△GBF와 △HCF에서
$\overline{GB}/\!/\overline{CH}$이므로
∠BGF=∠CHF, ∠GBF=∠HCF (엇각)
∴ △GBF ∽ △HCF (AA 닮음)
따라서 두 삼각형의 닮음비는 $\overline{GF}:\overline{HF}=3:1$이다.
두 삼각형의 넓이의 비는 $3^2:1^2=9:1$이므로
△HCF=1
따라서 오각형 AGFCD의 넓이는
△HDE−△GAE−△HCF=36−4−1=31

06 　**풀이전략** 삼각형의 두 변의 중점을 연결한 선분의 성질과 삼각형의 합동을 이용하여 주어진 문장의 참, 거짓을 판단한다.

$\overline{AC}$, $\overline{BD}$를 그으면 △ABD, △CBD에서 삼각형의 두 변의 중점을 연결한 선분의 성질에 의하여
$\overline{EH}=\dfrac{1}{2}\overline{BD}=\overline{FG}$이고 $\overline{EH}/\!/\overline{BD}/\!/\overline{FG}$이다.
$\overline{EH}=\overline{FG}$이고 $\overline{EH}/\!/\overline{FG}$이므로 □EFGH는 평행사변형이다.
ㄱ. $\overline{AC}=\overline{BD}$이면 △DAC, △ABD에서 삼각형의 두 변의 중점을 연결한 선분의 성질에 의하여
$\overline{HG}=\dfrac{1}{2}\overline{AC}=\dfrac{1}{2}\overline{BD}=\overline{EH}$이므로 □EFGH는 마름모이다.
따라서 마름모의 대각선은 서로를 수직이등분하므로
$\overline{EG}\perp\overline{FH}$이다. (참)

ㄴ. 오른쪽 그림과 같이 □ABCD가
  정사각형이 아닌 마름모인 경우
  $\overline{EG}$와 $\overline{FH}$는 수직이 아니다.

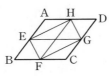

(거짓)

ㄷ. $\overline{AC}$와 $\overline{BD}$의 교점을 I라 하자.

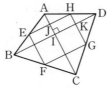

△ABC와 △ADC에서
$\overline{AB}=\overline{AD}$, $\overline{BC}=\overline{DC}$,
$\overline{AC}$는 공통이므로
△ABC≡△ADC (SSS 합동)
∴ ∠BAI=∠DAI
△ABD가 $\overline{AB}=\overline{AD}$인 이등변삼각형이고
∠BAI=∠DAI이므로 $\overline{AI}$는 꼭지각의 이등분선이다.
따라서 이등변삼각형의 성질에 의하여
∠AID=90°
$\overline{AI}$와 $\overline{EH}$의 교점을 J, $\overline{HG}$와 $\overline{DI}$의 교점을 K라 하자.
$\overline{JI}/\!/\overline{HK}$, $\overline{JH}/\!/\overline{IK}$이므로 □JIKH는 평행사변형이고
∠JHK=∠JIK=90°이다.
따라서 □EFGH는 ∠EHG=90°인 평행사변형이므로 직
사각형이다.
즉, 직사각형의 대각선의 길이는 같으므로 $\overline{EG}=\overline{FH}$이다.

(참)

따라서 옳은 것은 ㄱ, ㄷ이다.

07 **풀이전략** 삼각형의 두 변의 중점을 연결한 선분의 성질과 평행선의 성질을
이용하여 자연수 a의 최솟값을 구한다.

오른쪽 그림과 같이 점 D를 지나고 $\overline{BC}$
와 평행한 직선이 $\overline{AE}$와 만나는 점을 I,
점 F를 지나고 $\overline{BC}$와 평행한 직선이
$\overline{AE}$와 만나는 점을 J라 하자.

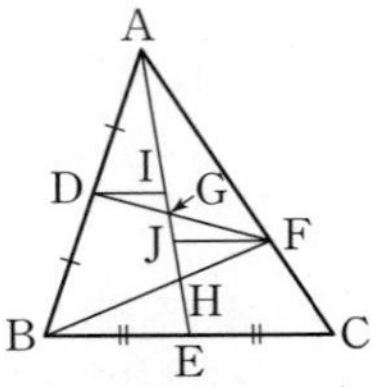

△ABE에서 $\overline{DI}/\!/\overline{BE}$이고 $\overline{AD}=\overline{DB}$
이므로 삼각형의 두 변의 중점을 연결한 선분의 성질에 의하여
$\overline{AI}=\overline{IE}$이고 $\overline{AI}:\overline{AE}=\overline{DI}:\overline{BE}=1:2=3:6$이다.
또한, △AEC에서 $\overline{JF}/\!/\overline{EC}$이고 $\overline{AF}:\overline{AC}=2:3$이므로
$\overline{AJ}:\overline{AE}=\overline{JF}:\overline{EC}=2:3=4:6$
$\overline{BE}=\overline{EC}$이므로 $\overline{DI}:\overline{JF}:\overline{BE}=3:4:6$이고
$\overline{AI}:\overline{IJ}:\overline{JE}=3:1:2$
$\overline{DI}/\!/\overline{JF}$이고 $\overline{DI}:\overline{JF}=3:4$이므로
$\overline{IG}:\overline{GJ}=3:4$
∴ $\overline{GJ}=\dfrac{4}{7}\overline{IJ}=\dfrac{4}{7}\times\dfrac{1}{6}\overline{AE}=\dfrac{2}{21}\overline{AE}$
$\overline{JF}/\!/\overline{BE}$이고 $\overline{JF}:\overline{BE}=2:3$이므로
$\overline{JH}:\overline{HE}=2:3$

∴ $\overline{JH}=\dfrac{2}{5}\overline{JE}=\dfrac{2}{5}\times\dfrac{1}{3}\overline{AE}=\dfrac{2}{15}\overline{AE}$

$\overline{GH}=\overline{GJ}+\overline{JH}$

$=\dfrac{2}{21}\overline{AE}+\dfrac{2}{15}\overline{AE}$

$=\dfrac{10}{105}\overline{AE}+\dfrac{14}{105}\overline{AE}$

$=\dfrac{24}{105}\overline{AE}$

$=\dfrac{8}{35}a$

따라서 $\overline{GH}$의 길이가 자연수가 되기 위한 자연수 a의 최솟값은
35이다.

6 피타고라스 정리

Level 1 본문 70~73쪽

01 ⑤ **02** ④ **03** ② **04** ③ **05** ① **06** ③ **07** ②

08 ③ **09** ① **10** $\dfrac{336}{25}$ **11** ⑤ **12** ③ **13** ④ **14** ③

15 ① **16** 20π

---

01 오른쪽 그림과 같이 꼭짓점 C에서 $\overline{AB}$의
연장선에 내린 수선의 발을 H라 하자.
△ABD에서
$\overline{BD}^2 = 10^2 - 6^2 = 64$
이때 $\overline{BD} > 0$이므로 $\overline{BD} = 8$
△BCD에서
$\overline{CD}^2 = 17^2 - 8^2 = 225$
이때 $\overline{CD} > 0$이므로 $\overline{CD} = 15$
즉, $\overline{BH} = \overline{DC} = 15$, $\overline{HC} = \overline{BD} = 8$
이므로 △AHC에서
$\overline{AC}^2 = (6+15)^2 + 8^2 = 505$

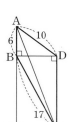

02 $\overline{AB} = \overline{BC} = \overline{CD} = \overline{DE} = \overline{EF} = a$라 하면
△ACB에서 $\overline{AC}^2 = a^2 + a^2 = 2a^2$
△ADC에서 $\overline{AD}^2 = \overline{AC}^2 + \overline{CD}^2 = 2a^2 + a^2 = 3a^2$
△AED에서 $\overline{AE}^2 = \overline{AD}^2 + \overline{DE}^2 = 3a^2 + a^2 = 4a^2$
이때 $\overline{AE} > 0$이므로 $\overline{AE} = 2a$
$\therefore \triangle AFE = \dfrac{1}{2} \times a \times 2a = a^2$
즉, $a^2 = 16$이고 $a > 0$이므로
$a = 4$
$\therefore \overline{AB} = 4$

03 △ABE에서 $\overline{BE}^2 = 5^2 - 4^2 = 9$
이때 $\overline{BE} > 0$이므로 $\overline{BE} = 3$(cm)
△ABE∽△FEA (AA 닮음)이므로
$\overline{BE} : \overline{EA} = \overline{EA} : \overline{AF}$에서
$3 : 5 = 5 : \overline{AF}$
$3\overline{AF} = 25$ $\therefore \overline{AF} = \dfrac{25}{3}$(cm)

$\therefore \overline{DF} = 10 - \dfrac{25}{3} = \dfrac{5}{3}$(cm)

04 오른쪽 그림과 같이 $\overline{CG}$의 연장선이
$\overline{AB}$와 만나는 점을 M이라 하자.
점 G는 직각삼각형 ABC의 무게중
심이므로
$\overline{CM} = \dfrac{3}{2}\overline{CG} = \dfrac{3}{2} \times 10 = 15$
점 M은 직각삼각형 ABC의 외심이므로
$\overline{AM} = \overline{BM} = \overline{CM} = 15$
$\therefore \overline{AB} = \overline{AM} + \overline{BM} = 15 + 15 = 30$
△ABC에서 $\overline{BC}^2 = 30^2 - 18^2 = 576$
이때 $\overline{BC} > 0$이므로 $\overline{BC} = 24$

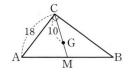

05 △ABC는 이등변삼각형이므로 오른쪽 그림
과 같이 꼭짓점 A에서 $\overline{BC}$에 내린 수선의 발
을 H라 하면 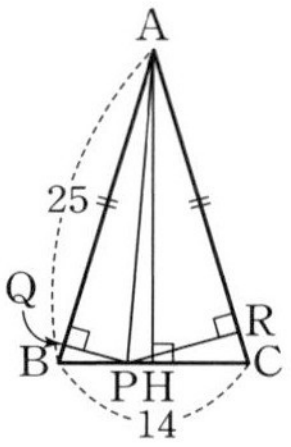
$\overline{BH} = \dfrac{1}{2}\overline{BC} = \dfrac{1}{2} \times 14 = 7$
△AHC에서
$\overline{AH}^2 = 25^2 - 7^2 = 576$
이때 $\overline{AH} > 0$이므로 $\overline{AH} = 24$
$\triangle ABC = \dfrac{1}{2} \times 14 \times 24 = 168$
$\overline{AP}$를 그으면 △ABC = △ABP + △APC에서
$168 = \dfrac{1}{2} \times 25 \times \overline{PQ} + \dfrac{1}{2} \times 25 \times \overline{PR}$
$168 = \dfrac{25}{2}(\overline{PQ} + \overline{PR})$
$\therefore \overline{PQ} + \overline{PR} = \dfrac{336}{25}$

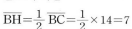

06 $\overline{CM} = \overline{MF} = x$라 하면
△ABE에서 $\overline{AE}^2 = 3^2 + (2x)^2 = 9 + 4x^2$
△AMC에서 $\overline{AM}^2 = 6^2 + x^2 = 36 + x^2$
이때 △AEM은 정삼각형이므로
$\overline{AE} = \overline{AM}$
즉, $\overline{AE}^2 = \overline{AM}^2$에서
$9 + 4x^2 = 36 + x^2$, $3x^2 = 27$
$x^2 = 9$ $\therefore x = 3$ $(\because x > 0)$

따라서 $\overline{CM}=\overline{MF}=3$이므로 이 삼각기둥의 높이는

$\overline{CM}+\overline{MF}=3+3=6$

07 꼭짓점 C가 점 E에 오도록 접었으므로

$\overline{BE}=\overline{BC}=15$ cm

$\angle BEF=\angle C=90°$

$\triangle ABE$에서 $\overline{AE}^2=15^2-9^2=144$

이때 $\overline{AE}>0$이므로 $\overline{AE}=12$(cm)

$\therefore \overline{DE}=\overline{AD}-\overline{AE}=15-12=3$(cm)

$\triangle ABE$와 $\triangle DEF$에서

$\angle A=\angle D=90°$,

$\angle ABE=90°-\angle AEB=\angle DEF$이므로

$\triangle ABE\backsim\triangle DEF$ (AA 닮음)

따라서 $\overline{AB}:\overline{DE}=\overline{BE}:\overline{EF}$이므로

$9:3=15:\overline{EF}$, $9\overline{EF}=45$

$\therefore \overline{EF}=5$(cm)

$\therefore \triangle BEF=\dfrac{1}{2}\times15\times5=\dfrac{75}{2}$(cm^2)

08

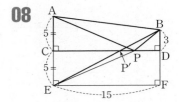

위의 그림과 같이 점 A와 $\overline{CD}$에 대하여 대칭인 점을 E라 하면

$\overline{AP}=\overline{EP}$이므로

$\overline{AP}+\overline{BP}=\overline{EP}+\overline{BP}\geq\overline{BE}$

점 E에서 $\overline{BD}$의 연장선에 내린 수선의 발을 F라 하면

$\overline{DF}=\overline{CE}=5$이므로

$\overline{BF}=3+5=8$

$\triangle BEF$에서 $\overline{BE}^2=15^2+8^2=289$

이때 $\overline{BE}>0$이므로 $\overline{BE}=17$

따라서 구하는 최솟값은 17이다.

09 오른쪽 그림과 같이 일차방정식

$4x+3y=24$의 그래프가 x축, y축과

만나는 점을 각각 A, B라 하자.

일차방정식 $4x+3y=24$의 그래프의

x절편은 6, y절편은 8이므로

$\overline{OA}=6$, $\overline{OB}=8$

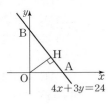

$\triangle AOB$에서 $\overline{AB}^2=6^2+8^2=100$

이때 $\overline{AB}>0$이므로 $\overline{AB}=10$

따라서 $\overline{OA}\times\overline{OB}=\overline{AB}\times\overline{OH}$이므로

$6\times8=10\times\overline{OH}$

$\therefore \overline{OH}=\dfrac{24}{5}$

10 $\triangle ABC$에서 $\overline{BC}^2=12^2+16^2=400$

이때 $\overline{BC}>0$이므로 $\overline{BC}=20$

$\overline{AC}^2=\overline{CH}\times\overline{CB}$이므로

$12^2=\overline{CH}\times20$ $\therefore \overline{CH}=\dfrac{36}{5}$

점 M은 직각삼각형 ABC의 외심이므로

$\overline{AM}=\overline{BM}=\overline{CM}$

$=\dfrac{1}{2}\overline{BC}=\dfrac{1}{2}\times20=10$

$\therefore \overline{MH}=\overline{CM}-\overline{CH}$

$=10-\dfrac{36}{5}=\dfrac{14}{5}$

또, $\overline{AB}\times\overline{AC}=\overline{BC}\times\overline{AH}$이므로

$16\times12=20\times\overline{AH}$ $\therefore \overline{AH}=\dfrac{48}{5}$

$\therefore \triangle AMH=\dfrac{1}{2}\times\overline{MH}\times\overline{AH}$

$=\dfrac{1}{2}\times\dfrac{14}{5}\times\dfrac{48}{5}=\dfrac{336}{25}$

11 $\triangle ABC$에서

$\overline{AB}^2=17^2-15^2=64$

이때 $\overline{AB}>0$이므로 $\overline{AB}=8$

오른쪽 그림과 같이 $\overline{AB}$를 한 변으로 하

는 정사각형 AHIB를 그리면

$\square BDGF=\square AHIB$

$=\overline{AB}^2$

$=64$

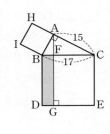

12 삼각형이 되기 위한 조건에 의하여

$8-6<x<8+6$

$\therefore 2<x<14$

이를 만족시키는 자연수 x의 값은 3, 4, 5, $\cdots$, 12, 13이다.

(i) 8이 가장 긴 변의 길이일 때

$8^2>x^2+6^2$에서 $x^2<28$

따라서 가능한 자연수 x의 값은 3, 4, 5이다.

(ii) x가 가장 긴 변의 길이일 때

$x^2 > 6^2 + 8^2$에서 $x^2 > 100$

따라서 가능한 자연수 x의 값은 11, 12, 13이다.

(i), (ii)에 의하여 조건을 만족시키는 자연수 x의 값은 3, 4, 5, 11, 12, 13이므로 6개이다.

13

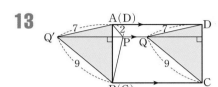

위의 그림과 같이 $\triangle DQC$의 $\overline{DC}$가 $\overline{AB}$와 겹치도록 평행이동시키면

$\square AQ'BP$에서 $\overline{AQ'}^2 + \overline{BP}^2 = \overline{AP}^2 + \overline{Q'B}^2$이므로

$7^2 + \overline{BP}^2 = 2^2 + 9^2$

$\overline{BP}^2 = 36$

이때 $\overline{BP} > 0$이므로 $\overline{BP} = 6$

14 $\overline{AB} = a$ cm라 하면

(색칠한 부분의 넓이) $= \triangle ABC$이므로

$\triangle ABC = \dfrac{1}{2} \times a \times a = \dfrac{1}{2}a^2$

즉, $\dfrac{1}{2}a^2 = 25$이므로

$a^2 = 50$

$\triangle ABC$에서

$\overline{BC}^2 = a^2 + a^2 = 2a^2$

$\qquad = 2 \times 50 = 100$

이때 $\overline{BC} > 0$이므로 $\overline{BC} = 10$(cm)

15 오른쪽 그림과 같이 색칠한 부분의 넓이를 각각 S_1, S_2, S_3, S_4라 하고 원에 내접하는 직사각형을 $\square ABCD$라 하자. $\overline{BD}$를 그으면

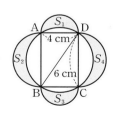

$S_1 + S_2 = \triangle ABD$

$S_3 + S_4 = \triangle BCD$

$\therefore$ (색칠한 부분의 넓이) $= S_1 + S_2 + S_3 + S_4$

$\qquad = \triangle ABD + \triangle BCD$

$\qquad = \square ABCD$

$\qquad = 4 \times 6 = 24 (\text{cm}^2)$

16 밑면의 둘레의 길이는

$2\pi \times 3 = 6\pi$

이므로 원기둥의 옆면을 두 바퀴 돌았을 때의 전개도는 오른쪽 그림과 같다. 따라서 구하는 최단 거리는 $\overline{AB''}$의 길이이므로

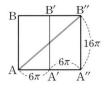

$\triangle AA''B''$에서

$\overline{AB''}^2 = (12\pi)^2 + (16\pi)^2 = 400\pi^2$

이때 $\overline{AB''} > 0$이므로 $\overline{AB''} = 20\pi$

따라서 구하는 최단 거리는 20π이다.

Level **2**   본문 74~75쪽

01 ②   **02** ①   **03** ⑤   **04** ③   **05** ②   **06** ④   **07** ①

08 ④

01 $\triangle ABE$에서 $\overline{AE}^2 = 20^2 - 16^2 = 144$

이때 $\overline{AE} > 0$이므로 $\overline{AE} = 12$

$\overline{EC} = \overline{AC} - \overline{AE} = 16 - 12 = 4$

또, $\triangle DCE$와 $\triangle BAE$에서

$\angle DCE = \angle BAE = 90°$,

$\angle DEC = \angle BEA$ (맞꼭지각)이므로

$\triangle DCE \backsim \triangle BAE$ (AA 닮음)

즉, $\overline{EC} : \overline{EA} = 4 : 12 = 1 : 3$이므로

$\overline{CD} = \dfrac{1}{3} \overline{AB} = \dfrac{16}{3}$

$\therefore \triangle AED = \dfrac{1}{2} \times \overline{AE} \times \overline{CD}$

$\qquad\qquad = \dfrac{1}{2} \times 12 \times \dfrac{16}{3} = 32$

02 원뿔의 전개도를 그리면 오른쪽 그림과 같고 실의 최소 길이는 $\overline{PQ}$의 길이와 같다.

부채꼴의 중심각의 크기를 $x°$라 하면

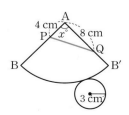

$2\pi \times 12 \times \dfrac{x}{360} = 2\pi \times 3$

$\therefore x = 90$

따라서 $\triangle$APQ는 $\angle$A$=90°$인 직각삼각형이므로

$l^2 = 4^2 + 8^2 = 80$

03

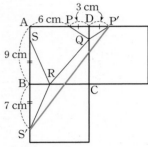

위의 그림과 같이 점 P를 $\overline{CD}$에 대하여 대칭이동한 점을 P′, 점 S를 $\overline{BC}$에 대하여 대칭이동한 점을 S′이라 하면

$\overline{PQ} + \overline{QR} + \overline{RS} = \overline{P'Q} + \overline{QR} + \overline{RS'} \geq \overline{P'S'}$

$\triangle$P′AS′에서

$\overline{P'S'}^2 = (6+3+3)^2 + (9+7)^2 = 400$

이때 $\overline{P'S'} > 0$이므로 $\overline{P'S'} = 20\,(\text{cm})$

따라서 구하는 최단 거리는 $20\,\text{cm}$이다.

04 $\overline{DE} : \overline{EF} = 4 : 5$이므로 $\overline{DE} = 4a\,\text{cm}$, $\overline{EF} = 5a\,\text{cm}$ $(a > 0)$

라 하면

$\triangle$DEF에서 $\overline{DF}^2 = (5a)^2 - (4a)^2 = 9a^2$

이때 $\overline{DF} > 0$이므로 $\overline{DF} = 3a\,(\text{cm})$

$\overline{DC} = \overline{DF} + \overline{FC} = 24\,(\text{cm})$이므로

$3a + 5a = 24$, $8a = 24$ $\therefore a = 3$

$\therefore \overline{DE} = 4 \times 3 = 12\,(\text{cm})$

$\overline{DF} = 3 \times 3 = 9\,(\text{cm})$

$\overline{EF} = 5 \times 3 = 15\,(\text{cm})$

한편, $\triangle$DEF와 $\triangle$AGE에서

$\angle$D$=\angle$A$=90°$,

$\angle$DFE$=90°-\angle$DEF$=\angle$AEG이므로

$\triangle$DEF$\infty$$\triangle$AGE (AA 닮음)

따라서 $\overline{DF} : \overline{AE} = \overline{EF} : \overline{GE}$이므로

$9 : 12 = 15 : \overline{GE}$, $9\overline{GE} = 180$

$\therefore \overline{GE} = 20\,(\text{cm})$

$\therefore \overline{GH} = \overline{EH} - \overline{EG}$

$= \overline{BC} - \overline{EG}$

$= 24 - 20 = 4\,(\text{cm})$

05 $\triangle$ABF에서 $\overline{DE} /\!/ \overline{BF}$이므로

$\overline{AE} : \overline{EF} = \overline{AD} : \overline{DB}$

$\therefore \overline{AD} : \overline{DB} = 2 : 3$

$\triangle$ABC에서 $\overline{DF} /\!/ \overline{BC}$이므로

$\overline{AF} : \overline{FC} = \overline{AD} : \overline{DB} = 2 : 3$

$\overline{DF} : \overline{BC} = 2 : (2+3) = 2 : 5$

이때 $\overline{DF} = 4$이므로 $4 : \overline{BC} = 2 : 5$

$2\overline{BC} = 20$ $\therefore \overline{BC} = 10$

따라서 $\triangle$ABC에서

$\overline{BF}^2 + \overline{CD}^2 = (\overline{AB}^2 + \overline{AF}^2) + (\overline{AC}^2 + \overline{AD}^2)$

$= (\overline{AF}^2 + \overline{AD}^2) + (\overline{AB}^2 + \overline{AC}^2)$

$= \overline{DF}^2 + \overline{BC}^2$

$= 4^2 + 10^2 = 116$

06 오른쪽 그림의 $\triangle$AOB에서

$\overline{AO}^2 = 13^2 - 5^2 = 144$

이때 $\overline{AO} > 0$이므로 $\overline{AO} = 12$

구의 중심을 R라 하고,

구와 $\overline{AB}$가 만나는 점을 C라 하면

$\triangle$AOB와 $\triangle$ACR에서

$\angle$AOB$=\angle$ACR$=90°$,

$\angle$CAR는 공통이므로

$\triangle$AOB$\infty$$\triangle$ACR (AA 닮음)

구의 반지름의 길이를 r라 하면

$\overline{OB} : \overline{CR} = \overline{AB} : \overline{AR}$이므로

$5 : r = 13 : (12 - r)$

$13r = 60 - 5r$

$18r = 60$ $\therefore r = \dfrac{10}{3}$

따라서 구의 겉넓이는

$4\pi \times \left(\dfrac{10}{3}\right)^2 = \dfrac{400}{9}\pi$

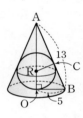

07 $\triangle$ABC에서 $\overline{AB}^2 = 17^2 - 8^2 = 225$

이때 $\overline{AB} > 0$이므로 $\overline{AB} = 15$

오른쪽 그림과 같이 점 H에서 $\overline{GC}$의

연장선에 내린 수선의 발을 J라 하면

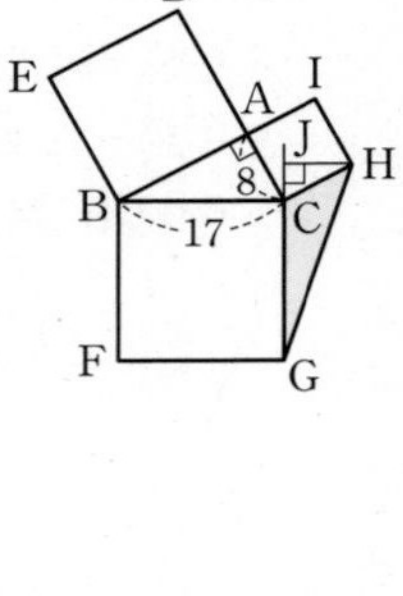

$\triangle$ABC와 $\triangle$JHC에서

$\angle$BAC$=\angle$HJC$=90°$,

$\angle$ACB$=90°-\angle$JCA$=\angle$JCH이므로

$\triangle$ABC$\infty$$\triangle$JHC (AA 닮음)

즉, $\overline{AB} : \overline{JH} = \overline{BC} : \overline{HC}$이므로

$15 : \overline{JH} = 17 : 8,\ 17\overline{JH} = 120$

$\therefore \overline{JH} = \dfrac{120}{17}$

$\therefore \triangle CGH = \dfrac{1}{2} \times \overline{CG} \times \overline{JH}$

$\qquad = \dfrac{1}{2} \times 17 \times \dfrac{120}{17} = 60$

08 오른쪽 그림과 같은 직각삼각형 ABC에서 $\overline{BC}$를 지름으로 하는 반원의 넓이를 S라 하면 직각삼각형의 세 반원 사이의 관계에 의하여

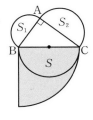

$S = S_1 + S_2$

$\overline{BC}$를 지름으로 하는 반원의 반지름의 길이를 r라 하면

$S = \dfrac{1}{2} \times \pi \times r^2 = \dfrac{1}{2}\pi r^2$

$\therefore S_1 + S_2 = \dfrac{1}{2}\pi r^2$

이때 $\overline{BC} = 2r$이므로 주어진 사분원의 반지름의 길이는 $2r$이고 그 넓이는

$\dfrac{1}{4} \times \pi \times (2r)^2 = \pi r^2 = 2(S_1 + S_2)$

Level ③　　　　본문 76~77쪽

01 ④　**02** ⑤　**03** ⑤　**04** ③　**05** $\dfrac{18}{7}$　**06** ③　**07** ③

08 ④

01 사다리꼴 ABCD를 직선 l을 회전축으로 하여 1회전 시키면 오른쪽 그림과 같은 원뿔대가 만들어진다.

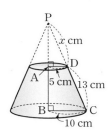

$\triangle PAD$와 $\triangle PBC$에서

$\angle PAD = \angle PBC = 90\degree$,

$\angle DPA$는 공통이므로

$\triangle PAD \backsim \triangle PBC$ (AA 닮음)

$\overline{PD} = x$ cm라 하면

$\overline{AD} : \overline{BC} = \overline{PD} : \overline{PC}$이므로

$5 : 10 = x : (x + 13)$

$10x = 5x + 65$

$5x = 65 \qquad \therefore x = 13$

$\triangle PAD$에서 $\overline{PA}^2 = 13^2 - 5^2 = 144$

이때 $\overline{PA} > 0$이므로 $\overline{PA} = 12\,(\text{cm})$

또한, $\overline{AD} : \overline{BC} = \overline{PA} : \overline{PB}$이므로

$5 : 10 = 12 : \overline{PB},\ 5\overline{PB} = 120$

$\therefore \overline{PB} = 24\,(\text{cm})$

$\therefore$ (원뿔대의 부피)

$\quad = (\text{큰 원뿔의 부피}) - (\text{작은 원뿔의 부피})$

$\quad = \dfrac{1}{3} \times (\pi \times 10^2) \times 24 - \dfrac{1}{3} \times (\pi \times 5^2) \times 12$

$\quad = 700\pi\,(\text{cm}^3)$

02 오른쪽 그림과 같이 구의 중심 O에서 구의 반지름의 길이의 $\dfrac{1}{2}$

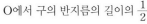
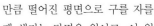
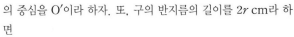

만큼 떨어진 평면으로 구를 자를 때 생기는 단면은 원이고, 이 원의 중심을 O′이라 하자. 또, 구의 반지름의 길이를 $2r$ cm라 하면

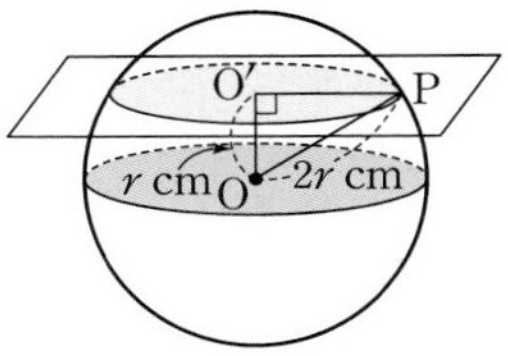

$\overline{OO'} = r$ cm이므로

$\triangle O'OP$에서 $\overline{O'P}^2 = (2r)^2 - r^2 = 3r^2$

이때 단면인 원 O′의 넓이가 24π cm²이므로

$3r^2\pi = 24\pi \qquad \therefore r^2 = 8$

따라서 구하는 단면인 원의 넓이는

$\pi \times (2r)^2 = 4\pi r^2 = 4\pi \times 8 = 32\pi\,(\text{cm}^2)$

03 오른쪽 그림과 같이 내부의 정사각형을 □PQRS라 하면

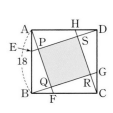

$\triangle ABQ$에서 $\overline{EP} /\!/ \overline{BQ}$이므로

$\overline{AE} : \overline{AB} = \overline{EP} : \overline{BQ}$

$\overline{AE} : 18 = 1 : 3$에서 $3\overline{AE} = 18$

$\therefore \overline{AE} = 6$

또, $\triangle ABQ$와 $\triangle DAP$에서

$\angle AQB = \angle DPA = 90\degree$, $\overline{AB} = \overline{DA}$,

$\angle BAQ = \angle ADP$이므로

$\triangle ABQ \equiv \triangle DAP$ (RHA 합동)

한편, $\overline{EP} = a$라 하면

$\overline{BQ} = \overline{AP} = 3a$

$\triangle AEP$에서

$6^2=a^2+(3a)^2$, $10a^2=36$

$\therefore a^2=\dfrac{18}{5}$

$\therefore \square\mathrm{PQRS}=\square\mathrm{ABCD}-4\triangle\mathrm{ABF}+4\triangle\mathrm{AEP}$

$\qquad =18^2-4\times\left(\dfrac{1}{2}\times18\times6\right)+4\times\left(\dfrac{1}{2}\times a\times3a\right)$

$\qquad =324-216+6a^2$

$\qquad =108+6\times\dfrac{18}{5}$

$\qquad =\dfrac{648}{5}$

04 오른쪽 그림과 같이 $\overline{\mathrm{AM}}$과 $\overline{\mathrm{BN}}$의
교점을 O라 하면 $\overline{\mathrm{AM}}$, $\overline{\mathrm{BN}}$은
$\triangle\mathrm{ABC}$의 중선이므로 이 두 중선의
교점 O는 $\triangle\mathrm{ABC}$의 무게중심이다. 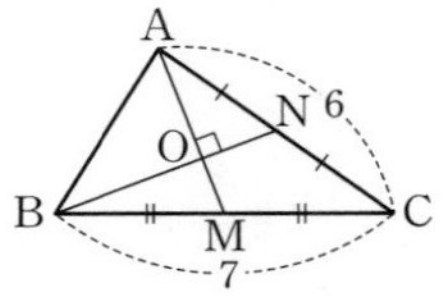
즉, $\overline{\mathrm{AO}}:\overline{\mathrm{OM}}=2:1$,
$\overline{\mathrm{BO}}:\overline{\mathrm{ON}}=2:1$이므로
$\overline{\mathrm{AO}}=2a$, $\overline{\mathrm{OM}}=a$, $\overline{\mathrm{BO}}=2b$, $\overline{\mathrm{ON}}=b$ $(a>0,\ b>0)$라 하면
$\triangle\mathrm{AON}$에서 $(2a)^2+b^2=9$ $\qquad\cdots\cdots$ ㉠
$\triangle\mathrm{BMO}$에서 $a^2+(2b)^2=\dfrac{49}{4}$ $\qquad\cdots\cdots$ ㉡
㉠+㉡을 하면
$5(a^2+b^2)=\dfrac{85}{4}$

$\therefore a^2+b^2=\dfrac{17}{4}$

따라서 $\triangle\mathrm{ABO}$에서
$\overline{\mathrm{AB}}^2=(2a)^2+(2b)^2$

$\qquad =4(a^2+b^2)$

$\qquad =4\times\dfrac{17}{4}=17$

05 오른쪽 그림과 같이 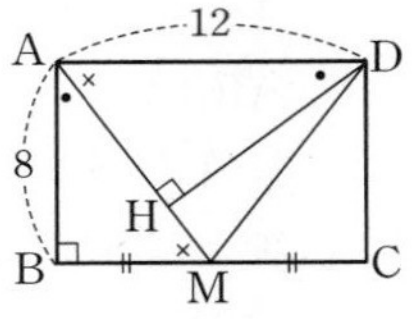
$\overline{\mathrm{BM}}=\overline{\mathrm{CM}}=\dfrac{1}{2}\overline{\mathrm{BC}}=\dfrac{1}{2}\times12=6$
$\triangle\mathrm{ABM}$에서 피타고라스 정리에 의
하여
$\overline{\mathrm{AM}}^2=\overline{\mathrm{AB}}^2+\overline{\mathrm{BM}}^2=8^2+6^2=100$
이때 $\overline{\mathrm{AM}}>0$이므로 $\overline{\mathrm{AM}}=10$
$\triangle\mathrm{ABM}$과 $\triangle\mathrm{DHA}$에서
$\angle\mathrm{ABM}=\angle\mathrm{DHA}=90°$,
$\angle\mathrm{BAM}=90°-\angle\mathrm{HAD}=\angle\mathrm{HDA}$이므로

$\triangle\mathrm{ABM}\infty\triangle\mathrm{DHA}$ (AA 닮음)
$\overline{\mathrm{BM}}:\overline{\mathrm{HA}}=\overline{\mathrm{AM}}:\overline{\mathrm{DA}}$이므로
$6:\overline{\mathrm{HA}}=10:12$, $10\overline{\mathrm{HA}}=72$

$\therefore \overline{\mathrm{HA}}=\dfrac{36}{5}$

$\therefore \overline{\mathrm{HM}}=10-\dfrac{36}{5}=\dfrac{14}{5}$

$\triangle\mathrm{AHD}:\triangle\mathrm{DHM}=\overline{\mathrm{HA}}:\overline{\mathrm{HM}}$

$\qquad =\dfrac{36}{5}:\dfrac{14}{5}$

$\qquad =18:7$

따라서 $\dfrac{\triangle\mathrm{AHD}}{\triangle\mathrm{DHM}}=\dfrac{18}{7}$이므로 $\triangle\mathrm{AHD}$의 넓이는 $\triangle\mathrm{DHM}$의

넓이의 $\dfrac{18}{7}$배이다.

$\therefore k=\dfrac{18}{7}$

06 오른쪽 그림과 같이 점 G에서 $\overline{\mathrm{DC}}$ 연장선에
내린 수선의 발을 H라 하자. 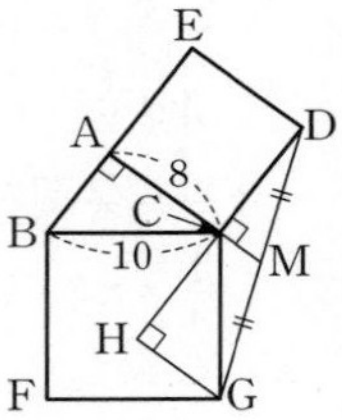
$\square\mathrm{ACDE}=64$, $\square\mathrm{BFGC}=100$이므로
$\overline{\mathrm{AC}}=8$, $\overline{\mathrm{BC}}=10$
$\triangle\mathrm{DHG}$에서
$\overline{\mathrm{DM}}=\overline{\mathrm{MG}}$, $\overline{\mathrm{CM}}/\!/\overline{\mathrm{HG}}$이므로
$\overline{\mathrm{HG}}=2\overline{\mathrm{CM}}$이고
$\overline{\mathrm{CH}}=\overline{\mathrm{CD}}=\overline{\mathrm{AC}}=8$
피타고라스 정리에 의하여
$\overline{\mathrm{CG}}^2=\overline{\mathrm{CH}}^2+\overline{\mathrm{HG}}^2$에서
$\overline{\mathrm{HG}}^2=\overline{\mathrm{CG}}^2-\overline{\mathrm{CH}}^2=100-64=36$
이때 $\overline{\mathrm{HG}}>0$이므로 $\overline{\mathrm{HG}}=6$

$\therefore \overline{\mathrm{CM}}=\dfrac{1}{2}\overline{\mathrm{HG}}=\dfrac{1}{2}\times6=3$

07 꼭짓점 C가 점 E에 오도록 접었으므로
$\overline{\mathrm{BE}}=\overline{\mathrm{BC}}=15$
$\triangle\mathrm{ABE}$에서 $\overline{\mathrm{AE}}^2=\overline{\mathrm{BE}}^2-\overline{\mathrm{AB}}^2=15^2-12^2=81$
이때 $\overline{\mathrm{AE}}>0$이므로 $\overline{\mathrm{AE}}=9$
오른쪽 그림과 같이 내접원의 중심을
O라 하고 내접원의 반지름의 길이를
r라 하면 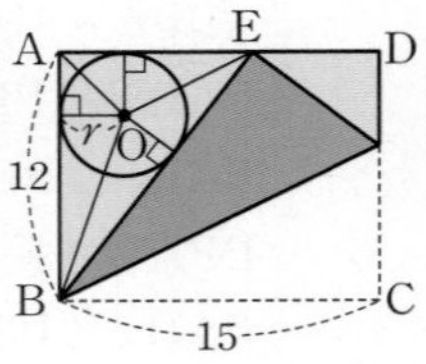
$\triangle\mathrm{OAB}+\triangle\mathrm{OBE}+\triangle\mathrm{OEA}$
$=\triangle\mathrm{ABE}$
에서

$$\frac{1}{2} \times 12 \times r + \frac{1}{2} \times 15 \times r + \frac{1}{2} \times 9 \times r = \frac{1}{2} \times 12 \times 9$$

$$18r = 54 \qquad \therefore r = 3$$

08 $\overline{AR}$는 $\angle DAP$의 이등분선이므로

$\overline{AP} : \overline{AD} = \overline{PR} : \overline{RD}$
$\qquad\qquad = 17 : 15$

$\overline{AP} = 17t$, $\overline{AD} = 15t \ (t > 0)$라

하면

$\overline{AB} = \overline{AD} = 15t$

$\triangle ABP$에서

$\overline{BP}^2 = \overline{AP}^2 - \overline{AB}^2 = (17t)^2 - (15t)^2 = 64t^2$

이때 $\overline{BP} > 0$이므로 $\overline{BP} = 8t$

$\overline{PC} = 1$이므로

$\overline{PC} = \overline{BC} - \overline{BP}$에서

$1 = 15t - 8t \qquad \therefore t = \frac{1}{7}$

$\overline{AD} /\!/ \overline{PS}$에서 $\angle DAS = \angle PSA$ (엇각)이므로

$\angle PAS = \angle PSA$

즉, $\triangle APS$는 이등변삼각형이므로

$\overline{PS} = \overline{PA} = 17t$

$\therefore \overline{BS} = \overline{BP} + \overline{PS} = 8t + 17t = 25t$

$\qquad\qquad = 25 \times \frac{1}{7} = \frac{25}{7}$

Level ④   본문 78~79쪽

01 ③   **02** 31   **03** ①   **04** 89   **05** ③   **06** ③   **07** ①

01 **풀이전략** 삼각형의 닮음과 피타고라스 정리를 이용하여 $\overline{D_1E_1}$의 길이를 구한 후, $\square F_1B_1E_1D_1$의 둘레의 길이를 구한다.

점 E가 선분 BC를 $1 : 3$으로 나누는 점이므로

$\overline{EC} = 3$

정사각형 $A_1B_1CD_1$의 한 변의 길이를 x라 하면

$\overline{A_1D_1} = \overline{D_1C} = x$이므로

$\overline{DD_1} = 4 - x$

$\triangle DA_1D_1$과 $\triangle DEC$에서

$\angle DD_1A_1 = \angle DCE = 90°$,

$\angle EDC$는 공통이므로

$\triangle DA_1D_1 \backsim \triangle DEC$ (AA 닮음)

따라서 $\overline{DD_1} : \overline{DC} = \overline{A_1D_1} : \overline{EC}$이므로

$(4 - x) : 4 = x : 3$

$4x = 12 - 3x \qquad \therefore x = \frac{12}{7}$

한편, 점 E_1이 $\overline{B_1C}$를 $1 : 3$으로 나누는 점이므로

$\overline{B_1E_1} = \frac{3}{7}$, $\overline{E_1C} = \frac{9}{7}$

$\triangle D_1E_1C$에서 $\overline{E_1C} = \frac{9}{7}$, $\overline{D_1C} = \frac{12}{7}$이므로

피타고라스 정리에 의하여

$$\overline{D_1E_1}^2 = \overline{E_1C}^2 + \overline{D_1C}^2 = \left(\frac{9}{7}\right)^2 + \left(\frac{12}{7}\right)^2 = \left(\frac{15}{7}\right)^2$$

이때 $\overline{D_1E_1} > 0$이므로 $\overline{D_1E_1} = \frac{15}{7}$

또한, 점 F_1은 $\overline{A_1D_1}$을 $3 : 1$로 나누는 점이므로

$\overline{F_1D_1} = \frac{3}{7}$

따라서 $\overline{F_1D_1} /\!/ \overline{B_1E_1}$, $\overline{F_1D_1} = \overline{B_1E_1}$이므로 $\square F_1B_1E_1D_1$은 평행사변형이고 둘레의 길이는

$$2 \times \left(\frac{3}{7} + \frac{15}{7}\right) = \frac{36}{7}$$

참고

$\square FBED$와 $\square F_1B_1E_1D_1$이 각각 두 정사각형 ABCD, $A_1B_1CD_1$에서 같은 방법으로 만들어졌으므로 두 평행사변형이 닮음임을 활용하면 더 쉽게 문제를 해결할 수 있다.

다른 풀이

점 E는 $\overline{BC}$를 $1 : 3$으로 나누는 점이므로

$\overline{BE} = 1$, $\overline{EC} = 3$

$\triangle DEC$에서 $\overline{EC} = 3$, $\overline{DC} = 4$이므로 피타고라스 정리에 의하여

$$\overline{DE}^2 = \overline{EC}^2 + \overline{DC}^2 = 3^2 + 4^2 = 25 = 5^2$$

이때 $\overline{DE} > 0$이므로 $\overline{DE} = 5$

점 F는 $\overline{AD}$를 $3 : 1$로 나누는 점이므로

$\overline{FD} = 1$

따라서 $\overline{FD} /\!/ \overline{BE}$, $\overline{FD} = \overline{BE}$이므로 $\square FBED$는 평행사변형이고 둘레의 길이는 12이다.

정사각형 $A_1B_1CD_1$의 한 변의 길이를 x라 하면

$\overline{A_1D_1} = \overline{D_1C} = x$이므로

$\overline{DD_1} = 4 - x$

$\triangle DA_1D_1$과 $\triangle DEC$에서

$\angle DD_1A_1 = \angle DCE = 90°$,

∠EDC는 공통이므로

$\triangle DA_1D_1 \backsim \triangle DEC$ (AA 닮음)

따라서 $\overline{DD_1} : \overline{DC} = \overline{A_1D_1} : \overline{EC}$이므로

$(4-x) : 4 = x : 3$, $4x = 12 - 3x$

$\therefore x = \dfrac{12}{7}$

두 정사각형 ABCD, $A_1B_1CD_1$의 한 변의 길이는 각각 4,

$\dfrac{12}{7}$이므로 □FBED와 □$F_1B_1E_1D_1$의 닮음비는

$4 : \dfrac{12}{7} = 7 : 3$이다.

이때 □$F_1B_1E_1D_1$의 둘레의 길이를 y라 하면

$12 : y = 7 : 3$, $7y = 36$

$\therefore y = \dfrac{36}{7}$

02 　풀이전략　 피타고라스 정리와 각의 이등분선을 이용하여 $\overline{BD}$의 길이를 구한 후, △IED의 넓이를 구한다.

$\triangle ABC$는 $\overline{AB} = 5$, $\overline{AC} = 12$, $\angle A = 90°$인 직각삼각형이므로 피타고라스 정리에 의하여

$\overline{BC}^2 = \overline{AB}^2 + \overline{AC}^2 = 5^2 + 12^2 = 13^2$

이때 $\overline{BC} > 0$이므로 $\overline{BC} = 13$

점 I가 $\triangle ABC$의 내심이므로 $\overline{AD}$는 ∠A의 이등분선이다.

내각의 이등분선의 성질에 의하여

$\overline{AB} : \overline{AC} = \overline{BD} : \overline{CD}$이므로

$\overline{BD} : \overline{CD} = 5 : 12$

$\overline{BD} + \overline{CD} = \overline{BC} = 13$이므로

$\overline{BD} = \dfrac{5}{17} \times 13 = \dfrac{65}{17}$

또한, $\triangle ABC$의 내접원과 $\overline{AB}$, $\overline{AC}$의 접점을 각각 F, G라 하고 내접원의 반지름의 길이를 r라 하자.

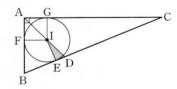

$\overline{AG} = \overline{AF} = r$,

$\overline{BE} = \overline{BF} = 5 - r$,

$\overline{CE} = \overline{CG} = 12 - r$이고

$\overline{BC} = \overline{BE} + \overline{CE} = (5-r) + (12-r) = 13$

$2r = 4$　　$\therefore r = 2$

$\overline{BE} = 5 - 2 = 3$

$\overline{ED} = \overline{BD} - \overline{BE} = \dfrac{65}{17} - 3 = \dfrac{14}{17}$

또한, 점 E는 내접원이 $\overline{BC}$에 접하는 점이므로

$\angle IED = 90°$

$\triangle IED = \dfrac{1}{2} \times 2 \times \dfrac{14}{17} = \dfrac{14}{17}$

따라서 $p = 17$, $q = 14$이므로

$p + q = 31$

03 　풀이전략　 삼각형의 합동과 피타고라스 정리를 이용하여 $\overline{DC}$의 길이를 구한 후, △EBC의 둘레의 길이를 구한다.

오른쪽 그림과 같이 세 점 A, D, E에서 선분 BC에 내린 수선의 발을 각각 F, G, H라 하자.

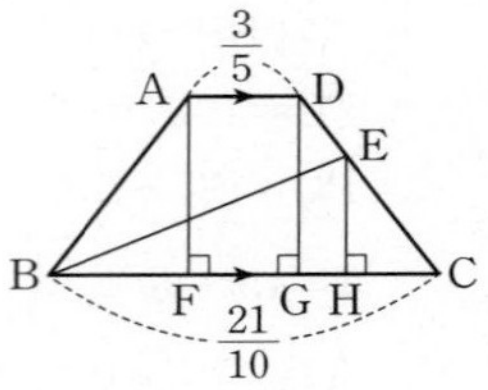

$\triangle AFB$와 $\triangle DGC$에서

$\angle AFB = \angle DGC = 90°$,

사각형 ABCD가 등변사다리꼴이므로

$\angle ABF = \angle DCG$, $\overline{AB} = \overline{DC}$

$\therefore \triangle AFB \equiv \triangle DGC$ (RHA 합동)

따라서 $\overline{FG} = \overline{AD} = \dfrac{3}{5}$이고 $\overline{BF} = \overline{CG}$이므로

$\overline{BF} = \overline{CG} = \left(\dfrac{21}{10} - \dfrac{3}{5} \right) \times \dfrac{1}{2} = \dfrac{3}{4}$

$\triangle DGC$에서 $\overline{DG} = 1$, $\overline{CG} = \dfrac{3}{4}$이므로 피타고라스 정리에 의하여

$\overline{DC}^2 = \overline{DG}^2 + \overline{CG}^2 = 1^2 + \left(\dfrac{3}{4} \right)^2 = \dfrac{25}{16} = \left(\dfrac{5}{4} \right)^2$

이때 $\overline{DC} > 0$이므로 $\overline{DC} = \dfrac{5}{4}$

한편, $\triangle DGC$에서 $\overline{DG} \ /\!/ \ \overline{EH}$이고

$\overline{DE} : \overline{EC} = 1 : 2$에서 $\overline{CD} : \overline{CE} = 3 : 2$이므로

$\overline{DG} : \overline{EH} = \overline{CG} : \overline{CH} = 3 : 2$에서

$\overline{EH} = \dfrac{2}{3}$, $\overline{CH} = \dfrac{1}{2}$, $\overline{CE} = \dfrac{5}{6}$

또한, $\triangle EHB$에서

$\overline{GH} = \overline{CG} - \overline{CH} = \dfrac{3}{4} - \dfrac{1}{2} = \dfrac{1}{4}$이므로

$\overline{BH} = \overline{BF} + \overline{FG} + \overline{GH}$

$= \dfrac{3}{4} + \dfrac{3}{5} + \dfrac{1}{4} = \dfrac{8}{5}$

피타고라스 정리에 의하여

$\overline{BE}^2 = \overline{BH}^2 + \overline{EH}^2 = \left(\dfrac{8}{5} \right)^2 + \left(\dfrac{2}{3} \right)^2 = \dfrac{676}{225} = \left(\dfrac{26}{15} \right)^2$

이때 $\overline{BE} > 0$이므로 $\overline{BE} = \dfrac{26}{15}$

따라서 △EBC의 둘레의 길이는

$$\overline{BE}+\overline{BC}+\overline{CE}=\frac{26}{15}+\frac{21}{10}+\frac{5}{6}=\frac{14}{3}$$

04 [풀이전략] 자연수 조건을 이용하여 직사각형의 가로, 세로의 길이를 순서쌍으로 나타내고 부채꼴 AOB의 넓이를 구할 수 있다.

부채꼴의 반지름의 길이를 r라 하자.

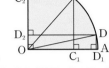

두 점 C, D가 호 AB 위의 점이므로
$$\overline{OC}=\overline{OD}=r$$
즉, $\overline{OC}^2=\overline{OD}^2=r^2$

□$OC_1CC_2=42$이고 직사각형의 가로와 세로의 길이가 모두 자연수이므로 이 직사각형의 가로의 길이와 세로의 길이의 순서쌍을 나열하면

$(1, 42)$, $(2, 21)$, $(3, 14)$, $(6, 7)$, $(7, 6)$, $(14, 3)$, $(21, 2)$, $(42, 1)$

피타고라스 정리에 의하여
$\overline{OC}^2=1^2+42^2=1765$
또는 $\overline{OC}^2=2^2+21^2=445$
또는 $\overline{OC}^2=3^2+14^2=205$
또는 $\overline{OC}^2=6^2+7^2=85$

□$OD_1DD_2=18$이고 직사각형의 가로와 세로의 길이가 모두 자연수이므로 이 직사각형의 가로의 길이와 세로의 길이의 순서쌍을 나열하면

$(1, 18)$, $(2, 9)$, $(3, 6)$, $(6, 3)$, $(9, 2)$, $(18, 1)$

피타고라스 정리에 의하여
$\overline{OD}^2=1^2+18^2=325$
또는 $\overline{OD}^2=2^2+9^2=85$
또는 $\overline{OD}^2=3^2+6^2=45$
$\overline{OC}^2=\overline{OD}^2=r^2$에서
$r^2=85$

따라서 부채꼴의 넓이는
$$\pi r^2\times\frac{90}{360}=\frac{85}{4}\pi$$
즉, $p=4$, $q=85$이므로
$p+q=89$

05 [풀이전략] 피타고라스 정리와 비례식을 이용하여 작은 직사각형의 대각선의 길이를 구한 후, 색칠한 도형의 넓이의 합을 구한다.

직사각형 ABCD의 대각선의 길이를 x라 하면 피타고라스 정리에 의하여
$$x^2=6^2+8^2=10^2$$
$$\therefore x=10\ (\because\ x>0)$$

직사각형의 내부에 그린 원의 반지름의 길이는 직사각형 ABCD의 가로의 길이의 $\frac{1}{3}$이므로 2이고 원의 내부에 그린 직사각형 EFGH의 대각선의 길이는 원의 지름의 길이인 4이다.

또한, 네 선분 AE, BF, CG, DH를 각각 대각선으로 하는 4개의 직사각형은 모두 합동이고, 이 직사각형의 대각선의 길이는 $\frac{10-4}{2}=3$이다.

이때 그려진 5개의 직사각형은 모두 □ABCD와 닮음이고 닮음비는 직사각형의 대각선의 길이의 비와 같다.

□ABCD와 □EFGH의 닮음비는 $10 : 4=5 : 2$이므로 넓이의 비는 $5^2 : 2^2=25 : 4$이다.
$$\therefore \square EFGH=\frac{4}{25}\square ABCD$$
$$=\frac{4}{25}\times(6\times8)=\frac{192}{25}$$

또한, □ABCD와 네 선분 AE, BF, CG, DH를 각각 대각선으로 하는 4개의 직사각형은 모두 닮음비가 $10 : 3$이므로 넓이의 비는 $10^2 : 3^2=100 : 9$이다.

네 선분 AE, BF, CG, DH를 각각 대각선으로 하는 4개의 직사각형의 넓이의 합은
$$4\times\frac{9}{100}\square ABCD=4\times\frac{9}{100}\times(6\times8)=\frac{432}{25}$$

따라서 색칠한 5개의 직사각형의 넓이의 합은
$$\frac{192}{25}+\frac{432}{25}=\frac{624}{25}$$

06 [풀이전략] 평행선 사이의 선분의 길이의 비를 이용하여 △GDA의 넓이를 구한 후, □ODGF의 넓이를 구한다.

$\overline{OD}=\overline{CE}=3$이므로 $\overline{DA}=2$

또한, 직각삼각형 COD에서 피타고라스 정리에 의하여
$\overline{OC}^2=\overline{OD}^2+\overline{CD}^2$
$\overline{OC}=5$, $\overline{OD}=3$이므로 $\overline{CD}=4$
$\overline{EO}=\overline{CD}=4$

△EOA에서 $\overline{EO}\,/\!/\,\overline{GD}$이므로 평행선 사이의 선분의 길이의 비를 이용하면
$\overline{AO} : \overline{AD}=\overline{EO} : \overline{GD}$이므로
$5 : 2=4 : \overline{GD}$, $5\overline{GD}=8$
$$\therefore \overline{GD}=\frac{8}{5}$$
$$\therefore \triangle GDA=\frac{1}{2}\times2\times\frac{8}{5}=\frac{8}{5}$$

정답과 풀이

또한, $\overline{EC} /\!/ \overline{OA}$이므로 평행선 사이의 선분의 길이의 비에 의하여

$\overline{EF} : \overline{AF} = \overline{EC} : \overline{AO} = 3 : 5$

즉, $\triangle OFE : \triangle OFA = 3 : 5$

$\therefore \triangle OFA = \dfrac{5}{8}\triangle EOA = \dfrac{5}{8} \times \left(\dfrac{1}{2} \times 5 \times 4\right) = \dfrac{25}{4}$

$\therefore \square ODGF = \triangle OAF - \triangle GDA$

$= \dfrac{25}{4} - \dfrac{8}{5} = \dfrac{93}{20}$

07 (풀이전략) 피타고라스 정리를 이용하여 단면 A에 내접하는 직사각형의 대각선의 길이를 구한 후, 반구의 반지름의 길이를 구한다.

단면 A는 원이므로 점 O에서 평면 A에 내린 수선의 발을 H라 하면 점 H는 직사각형의 대각선의 교점이다.

단면 A를 그림으로 나타내면 오른쪽 그림과 같다.

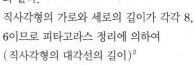

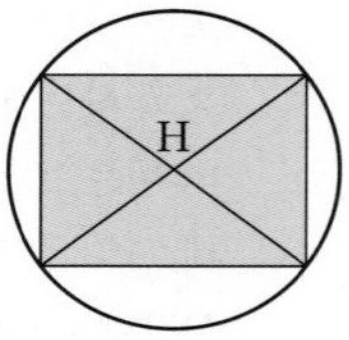

직사각형의 가로와 세로의 길이가 각각 8, 6이므로 피타고라스 정리에 의하여

(직사각형의 대각선의 길이)^2

$= 8^2 + 6^2 = 10^2$

즉, 직사각형의 대각선의 길이는 10이다.

따라서 원 A의 반지름의 길이는 직사각형의 대각선의 길이의 $\dfrac{1}{2}$인 5이다.

반구의 반지름의 길이를 r라 하자.

반구의 반지름과 $\overline{OH}$, 원 A의 반지름으로 이루어진 직각삼각형을 만든다.

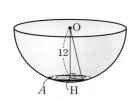

따라서 피타고라스 정리에 의하여

$r^2 = 12^2 + 5^2 = 169$

$\therefore r = 13 \ (\because r > 0)$

대단원 마무리 **Level 종합**   본문 80~81쪽

01 ③   **02** ①   **03** ①   **04** ④   **05** ⑤   **06** ②   **07** 26

08 ④   **09** ②   **10** 20

---

01 $\triangle ABC$는 $\overline{BC} = 5$, $\overline{AC} = 13$, $\angle B = 90°$인 직각삼각형이므로 피타고라스 정리에 의하여

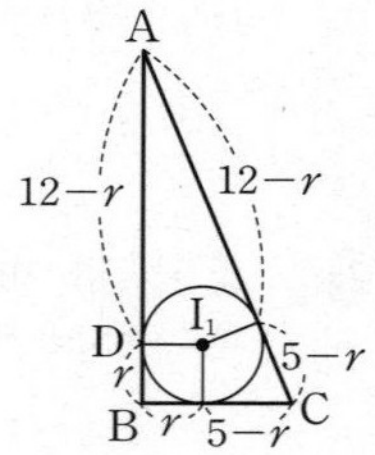

$\overline{AC}^2 = \overline{AB}^2 + \overline{BC}^2$

$= \overline{AB}^2 + 5^2 = 13^2$

$\overline{AB}^2 = 13^2 - 5^2 = 12^2$

이때 $\overline{AB} > 0$이므로 $\overline{AB} = 12$

$\triangle ABC$에서 내접원의 반지름의 길이를 r라 하면

$\overline{BC} = 5 = r + (5 - r)$,

$\overline{AB} = 12 = r + (12 - r)$이므로

$\overline{AC} = 13 = (5 - r) + (12 - r)$

$2r = 4 \qquad \therefore r = 2$

따라서 원 I_1의 넓이는 4π이다.

$\triangle ABC$와 $\triangle CBD$에서

$\angle ACB + \angle DCB = 90°$,

$\angle ACB + \angle CAB = 90°$이므로

$\angle DCB = \angle CAB$,

$\angle B$는 공통

$\therefore \triangle ABC \backsim \triangle CBD$ (AA 닮음)

따라서 두 삼각형의 닮음비는 $\overline{AB} : \overline{CB} = 12 : 5$이다.

이 닮음비는 내접원의 닮음비와 같으므로 두 원 I_1과 I_2의 닮음비도 $12 : 5$이다.

따라서 넓이의 비는 $12^2 : 5^2 = 144 : 25$이므로 원 I_2의 넓이는

$4\pi \times \dfrac{25}{144} = \dfrac{25}{36}\pi$

02 $\overline{AD} = \overline{DC}$, $\overline{EC} = 2\overline{AE}$이므로

$\overline{AE} : \overline{ED} : \overline{DC} = 2 : 1 : 3$

$\overline{AG} /\!/ \overline{BC}$, $\overline{AE} : \overline{EC} = 2 : 4 = 1 : 2$이므로

$\overline{EG} : \overline{EB} = 1 : 2$

$\therefore \triangle AEG = \dfrac{1}{2}\triangle ABE = \dfrac{1}{2} \times 6 = 3$

또한, $\overline{AE} : \overline{ED} = 2 : 1$이므로

$\triangle EBD = \dfrac{1}{2}\triangle ABE = \dfrac{1}{2} \times 6 = 3$

$\triangle ABD = \triangle ABE + \triangle EBD$

$= 6 + 3 = 9$

$\overline{AF} /\!/ \overline{BC}$, $\overline{AD} = \overline{DC}$이므로

$\overline{BD} = \overline{DF}$

$\therefore \triangle ADF = \triangle ABD = 9$

$\therefore \square EDFG = \triangle ADF - \triangle AEG$

$= 9 - 3 = 6$

03 원 O의 둘레의 길이가 4π이므로 원의 반지름의 길이는 2이다.

$\therefore \overline{DB}=2$

점 D가 원 O의 접점이므로

$\angle BDA=90°$

$\triangle ADB$와 $\triangle CEA$에서

$\angle ADB=\angle CEA=90°$, $\overline{AB}=\overline{CA}$,

$\angle DBA=180°-(\angle BAD+90°)=\angle EAC$

이므로 $\triangle ADB\equiv\triangle CEA$ (RHA 합동)

$\therefore \overline{AD}=\overline{CE}=6$

$\triangle ADB$에서 피타고라스 정리에 의하여

$\overline{AB}^2=\overline{BD}^2+\overline{AD}^2=2^2+6^2=40$

$\therefore \triangle ABC=\dfrac{1}{2}\times\overline{AB}\times\overline{AC}$

$\qquad\qquad =\dfrac{1}{2}\overline{AB}^2=\dfrac{1}{2}\times40=20$

04 닮음인 두 입체도형에서 대응하는 모서리의 길이의 비는 같다.

작은 직육면체의 가장 긴 모서리의 길이가 2이어야 하므로 큰 직육면체와 작은 직육면체의 닮음비는 $4:2=2:1$이다.

따라서 작은 직육면체의 세 모서리의 길이의 비는 $0.5:1:2$이므로 큰 직육면체를 가득 채우기 위해서는 $4\div0.5=8$(개)의 직육면체가 필요하다.

$\therefore a=8$

또한, 큰 직육면체와 작은 직육면체의 겉넓이의 비는 $2^2:1^2=4:1$, 부피의 비는 $2^3:1^3=8:1$이다.

큰 직육면체의 겉넓이는

$2\times(1\times2+1\times4+2\times4)=28$

이므로 작은 직육면체의 겉넓이는 7이다.

큰 직육면체의 부피는

$1\times2\times4=8$

이므로 작은 직육면체의 부피는 1이다.

$\therefore b=7$, $c=1$

$\therefore a-b+c=2$

05 $\triangle ABC$에서 $\overline{AB}=3$, $\overline{AC}=4$이므로 피타고라스 정리에 의하여

$\overline{BC}^2=\overline{AB}^2+\overline{AC}^2=3^2+4^2=25=5^2$

이때 $\overline{BC}>0$이므로 $\overline{BC}=5$

직사각형 DEFG의 가로의 길이와 세로의 길이의 비가 $4:3$이므로 직사각형의 가로의 길이를 $4x\ (x>0)$, 세로의 길이를 $3x$라 하자.

$\triangle ABC$와 $\triangle EBD$에서

$\angle BAC=\angle BED=90°$,

$\angle B$는 공통이므로

$\triangle ABC\backsim\triangle EBD$ (AA 닮음)

$\overline{DE}=3x$이므로 두 삼각형의 닮음비는

$\overline{AC}:\overline{ED}=4:3x$

따라서 $\overline{AB}:\overline{EB}=3:\overline{EB}=4:3x$이므로

$4\overline{EB}=9x$ $\quad\therefore \overline{EB}=\dfrac{9}{4}x$

$\triangle ABC$와 $\triangle FGC$에서

$\angle BAC=\angle GFC=90°$,

$\angle C$는 공통이므로

$\triangle ABC\backsim\triangle FGC$ (AA 닮음)

$\overline{GF}=3x$이므로 두 삼각형의 닮음비는

$\overline{AB}:\overline{FG}=3:3x=1:x$

따라서 $\overline{AC}:\overline{FC}=4:\overline{FC}=1:x$이므로

$\overline{FC}=4x$

$\overline{BC}=\overline{BE}+\overline{EF}+\overline{FC}$이므로

$\dfrac{9}{4}x+4x+4x=5$

$\dfrac{41}{4}x=5$ $\quad\therefore x=\dfrac{20}{41}$

따라서 $\square DEFG$의 가로의 길이는

$4x=4\times\dfrac{20}{41}=\dfrac{80}{41}$

06 오른쪽 그림과 같이 점 G를 지나고, $\overline{BC}$와 평행한 직선이 $\overline{AB}$, $\overline{AD}$, $\overline{AC}$와 만나는 점을 각각 E, F, H라 하고, $\overline{AG}$의 연장선과 $\overline{BC}$가 만나는 점을 I라 하자.

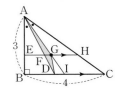

$\overline{AI}$는 $\triangle ABC$의 중선이므로 $\overline{BI}=\overline{IC}=2$이고

점 G가 $\triangle ABC$의 무게중심이므로 $\overline{AG}:\overline{AI}=2:3$이다.

$\triangle ABI$에서 $\overline{EG}\,/\!/\,\overline{BI}$이므로

$\overline{EG}:\overline{BI}=\overline{AE}:\overline{AB}=\overline{AG}:\overline{AI}=2:3$

$\therefore \overline{EG}=\dfrac{2}{3}\overline{BI}=\dfrac{2}{3}\times2=\dfrac{4}{3}$

$\triangle ABC$에서 피타고라스 정리에 의하여

$\overline{AC}^2=\overline{AB}^2+\overline{BC}^2=3^2+4^2=5^2$

이때 $\overline{AC}>0$이므로 $\overline{AC}=5$

$\triangle ABC$에서 $\overline{AD}$가 $\angle A$의 이등분선이므로

$\overline{BD}:\overline{DC}=\overline{AB}:\overline{AC}=3:5$

$\therefore \overline{BD}=\dfrac{3}{8}\overline{BC}=\dfrac{3}{8}\times4=\dfrac{3}{2}$

$\triangle ABD$에서 $\overline{EF}\,/\!/\,\overline{BD}$이므로

$\overline{EF}:\overline{BD}=\overline{AE}:\overline{AB}=2:3$

$$\therefore \overline{EF}=\frac{2}{3}\overline{BD}=\frac{2}{3}\times\frac{3}{2}=1$$

$$\overline{FG}=\overline{EG}-\overline{EF}=\frac{4}{3}-1=\frac{1}{3}$$

$$\therefore \triangle ADG=\triangle AFG+\triangle DFG$$
$$=\frac{1}{2}\times\frac{1}{3}\times2+\frac{1}{2}\times\frac{1}{3}\times1$$
$$=\frac{3}{6}=\frac{1}{2}$$

07 두 직선 DA, CB를 포함하는 평면으로 입체도형을 자른 단면은 다음 그림과 같다.

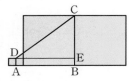

$\overline{DA}$와 $\overline{BC}$는 모두 평면 α에 수직이므로

$\overline{DA}\,/\!/\,\overline{BC}$

$\overline{DA}$, $\overline{CB}$는 두 원기둥의 높이이고 각각의 원기둥의 반지름의 길이와 같으므로

$\overline{DA}=1$

$\overline{CB}=7$

$\overline{AB}=1+7=8$

점 D를 지나고 $\overline{AB}$와 평행한 직선이 $\overline{CB}$와 만나는 점을 E라 하면 $\overline{DE}=8$이고 $\triangle CDE$는 $\angle CED=90°$인 직각삼각형이다.

$\overline{CE}=\overline{CB}-\overline{EB}=\overline{CB}-\overline{DA}=7-1=6$

이므로 피타고라스 정리에 의하여

$\overline{CD}^2=\overline{DE}^2+\overline{CE}^2=8^2+6^2=10^2$

이때 $\overline{CD}>0$이므로 $\overline{CD}=10$

따라서 $\square ABCD$의 둘레의 길이는

$\overline{AB}+\overline{BC}+\overline{CD}+\overline{DA}=8+7+10+1=26$

08 $\triangle GFD$의 넓이를 k라 하자.

점 G가 $\triangle AEC$의 무게중심이므로

$\overline{AG}:\overline{GF}=\overline{EG}:\overline{GD}=2:1$

$\overline{AG}:\overline{GF}=2:1$이므로

$\triangle AGD=2\triangle GFD=2k$

$\overline{EG}:\overline{GD}=2:1$이므로

$\triangle GEF=2\triangle GFD=2k$

$\triangle AEC$에서 점 D, F는 각각 $\overline{AC}$와 $\overline{EC}$의 중점이므로 삼각형의 두 변의 중점을 연결한 선분의 성질에 의하여

$\overline{DF}:\overline{AE}=1:2$, $\overline{DF}\,/\!/\,\overline{AE}$

$\triangle GAE$와 $\triangle GFD$에서

$\overline{DF}\,/\!/\,\overline{AE}$이므로

$\angle GAE=\angle GFD$, $\angle GEA=\angle GDF$

$\therefore \triangle GAE\backsim\triangle GFD$ (AA 닮음)

두 삼각형의 닮음비는 $\overline{AE}:\overline{FD}=2:1$이므로 넓이의 비는 $2^2:1^2=4:1$이다.

$\therefore \triangle GAE=4\triangle GFD=4k$

$\triangle DEC$에서 선분 DF는 $\triangle DEC$의 중선이므로

$\triangle DFC=\triangle DEF$
$=\triangle GEF+\triangle GFD$
$=2k+k=3k$

$\therefore \triangle AEC$
$=\triangle AEG+\triangle GEF+\triangle AGD+\triangle GFD+\triangle DFC$
$=4k+2k+2k+k+3k=12k$

또한, $\overline{BE}:\overline{EC}=1:2$이므로

$\triangle ABE=\frac{1}{2}\triangle AEC=\frac{1}{2}\times12k=6k$

$\triangle ABC=\triangle ABE+\triangle AEC$
$=6k+12k=18k$

이므로 $b=18k$

색칠한 부분의 넓이는 $\triangle AGE+\triangle GFD=4k+k=5k$이므로

$a=5k$

$\therefore \dfrac{b}{a}=\dfrac{18k}{5k}=\dfrac{18}{5}$

09 평면 α의 단면은 한 변의 길이가 3, 9인 정사각형을 붙인 모양으로 오른쪽 그림과 같다.

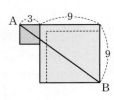

피타고라스 정리에 의하여

$\overline{AB}^2=9^2+12^2=81+144$
$=225$

이때 $\overline{AB}>0$이므로 $\overline{AB}=15$

또한, 두 선분 AB, BC를 포함한 평면으로 자른 단면을 그리면 오른쪽 그림과 같다.

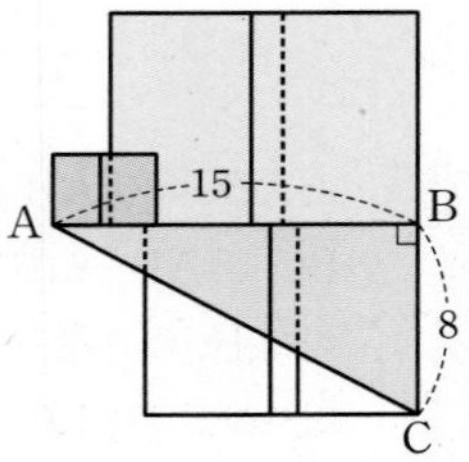

피타고라스 정리에 의하여

$\overline{AC}^2=8^2+15^2=64+225$
$=289$

이때 $\overline{AC}>0$이므로

$\overline{AC}=17$

따라서 $\triangle ABC$의 둘레의 길이는

$\overline{AB}+\overline{BC}+\overline{CA}=15+8+17=40$

10 점 F, G, H가 각각 △ABE, △AED, △DEC의 무게중심이므로

$\triangle ABF + \triangle AGD + \triangle DHC$

$= \dfrac{1}{3}\triangle ABE + \dfrac{1}{3}\triangle AED + \dfrac{1}{3}\triangle DEC$

$= \dfrac{1}{3}(\triangle ABE + \triangle AED + \triangle DEC)$

$= \dfrac{1}{3}\square ABCD$

$= \dfrac{1}{3}\times 45 = 15$

$\overline{FH}$가 $\overline{AE}$, $\overline{DE}$와 만나는 점을 각각 I, J라 하고, $\overline{BC}$와 $\overline{AF}$, $\overline{DH}$의 연장선이 만나는 점을 각각 K, L이라 하자.

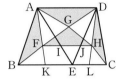

$\overline{AD}\,/\!/\,\overline{KL}$이고
$\overline{AF}:\overline{FK}=\overline{DH}:\overline{HL}=2:1$이므로 $\overline{AD}\,/\!/\,\overline{FH}$이고 $\overline{FH}\,/\!/\,\overline{KL}$이다.

따라서 $\overline{AI}:\overline{IE}=2:1$이므로
$\overline{AD}:\overline{IJ}=\overline{AE}:\overline{IE}=3:1$

$\therefore \overline{IJ}=\dfrac{1}{3}\overline{AD}$

$\overline{FI}\,/\!/\,\overline{KE}$이고 $\overline{AF}:\overline{FK}=2:1$이므로
$\overline{FI}:\overline{KE}=\overline{AF}:\overline{AK}=2:3$

$\therefore \overline{FI}=\dfrac{2}{3}\overline{KE}=\dfrac{2}{3}\times\dfrac{1}{2}\overline{BE}=\dfrac{1}{3}\overline{BE}$

$\overline{JH}\,/\!/\,\overline{EL}$이고 $\overline{DH}:\overline{HL}=2:1$이므로
$\overline{JH}:\overline{EL}=\overline{DH}:\overline{DL}=2:3$

$\therefore \overline{JH}=\dfrac{2}{3}\overline{EL}=\dfrac{2}{3}\times\dfrac{1}{2}\overline{EC}=\dfrac{1}{3}\overline{EC}$

$\overline{FH}=\overline{FI}+\overline{IJ}+\overline{JH}$

$\quad =\dfrac{1}{3}\overline{BE}+\dfrac{1}{3}\overline{AD}+\dfrac{1}{3}\overline{EC}$

$\quad =\dfrac{1}{3}(\overline{AD}+\overline{BE}+\overline{EC})$

$\quad =\dfrac{1}{3}(\overline{AD}+\overline{BC})$

또한, 점 G를 지나고 $\overline{AD}$와 수직인 직선이 $\overline{AD}$, $\overline{FH}$, $\overline{KL}$과 만나는 점을 각각 M, N, O라 하자. 즉, $\overline{MO}$는 사다리꼴 ABCD의 높이이며 △AED의 높이이다.

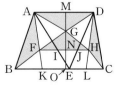

△AGD$=\dfrac{1}{3}$△AED이므로

$\overline{MG}=\dfrac{1}{3}\overline{MO}$

또한, $\overline{AM}\,/\!/\,\overline{FN}\,/\!/\,\overline{KO}$이고 $\overline{AK}:\overline{FK}=3:1$이므로

$\overline{NO}=\dfrac{1}{3}\overline{MO}$

$\therefore \overline{GN}=\dfrac{1}{3}\overline{MO}$

△GFH$=\dfrac{1}{2}\times\overline{FH}\times\overline{GN}$

$\quad =\dfrac{1}{2}\times\dfrac{1}{3}(\overline{AD}+\overline{BC})\times\dfrac{1}{3}\overline{MO}$

$\quad =\dfrac{1}{9}\times\dfrac{1}{2}(\overline{AD}+\overline{BC})\times\overline{MO}$

$\quad =\dfrac{1}{9}\square ABCD$

$\quad =\dfrac{1}{9}\times 45 = 5$

$\therefore$ △ABF+△AGD+△DHC+△GFH
$\quad =15+5=20$

7 경우의 수

Level 1   본문 84~87쪽

01 ②	02 ③	03 ①	04 ①	05 ④	06 ⑤	07 ⑤
08 ①	09 ⑤	10 ②	11 ④	12 ③	13 ①	14 ④
15 ②	16 ②					

01 3명의 친구에게 먼저 각각 연필을 2자루씩 나누어 주면 연필은 3개가 남는다.
남은 3자루의 연필을 다시 3명의 친구에게 나누어 주는 경우를 순서쌍으로 나타내면
$(0, 0, 3)$, $(0, 1, 2)$, $(0, 2, 1)$, $(0, 3, 0)$, $(1, 0, 2)$, $(1, 1, 1)$, $(1, 2, 0)$, $(2, 0, 1)$, $(2, 1, 0)$, $(3, 0, 0)$
의 10가지이다.

02 a로 시작하는 단어의 개수는
$4 \times 3 \times 2 \times 1 = 24$
e로 시작하는 단어의 개수는
$4 \times 3 \times 2 \times 1 = 24$
ka로 시작하는 단어의 개수는
$3 \times 2 \times 1 = 6$
ke로 시작하는 단어의 개수는
$3 \times 2 \times 1 = 6$
koa로 시작하는 단어의 개수는
$2 \times 1 = 2$
koe로 시작하는 단어의 개수는
$2 \times 1 = 2$
kora로 시작하는 단어의 개수는 1
이때
$24 + 24 + 6 + 6 + 2 + 2 + 1 = 65$
이므로 korea는 65번째 단어인 korae 다음이므로 66번째 단어이다.

03 꺼낸 3개의 구슬 중에 검은 구슬이 1개, 2개, 3개 있는 경우가 있다.

(ⅰ) 검은 구슬이 1개 있는 경우 : 2가지
나머지 2개가 빨간 구슬 1개와 흰 구슬 1개, 흰 구슬 2개
(ⅱ) 검은 구슬이 2개 있는 경우 : 2가지
나머지 1개가 빨간 구슬 1개, 흰 구슬 1개
(ⅲ) 검은 구슬이 3개 있는 경우 : 1가지
(ⅰ), (ⅱ), (ⅲ)에 의하여
$2 + 2 + 1 = 5$(가지)

04 각 자리의 숫자의 합이
3인 경우 : 12, 21의 2개
6인 경우 : 15, 24, 42, 51의 4개
9인 경우 : 18, 27, 36, 45, 54, 63, 72, 81의 8개
12인 경우 : 39, 48, 57, 75, 84, 93의 6개
15인 경우 : 69, 78, 87, 96의 4개
따라서 구하는 3의 배수의 개수는
$2 + 4 + 8 + 6 + 4 = 24$

함정 피하기
3의 배수는 각 자리의 숫자의 합이 3의 배수임을 이용하여 주어진 경우의 수를 구한다.

05 (ⅰ) 천의 자리에 올 수 있는 수는 1, 2, 3의 3개
(ⅱ) 백의 자리에 올 수 있는 수는 천의 자리에 사용된 숫자를 제외한 4개
(ⅲ) 십의 자리에 올 수 있는 수는 천의 자리와 백의 자리에 사용된 숫자를 제외한 3개
(ⅳ) 일의 자리에 올 수 있는 수는 천의 자리와 백의 자리와 십의 자리에 사용된 숫자를 제외한 2개
(ⅰ) ~ (ⅳ)에 의하여 구하는 4000보다 작은 수의 개수는
$3 \times 4 \times 3 \times 2 = 72$

06 집에서 학교까지 직접 가는 방법의 수는 4,
집에서 문구점까지 가는 방법의 수는 2,
문구점에서 학교까지 가는 방법의 수는 5이다.
집에서 출발하여 학교까지 갔다가 다시 집으로 돌아오는 경우는
집－문구점－학교－집, 집－학교－문구점－집으로 생각할 수 있다.
(ⅰ) 집－문구점－학교－집으로 가는 방법의 수는
$2 \times 5 \times 4 = 40$

(ⅱ) 집─학교─문구점─집으로 가는 방법의 수는
   $4 \times 5 \times 2 = 40$
(ⅰ), (ⅱ)에 의하여 구하는 방법의 수는
   $40 + 40 = 80$

07 남자 승객 2명을 A 구역에 배정하는 경우의 수는
$3 \times 2 = 6$
여자 승객 2명을 나머지 세 자리 중에서 두 자리에 배정하는 경우의 수는
$3 \times 2 = 6$
따라서 구하는 경우의 수는
$6 \times 6 = 36$

08

a	b				

첫 번째에는 무조건 a가, 두 번째에는 무조건 b가 와야 하므로 구하는 경우의 수는 나머지 네 자리에 a, b를 조건에 맞게 배열하는 경우의 수이다.
(ⅰ) b를 4번 사용하는 경우 : $bbbb$의 1가지
(ⅱ) b를 3번, a를 1번 사용하는 경우 : $abbb$, $babb$, $bbab$, $bbba$의 4가지
(ⅲ) b를 2번, a를 2번 사용하는 경우 : $baba$, $abab$, $abba$의 3가지
(ⅰ), (ⅱ), (ⅲ)에 의하여 전송할 수 있는 모든 문자의 개수는
$1 + 4 + 3 = 8$

09 한국인, 중국인, 일본인을 각각 A, B, C라 하면
AAAA, BBB, CC
와 같이 한국인, 중국인, 일본인을 각각 한 묶음으로 생각하여 세 묶음을 일렬로 세우는 경우의 수는
$3 \times 2 \times 1 = 6$
이때 한국인 4명이 서로 자리를 바꾸는 경우의 수는
$4 \times 3 \times 2 \times 1 = 24$
중국인 3명이 서로 자리를 바꾸는 경우의 수는
$3 \times 2 \times 1 = 6$
일본인 2명이 서로 자리를 바꾸는 경우의 수는
$2 \times 1 = 2$

따라서 구하는 경우의 수는
$6 \times 24 \times 6 \times 2 = 1728$

> **함정 피하기**
>
> 이웃하는 경우는 한 묶음으로 생각하고 그들끼리 자리를 바꿀 수 있음을 유의한다.

10 소설책, 산문집을 각각 A, B라 하면 소설책과 산문집을 번갈아 꽂는 경우는
ABABABAB, BABABABA
이므로 경우의 수는 2
각 경우에 대하여
소설책 4권을 일렬로 꽂는 경우의 수는
$4 \times 3 \times 2 \times 1 = 24$
산문집 4권을 일렬로 꽂는 경우의 수는
$4 \times 3 \times 2 \times 1 = 24$
따라서 구하는 경우의 수는
$2 \times 24 \times 24 = 1152$

11 경수와 제학이가 맨 앞 또는 맨 뒤에 서게 되는 경우의 수는
경수□□□제학, 제학□□□경수
의 2가지
경수와 제학이를 제외한 나머지 5명 중에서 3명을 뽑아 일렬로 세우는 경우의 수는
$5 \times 4 \times 3 = 60$
따라서 구하는 경우의 수는
$2 \times 60 = 120$

12 짝수가 되어야 하므로 일의 자리에 올 수 있는 수는 0, 2, 4의 3개이다.
(ⅰ) 일의 자리에 0이 오는 경우
   $4 \times 3 = 12$
(ⅱ) 일의 자리에 2가 오는 경우
   백의 자리에는 0이 올 수 없으므로
   $3 \times 3 = 9$
(ⅲ) 일의 자리에 4가 오는 경우
   백의 자리에는 0이 올 수 없으므로
   $3 \times 3 = 9$
(ⅰ), (ⅱ), (ⅲ)에 의하여 만들 수 있는 짝수의 개수는
$12 + 9 + 9 = 30$

13 (ⅰ) 명진이와 호철이가 모두 포함되도록 5명을 뽑는 경우의 수는 명진이와 호철이를 미리 뽑아 놓고, 나머지 7명에서 3명을 뽑으면 되므로

$$\frac{7 \times 6 \times 5}{3 \times 2 \times 1} = 35$$

(ⅱ) 5명을 명진이와 호철이가 이웃하도록 세우는 경우의 수는 명진이와 호철이를 한 사람으로 생각하여 4명을 한 줄로 세운 후 명진이와 호철이가 자리를 바꾸는 경우의 수와 같으므로

$$(4 \times 3 \times 2 \times 1) \times (2 \times 1) = 48$$

(ⅰ), (ⅱ)에 의하여 구하는 경우의 수는

$$35 \times 48 = 1680$$

14 전체 12개의 점 중에서 세 점을 연결하여 만들 수 있는 삼각형의 개수는 12개의 점 중에서 순서를 생각하지 않고 3개를 선택하는 경우의 수와 같으므로

$$\frac{12 \times 11 \times 10}{3 \times 2 \times 1} = 220$$

이때 한 직선 위에 있는 세 점은 삼각형을 만들 수 없다.

4개의 점 중에서 3개를 선택하는 경우의 수는 4이므로 삼각형이 만들어지지 않는 경우의 수는

$$4 \times 2 = 8$$

따라서 삼각형의 개수는

$$220 - 8 = 212$$

> **함정 피하기**
>
> 한 직선 위의 세 점을 연결하면 삼각형을 만들 수 없음에 유의하여 경우의 수를 구한다.

15 가로로 된 평행선 4개에서 2개를 선택하는 경우의 수는 서로 다른 4개 중에서 순서를 생각하지 않고 2개를 선택하는 경우의 수와 같으므로

$$\frac{4 \times 3}{2 \times 1} = 6$$

세로로 된 평행선 6개에서 2개를 선택하는 경우의 수는 서로 다른 6개 중에서 순서를 생각하지 않고 2개를 선택하는 경우의 수와 같으므로

$$\frac{6 \times 5}{2 \times 1} = 15$$

따라서 만들 수 있는 평행사변형의 개수는

$$6 \times 15 = 90$$

16 (ⅰ) 빨간색 공이 포함되고, 파란색, 노란색 공은 포함되지 않는 경우의 수는 빨간색 공을 미리 뽑아 놓고, 빨간색, 파란색, 노란색 공을 제외한 나머지 9개 중에서 3개를 뽑는 수와 같다.

이는 서로 다른 9개 중에서 순서를 생각하지 않고 3개를 선택하는 경우의 수와 같으므로

$$\frac{9 \times 8 \times 7}{3 \times 2 \times 1} = 84$$

(ⅱ) 같은 방법으로 빨간색, 파란색, 노란색 공 중에서 파란색 공만 포함되는 경우의 수와 노란색 공만 포함되는 경우의 수는 모두 $\dfrac{9 \times 8 \times 7}{3 \times 2 \times 1} = 84$이다.

(ⅰ), (ⅱ)에 의하여 구하는 경우의 수는

$$84 \times 3 = 252$$

> **함정 피하기**
>
> 주머니에서 공을 꺼내는 경우의 수는 순서를 생각하지 않고 선택하는 경우의 수와 같은 방법으로 구한다.

Level ②   본문 88~91쪽

01 ④   **02** ①   **03** ③   **04** ②   **05** ①   **06** ⑤   **07** ④

08 ②   **09** ①   **10** ③   **11** ⑤   **12** 6120   **13** ②   **14** ②

15 ④   **16** 3600

---

01 정팔면체의 꼭짓점 A에서 출발하여 꼭짓점 B로 움직인 후 꼭짓점 F에 도착하는 경우를 나열하면 다음과 같이 7가지이다.

A−B−F, A−B−C−F, A−B−C−D−F,
A−B−C−D−E−F, A−B−E−F,
A−B−E−D−F, A−B−E−D−C−F

같은 방법으로 꼭짓점 A에서 출발하여 꼭짓점 C 또는 D 또는 E로 움직인 후 꼭짓점 F에 도착하는 경우도 각각 7가지씩이다.

따라서 구하는 방법의 수는

$$7 \times 4 = 28$$

> **함정 피하기**
>
> 꼭짓점 A에서 출발하여 꼭짓점 F로 가는 경로의 수를 구할 때 중복되지 않고 누락되지 않게 방법의 수를 구한다.

02 주어진 입체도형의 옆면의 전개도는 다음 그림과 같다.

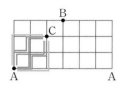

꼭짓점 A에서 꼭짓점 C까지 최단 거리로 가는 방법은 6가지이고 꼭짓점 C에서 꼭짓점 B까지 최단 거리로 가는 방법은 2가지이므로 구하는 최단 거리로 가는 방법의 수는

$6 \times 2 = 12$

03 선생님 3명과 학생 4명이 일렬로 서는 경우의 수는

$7 \times 6 \times 5 \times 4 \times 3 \times 2 \times 1 = 5040$

맨 앞과 맨 뒤에 학생 4명 중에서 2명이 서는 경우의 수는

$4 \times 3 = 12$

이때 나머지 학생 2명과 선생님 3명의 총 5명이 그 가운데에 일렬로 서는 경우의 수는

$5 \times 4 \times 3 \times 2 \times 1 = 120$

즉, 맨 앞과 맨 뒤에 모두 선생님이 서지 않는 경우의 수는

$12 \times 120 = 1440$

따라서 구하는 경우의 수는

$5040 - 1440 = 3600$

04 세 수의 곱이 짝수가 되는 경우의 수는 9장의 카드 중에서 3장을 뽑는 경우의 수에서 뽑은 3장의 카드에 적힌 숫자가 모두 홀수인 경우의 수를 빼면 된다.

즉, 9장의 카드 중에서 3장을 뽑는 경우의 수는

$\dfrac{9 \times 8 \times 7}{3 \times 2 \times 1} = 84$

뽑은 3장의 카드에 적힌 숫자가 모두 홀수인 경우의 수는 1, 3, 5, 7, 9가 적힌 카드에서 3장을 뽑는 경우의 수이므로

$\dfrac{5 \times 4 \times 3}{3 \times 2 \times 1} = 10$

따라서 구하는 경우의 수는

$84 - 10 = 74$

함정 피하기

세 수의 곱이 짝수인 경우는 세 수 중 적어도 하나가 짝수임을 이해하여 주어진 경우의 수를 구한다.

05 p, e, r, i, o, d의 6개의 문자를 한 줄로 나열할 때, 자음 중에서 적어도 2개가 이웃하는 경우의 수는 6개의 문자를 한 줄로 나

열하는 모든 경우의 수에서 자음 중에서 어느 것도 이웃하지 않는 경우의 수를 빼면 된다.

(ⅰ) 6개의 문자를 한 줄로 나열하는 경우의 수는

$6 \times 5 \times 4 \times 3 \times 2 \times 1 = 720$

(ⅱ) 자음 중에서 어느 것도 이웃하지 않는 경우의 수는

자음 p, r, d를 한 줄로 나열하고 그 사이에 모음 e, i, o가 오도록 나열하는 경우의 수와 같다.

즉, 자음을 나열하는 경우의 수는

$3 \times 2 \times 1 = 6$

자음 사이에 모음 e, i, o가 오는 경우는

∨자음∨자음∨자음

또는 자음∨자음∨자음∨

또는 자음∨∨자음∨자음

또는 자음∨자음∨∨자음

의 4가지이고 각 경우 모음 e, i, o를 나열하는 경우의 수는

$3 \times 2 \times 1 = 6$이므로

$6 \times 4 \times 6 = 144$

(ⅰ), (ⅱ)에 의하여 구하는 경우의 수는

$720 - 144 = 576$

다른 풀이

(ⅱ) 이웃해도 되는 모음 e, i, o를 먼저 나열하고 ∨e∨i∨o∨의 ∨ 표시된 네 자리 중 세 곳을 선택해서 자음을 나열하는 경우의 수는

$(3 \times 2 \times 1) \times (4 \times 3 \times 2) = 144$

(ⅰ), (ⅱ)에 의하여 구하는 경우의 수는

$720 - 144 = 576$

06 (ⅰ) 지불할 수 있는 방법의 수

10원짜리 동전 3개로 지불할 수 있는 방법은

0개, 1개, 2개, 3개의 4가지

100원짜리 동전 10개로 지불할 수 있는 방법은

0개, 1개, 2개, 3개, …, 9개, 10개의 11가지

500원짜리 동전 2개로 지불할 수 있는 방법은

0개, 1개, 2개의 3가지

이때 모두 0개를 지불하는 것은 지불하지 않은 것과 같으므로 지불할 수 있는 방법의 수는

$4 \times 11 \times 3 - 1 = 131$

(ⅱ) 지불할 수 있는 금액의 수

100원짜리 동전 5개로 지불할 수 있는 금액과 500원짜리 동전 1개로 지불할 수 있는 금액이 같으므로 500원짜리 동전 2개를 100원짜리 동전 10개로 바꾸어서 생각하면 지불할 수

있는 금액의 수는 10원짜리 동전 3개와 100원짜리 동전 20
개로 지불할 수 있는 금액의 수와 같다.

10원짜리 동전 3개로 지불할 수 있는 금액은
0원, 10원, 20원, 30원의 4가지

100원짜리 동전 20개로 지불할 수 있는 금액은
0원, 100원, 200원, $\cdots$, 2000원의 21가지

이때 0원을 지불하는 것은 지불하지 않은 것과 같으므로 구
하는 금액의 수는
$4 \times 21 - 1 = 83$

(i), (ii)에 의하여 $m = 131$, $n = 83$이므로
$m + n = 214$

함정 피하기

지불할 수 있는 금액의 수는 100원짜리 동전으로 500원짜리 동전을 만들
수 있음을 이해하고 주어진 방법의 수를 구한다.

07 20개의 점 중에서 4개의 점을 꼭짓점으로 하여 만들 수 있는 정
사각형과 그 개수는 각각 다음과 같다.

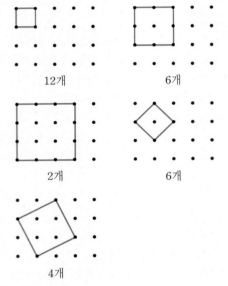

12개   6개

2개   6개

4개

따라서 만들 수 있는 정사각형의 개수는
$12 + 6 + 2 + 6 + 4 = 30$

08 A에 칠할 수 있는 색은 4가지, B에 칠할 수 있는 색은 A에 칠
한 색을 제외한 3가지

(i) A, C를 같은 색으로 칠할 때
C에 칠할 수 있는 색은 A에 칠한 색과 같은 색이므로 1가지,
D에 칠할 수 있는 색은 A(C)에 칠한 색을 제외한 3가지이

므로 방법의 수는
$4 \times 3 \times 1 \times 3 = 36$

(ii) A, C를 다른 색으로 칠할 때
C에 칠할 수 있는 색은 A, B에 칠한 색을 제외한 2가지, D
에 칠할 수 있는 색은 A, C에 칠한 색을 제외한 2가지이므
로 방법의 수는
$4 \times 3 \times 2 \times 2 = 48$

(i), (ii)에 의하여 구하는 방법의 수는
$36 + 48 = 84$

09 (i) 두 직선 $y = ax$와 $y = -x + b$의 교점의 x좌표가 1인 경우
$a = -1 + b$ $\therefore b = a + 1$
a, b는 주사위의 눈의 수이므로 위의 식을 만족시키는 순서
쌍 (a, b)는 $(1, 2)$, $(2, 3)$, $(3, 4)$, $(4, 5)$, $(5, 6)$의 5
가지이다.

(ii) 두 직선 $y = ax$와 $y = -x + b$의 교점의 x좌표가 2인 경우
$2a = -2 + b$ $\therefore b = 2a + 2$
a, b는 주사위의 눈의 수이므로 위의 식을 만족시키는 순서
쌍 (a, b)는 $(1, 4)$, $(2, 6)$의 2가지이다.

(i), (ii)에 의하여 구하는 경우의 수는
$5 + 2 = 7$

10 (i) 집 → A → 도서관
$4 \times 2 = 8$

(ii) 집 → A → B → 도서관
$4 \times 2 \times 2 = 16$

(iii) 집 → B → 도서관
$1 \times 2 = 2$

(iv) 집 → B → A → 도서관
$1 \times 2 \times 2 = 4$

(i) ~ (iv)에 의하여 집에서 도서관으로 가는 방법의 수는
$8 + 16 + 2 + 4 = 30$

11 할아버지, 할머니, 동생과 아버지, 어머니를 각각 하나로 묶어
3명을 한 줄로 세우는 경우의 수는
$3 \times 2 \times 1 = 6$
할아버지, 할머니, 동생은 서로 자리를 바꿀 수 있고 아버지와
어머니는 서 있는 순서가 정해져 있으므로 경우의 수는
$3 \times 2 \times 1 = 6$

따라서 구하는 경우의 수는

$6 \times 6 = 36$

함정 피하기

이웃하는 경우는 하나로 묶어 생각하고 서로 자리를 바꿀 수 있음을 유의한다.

12 주어진 문제의 조건은 다음과 같이 나누어 생각할 수 있다.

(i) B=C인 경우 : A, B, C, D, E, F에 색을 칠하는 방법의 수는

$6 \times 5 \times 1 \times 4 \times 4 \times 3 = 1440$

(ii) B≠C, C=E인 경우 : A, B, C, D, E, F에 색을 칠하는 방법의 수는

$6 \times 5 \times 4 \times 3 \times 1 \times 4 = 1440$

(iii) B≠C, C≠E인 경우 : A, B, C, D, E, F에 색을 칠하는 방법의 수는

$6 \times 5 \times 4 \times 3 \times 3 \times 3 = 3240$

(i), (ii), (iii)에 의하여 구하는 방법의 수는

$1440 + 1440 + 3240 = 6120$

13

(민서, 서현, 현수, □, □, □),
(민서, 서현, □, 현수, □, □),
(민서, 서현, □, □, 현수, □),
⋮

위와 같이 민서는 서현이 앞에, 서현이는 현수 앞에 서야 하므로 6자리에서 민서, 서현, 현수가 서는 3자리를 뽑는 경우의 수는 6명 중에서 자격이 같은 3명의 대표를 뽑는 경우의 수와 같다.

즉, $\dfrac{6 \times 5 \times 4}{3 \times 2 \times 1} = 20$

나머지 자리에 3명이 한 줄로 서는 경우의 수는

$3 \times 2 \times 1 = 6$

따라서 구하는 경우의 수는

$20 \times 6 = 120$

14 오른쪽 그림과 같이 네 지점 P, Q, R, S를 잡으면 A에서 B까지 최단 거리로 가는 방법은

A → P → B, A → Q → B,
A → R → B, A → S → B

이다.

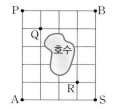

(i) A → P → B인 경우

$1 \times 1 = 1$

(ii) A → Q → B인 경우

$5 \times 4 = 20$

(iii) A → R → B인 경우

$4 \times 5 = 20$

(iv) A → S → B인 경우

$1 \times 1 = 1$

(i)~(iv)에 의하여 구하는 방법의 수는

$1 + 20 + 20 + 1 = 42$

함정 피하기

호수를 피해 갈 수 있는 지점을 잡고 최단 거리로 가는 방법의 수를 구한다.

15 먼저 각 접시에 초콜릿을 13개씩 담은 다음 남은 11개의 초콜릿을 3개 이하의 접시에 나누어 담으면 된다.

즉, 구하는 방법의 수는 11을 3개 이하의 자연수의 합으로 나타내는 경우의 수와 같으므로

$11 = 1 + 10 = 2 + 9 = 3 + 8 = 4 + 7 = 5 + 6$
$\quad\, = 1 + 1 + 9 = 1 + 2 + 8 = 1 + 3 + 7 = 1 + 4 + 6$
$\quad\, = 1 + 5 + 5 = 2 + 2 + 7 = 2 + 3 + 6 = 2 + 4 + 5$
$\quad\, = 3 + 3 + 5 = 3 + 4 + 4$

따라서 구하는 방법의 수는 16

함정 피하기

접시 3개에 13개씩 담고 남은 초콜릿의 개수로 3개 이하의 자연수의 합으로 나타내는 경우의 수를 구한다.

16 학생은 모두 6명이고 의자는 7개이므로 1개의 빈 자리가 생긴다. 이때 빈 자리 1개와 남학생 4명이 이웃해도 되므로 이들을 일렬로 나열하는 방법의 수는

$5 \times 4 \times 3 \times 2 \times 1 = 120$

빈 자리 1개와 남학생 4명 사이사이의 네 자리와 양 끝의 두 자리에 여학생 2명이 앉는 방법의 수는

$6 \times 5 = 30$

따라서 구하는 방법의 수는

$120 \times 30 = 3600$

Level ③ 본문 92~93쪽

01 36 **02** ④ **03** ② **04** ③ **05** ⑤ **06** ③

01 성희는 A에서 C로, 희수는 C에서 A로 굵은 선을 따라 걸으므로 성희와 희수는 오른쪽 그림의 선분 PQ의 중점에서 만나게 된다.
즉, 성희, 희수, 수연이가 모두 만나려면 수연이가 B에서 출발하여 선분 PQ를 거쳐 D까지 최단 거리로 가면 된다.

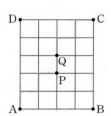

B에서 P로 가는 경우의 수는 6가지
P에서 Q로 가는 경우의 수는 1가지
Q에서 D로 가는 경우의 수는 6가지
따라서 구하는 방법의 수는
$6 \times 1 \times 6 = 36$

02 12장의 카드 중 세 개의 숫자 1, 2, 3이 각각 4장씩 있으므로 만들 수 있는 네 자리의 자연수의 개수는 천의 자리, 백의 자리, 십의 자리, 일의 자리에 각각 1, 2, 3이 모두 올 수 있으므로
$3 \times 3 \times 3 \times 3 = 81$
(i) 1이 2개 연속하고 나머지는 다른 숫자가 나타나는 경우
11□□, □11□, □□11 꼴의 세 종류가 있고, 이때 □ 자리에는 각각 2, 3이 모두 올 수 있으므로
$3 \times 2 \times 2 = 12$
(ii) 1이 3개 연속하여 나타나는 경우
1112, 1113, 2111, 3111의 4개
(iii) 1이 3개 연속하여 나타나지 않는 경우
11□1, 1□11 꼴로
1121, 1131, 1211, 1311의 4개
(iv) 1이 4개 연속하여 나타나는 경우
1111의 1개
(i)~(iv)에 의하여 1이 연속하여 나타나지 않는 네 자리의 자연수의 개수는
$81 - (12 + 4 + 4 + 1) = 60$

03 4의 배수가 되는 경우는 끝의 두 자리의 숫자의 배열이 04, 20, 40 또는 12, 24, 32이다.

(i) 끝의 두 자리의 숫자의 배열이 04, 20, 40일 때
나머지 3개의 숫자 중 2개를 택하여 한 줄로 나열하면 되므로 $3 \times 2 = 6$
(ii) 끝의 두 자리의 숫자의 배열이 12, 24, 32일 때
천의 자리에는 나머지 3개의 숫자 중 0을 제외한 2개의 숫자가 올 수 있고, 백의 자리에는 0과 나머지 1개의 숫자가 올 수 있으므로
$2 \times 2 = 4$
(i), (ii)에 의하여 구하는 4의 배수의 개수는
$6 \times 3 + 4 \times 3 = 18 + 12 = 30$

04 각 팀은 모든 팀과 서로 3번씩 만났을 때 135경기를 치르므로 각 팀이 모든 팀과 서로 1번씩 만났을 때 경기 수는
$\dfrac{135}{3} = 45$
이다.
이 축구 대회에 n개의 팀이 참여했다고 하면 치러진 경기의 수는 n개의 팀에서 순서를 생각하지 않고 2팀을 뽑는 경우의 수와 같으므로
$\dfrac{n \times (n-1)}{2 \times 1} = 45$
$n(n-1) = 90 = 10 \times 9$
$\therefore n = 10$
따라서 이 축구 대회에 참여한 모든 팀의 수는 10이다.

05 1부터 30까지의 홀수를 3으로 나누었을 때의 나머지가 0, 1, 2인 수를 다음과 같이 나타내 보자.
$A_0 = \{3, 9, 15, 21, 27\}$
$A_1 = \{1, 7, 13, 19, 25\}$
$A_2 = \{5, 11, 17, 23, 29\}$
1부터 30까지의 홀수 중에서 택한 서로 다른 두 수의 합이 3의 배수가 되는 경우는 다음과 같다.
(i) A_0에서 2개를 모두 택하는 경우
이 경우의 수는 서로 다른 5개 중에서 순서를 생각하지 않고 2개를 선택하는 경우의 수와 같으므로
$\dfrac{5 \times 4}{2 \times 1} = 10$
(ii) A_1, A_2에서 각각 하나씩 택하는 경우
이 경우의 수는 A_1에서 하나, A_2에서 하나를 선택하는 경우의 수와 같으므로
$5 \times 5 = 25$
(i), (ii)에 의하여 두 수의 합이 3의 배수가 되는 경우의 수는

$10+25=35$

함정 피하기

주어진 자연수를 3으로 나누었을 때 나머지가 같은 모임으로 나타내고 그 모임에서 3의 배수가 되는 경우의 수를 구한다.

06 12개의 점 중에서 3개의 점을 택하는 경우의 수는 서로 다른 n개 중에서 순서를 생각하지 않고 3개 $(n \geq 3)$를 선택하는 경우의 수와 같으므로

$$\frac{12 \times 11 \times 10}{3 \times 2 \times 1} = 220$$

이때 고른 3개의 점이 오른쪽 그림의 직선 위의 점일 때는 삼각형이 만들어지지 않으므로 각 경우의 수는 다음과 같다.

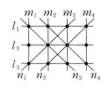

(ⅰ) 세 점이 직선 l_1 또는 l_2 또는 l_3 위의 점일 경우

각 직선 위의 네 점에서 세 점을 택하는 경우의 수는 4가지이므로

$3 \times 4 = 12$

(ⅱ) 세 점이 직선 m_1 또는 m_2 또는 m_3 또는 m_4 위의 점일 경우

4가지

(ⅲ) 세 점이 직선 n_1 또는 n_2 또는 n_3 또는 n_4 위의 점일 경우

4가지

(ⅰ), (ⅱ), (ⅲ)에 의하여 구하는 삼각형의 개수는

$220 - 12 - 4 - 4 = 200$

함정 피하기

한 직선 위의 세 점은 삼각형을 만들지 못함을 유의하여 주어진 삼각형의 개수를 구한다.

Level 4   본문 94~95쪽

01 ⑤   **02** 54   **03** 24   **04** 50   **05** 315   **06** ②

01 **풀이전략** 조건에 맞는 여러 가지 경로를 찾은 후 각 경로에 맞는 경우의 수를 구한다.

최단 거리로 가는 경우는 다음과 같이 구할 수 있다.

$X \to B$ 또는 $A \to W$로 가는 경우의 수는 아래와 같이 10가지이다.

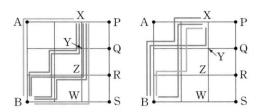

$A \to Z$ 또는 $Y \to B$로 가는 경우의 수는 아래와 같이 6가지이다.

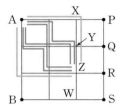

$A \to Y$ 또는 $Z \to B$로 가는 경우의 수는 아래와 같이 3가지이다.

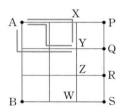

(ⅰ) $A \to P \to B$를 최단 거리로 가는 경우

$A \to X \to P \to X \to B$를 최단 거리로 가는 경우의 수($X \to B$로 가는 경로에서 A를 다시 들르는 경우는 제외)와 같으므로

$1 \times 1 \times 1 \times (10-1) = 9$

(ⅱ) $A \to Q \to B$를 최단 거리로 가는 경우

$A \to Y \to Q \to Y \to B$를 최단 거리로 가는 경우의 수와 같으므로

$3 \times 1 \times 1 \times 6 = 18$

(ⅲ) $A \to R \to B$를 최단 거리로 가는 경우

$A \to Z \to R \to Z \to B$를 최단 거리로 가는 경우의 수와 같으므로

$6 \times 1 \times 1 \times 3 = 18$

(ⅳ) $A \to S \to B$를 최단 거리로 가는 경우

$A \to W \to S \to W \to B$를 최단 거리로 가는 경우의 수($A \to W$로 가는 경로에서 B를 중간에 들르는 경우는 제외)와 같으므로

$(10-1) \times 1 \times 1 \times 1 = 9$

(ⅰ)~(ⅳ)에 의하여 구하는 경우의 수는

$9 + 18 + 18 + 9 = 54$

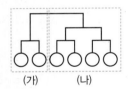

02 (풀이전략) A가 발령받는 학교에 따라 경우를 나눈 후 B를 발령할 수 있는 경우의 수를 구한다.

(ⅰ) A가 신주 중학교 또는 국주 중학교에 발령이 나는 경우
B는 상주, 민주, 수주 중학교 3곳에 발령할 수 있고 C, D, E는 A, B가 발령한 곳을 제외한 곳에 발령하면 되므로 구하는 경우의 수는
$2 \times 3 \times 3 \times 2 \times 1 = 36$

(ⅱ) A가 상주 중학교에 발령이 나는 경우
B는 민주, 수주 중학교 2곳에 발령할 수 있고, C, D, E는 A, B가 발령한 곳을 제외한 곳에 발령하면 되므로 구하는 경우의 수는
$2 \times 3 \times 2 \times 1 = 12$

(ⅲ) A가 민주 중학교에 발령이 나는 경우
B는 수주 중학교 1곳에 발령할 수 있고, C, D, E는 A, B가 발령한 곳을 제외한 곳에 발령하면 되므로 구하는 경우의 수는
$1 \times 3 \times 2 \times 1 = 6$

(ⅰ), (ⅱ), (ⅲ)에 의하여 구하는 모든 경우의 수는
$36 + 12 + 6 = 54$

03 (풀이전략) 두 선수가 반드시 결승에서만 만나기 위한 경우를 생각한 후, 주어진 경우의 수를 구한다.

대진표를 위의 그림과 같이 쪼개면 두 선수 태환이와 동진이가 반드시 결승전에서만 만날 수 있도록 하기 위해서는 두 선수가 (가), (나)에 각각 한 사람씩 들어가야 한다.
태환이와 동진이를 제외한 나머지 4명의 선수를 (가)에 들어갈 1명과 (나)에 들어갈 3명으로 나누는 방법의 수는 4명 중에서 한 명이 (가)에 들어가면 나머지는 (나)에 들어가므로 4가지
또, (나)에 들어갈 3명을 태환이 또는 동진이와 시합할 1명, 서로 시합할 2명으로 나누는 방법의 수는 3명 중에서 태환이 또는 동진이와 시합할 1명이 정해지면 나머지 2명은 자동으로 결정되므로 3가지
두 선수 태환이와 동진이를 (가), (나)에 한 명씩 배치하는 방법의 수는 2가지
따라서 대진표를 만드는 방법의 수는
$4 \times 3 \times 2 = 24$

04 (풀이전략) 조건에 맞게 점 P가 4가지 방향으로 가는 횟수를 순서쌍으로 나타낸 후, 각각의 경우의 수를 구한다.

점 P가 5번 움직이는 동안 x축의 양의 방향으로 a번, 음의 방향으로 b번 움직이고 y축의 양의 방향으로 c번, 음의 방향으로 d번 움직인다고 하면
$a-b=1$, $c-d=2$, $a+b+c+d=5$
이를 모두 만족시키는 순서쌍 (a, b, c, d)는 $(1, 0, 3, 1)$, $(2, 1, 2, 0)$이다.

(ⅰ) 순서쌍 (a, b, c, d)가 $(1, 0, 3, 1)$인 경우
a, c, c, c, d를 일렬로 나열하는 경우의 수는
a, c_1, c_2, c_3, d라 할 때 c_1, c_2, c_3을 나열하는 경우는 c_1, c_2, c_3 순서와 상관없이 모두 같은 경우이므로 서로 다른 5개를 나열한 경우의 수 $5 \times 4 \times 3 \times 2 \times 1$에서
c_1, c_2, c_3을 나열하는 경우의 수 $3 \times 2 \times 1$만큼 나누는 것과 같다.
즉, $\dfrac{5 \times 4 \times 3 \times 2 \times 1}{3 \times 2 \times 1} = 20$

(ⅱ) 순서쌍 (a, b, c, d)가 $(2, 1, 2, 0)$인 경우
a, a, b, c, c를 일렬로 나열하는 경우의 수는
a_1, a_2, b, c_1, c_2라 할 때 a_1, a_2, c_1, c_2를 나열하는 경우는 a_1, a_2 순서와 상관없이 모두 같고 c_1, c_2 순서와 상관없이 모두 같은 경우이므로 서로 다른 5개를 나열한 경우의 수 $5 \times 4 \times 3 \times 2 \times 1$에서 a_1, a_2를 나열하는 경우의 수 2×1과 c_1, c_2를 나열하는 경우의 수 2×1만큼 나누는 것과 같다.
즉, $\dfrac{5 \times 4 \times 3 \times 2 \times 1}{2 \times 1 \times 2 \times 1} = 30$

(ⅰ), (ⅱ)에 의하여 구하는 경우의 수는
$20 + 30 = 50$

05 (풀이전략) 자기 번호가 적힌 의자에 앉는 3명은 고정하고 남은 4명이 다른 번호가 적힌 의자에 앉는 경우의 수를 구한다.

7명의 학생 중에서 자기 번호가 적힌 의자에 앉는 3명을 뽑는 경우의 수는
7명 중 순서를 생각하지 않고 3명을 뽑는 경우의 수와 같으므로
$\dfrac{7 \times 6 \times 5}{3 \times 2 \times 1} = 35$

이때 1번, 2번, 3번은 자기 번호가 적힌 의자에 앉고, 4번, 5번, 6번, 7번은 다른 번호가 적힌 의자에 앉는 경우의 수는 다음 표와 같이 9가지이다.

의자 번호	1	2	3	4	5	6	7
학생 번호	1	2	3	5	4	7	6
	1	2	3	5	6	7	4
	1	2	3	5	7	4	6
	1	2	3	6	4	7	5
	1	2	3	6	7	4	5
	1	2	3	6	7	5	4
	1	2	3	7	4	5	6
	1	2	3	7	6	4	5
	1	2	3	7	6	5	4

따라서 구하는 경우의 수는

$35 \times 9 = 315$

06 **풀이전략** 각각의 가로줄에 놓인 원에 칠할 수 있는 방법의 수를 구한다.

빨간색, 파란색, 노란색, 초록색을 각각 A, B, C, D라 하면
(i) 첫째 줄에 있는 원에 4가지 색을 칠할 수 있는 방법의 수는

$4 \times 3 \times 2 \times 1 = 24$

(ii) 첫째 줄에 있는 원에 순서대로 A, B, C, D를 칠했다면 둘째 줄에 있는 원 중에서 처음 원에 B를 칠하는 경우는 다음과 같다.

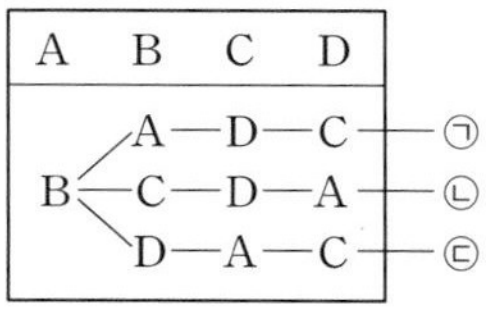

각각에 대하여 셋째 줄에 있는 원에 4가지 색을 칠하는 경우는 다음과 같이 모두 8가지이다.

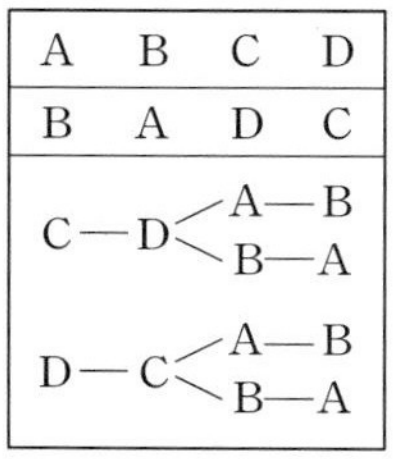

4가지

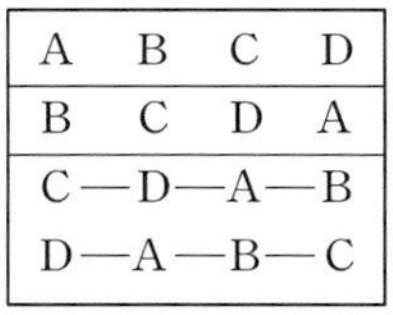

2가지

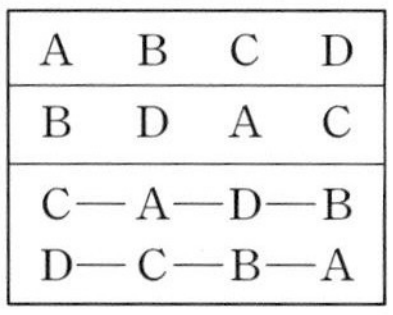

2가지

(iii) 둘째 줄에 있는 원 중에서 처음 원에 C 또는 D를 칠하는 경우는 (ii)와 같이 각각 8가지이다.
(i), (ii), (iii)에 의하여 구하는 경우의 수는

$24 \times 8 \times 3 = 576$

VI. 확률

8 확률

본문 98~101쪽

Level 1

01 ④	02 ③	03 ④	04 ③	05 ④	06 ②	07 ④
08 ⑤	09 ④	10 ①	11 ⑤	12 ②	13 ④	14 ③
15 ①	16 ③					

01 6개의 공 중에서 2개의 공을 꺼내는 방법의 수는

$\dfrac{6 \times 5}{2 \times 1} = 15$

꺼낸 공에 적힌 두 수의 합이 소수인 경우의 수는

$(1, 2)$, $(1, 4)$, $(1, 6)$,

$(2, 3)$, $(2, 5)$,

$(3, 4)$, $(5, 6)$

의 7이다.

따라서 구하는 확률은 $\dfrac{7}{15}$

02 6개의 선분 중에서 3개를 고르는 경우의 수는

$\dfrac{6 \times 5 \times 4}{3 \times 2 \times 1} = 20$

삼각형이 만들어지는 경우는 두 변의 길이의 합이 나머지 한 변의 길이보다 커야 하므로

$(2, 3, 4)$, $(2, 4, 5)$, $(2, 5, 6)$, $(3, 4, 5)$,

$(3, 4, 6)$, $(3, 5, 6)$, $(4, 5, 6)$

의 7가지이다.

따라서 구하는 확률은 $\dfrac{7}{20}$

> **함정 피하기**
> 두 변의 길이의 합이 나머지 한 변의 길이보다 작거나 같으면 삼각형이 만들어지지 않음에 유의한다.

03 모든 경우의 수는

$6 \times 6 = 36$

점 P가 꼭짓점 A에 오려면 나온 두 눈의 수의 합이 4 또는 8 또는 12이어야 한다.

(i) 눈의 수의 합이 4인 경우는

$(1, 3)$, $(2, 2)$, $(3, 1)$의 3가지

(ii) 눈의 수의 합이 8인 경우는

$(2, 6)$, $(3, 5)$, $(4, 4)$, $(5, 3)$, $(6, 2)$의 5가지

(iii) 눈의 수의 합이 12인 경우는

$(6, 6)$의 1가지

(i), (ii), (iii)에 의하여 구하는 확률은

$\dfrac{9}{36} = \dfrac{1}{4}$

04 ㄱ. A 주머니에는 흰 바둑돌 밖에 없으므로 검은 바둑돌이 나올 확률은 0이다. (참)

ㄴ. B 주머니에서 흰 바둑돌 또는 검은 바둑돌이 나올 확률은 반드시 일어나므로 1이다. (참)

ㄷ. A 주머니에서 바둑돌 1개를 꺼내 B 주머니에 넣으면 B 주머니에는 흰 바둑돌 6개, 검은 바둑돌 3개가 들어 있게 되므로 구하는 확률은

$\dfrac{3}{9} = \dfrac{1}{3}$

이다. (거짓)

따라서 옳은 것은 ㄱ, ㄴ이다.

05 동아리 회원 7명 중에서 대표 2명을 뽑는 경우의 수는

$\dfrac{7 \times 6}{2 \times 1} = 21$

대표 2명 모두 남학생이 뽑히는 경우의 수는

$\dfrac{4 \times 3}{2 \times 1} = 6$

이므로 대표 2명 모두 남학생이 뽑힐 확률은

$\dfrac{6}{21} = \dfrac{2}{7}$

따라서 구하는 확률은

$1 - ($대표 2명 모두 남학생이 뽑힐 확률$)$

$= 1 - \dfrac{2}{7} = \dfrac{5}{7}$

06 한 번의 타석에서 안타를 치지 못할 확률은

$1 - 0.25 = 0.75 = \dfrac{3}{4}$

세 번의 타석에서 모두 안타를 치지 못할 확률은

$\dfrac{3}{4} \times \dfrac{3}{4} \times \dfrac{3}{4} = \dfrac{27}{64}$

따라서 구하는 확률은

$1 - \dfrac{27}{64} = \dfrac{37}{64}$

07 10개의 제비 중에서 임의로 3개의 제비를 동시에 뽑는 경우의 수는

$$\frac{10 \times 9 \times 8}{3 \times 2 \times 1} = 120$$

2개의 당첨 제비를 제외한 나머지 8개의 제비 중에서 3개를 뽑는 경우의 수는

$$\frac{8 \times 7 \times 6}{3 \times 2 \times 1} = 56$$

이므로 당첨 제비가 하나도 뽑히지 않을 확률은

$$\frac{56}{120} = \frac{7}{15}$$

따라서 구하는 확률은

$$1 - \frac{7}{15} = \frac{8}{15}$$

08 모든 경우의 수는

$$6 \times 6 = 36$$

$x + 2y < 6$을 만족시키는 순서쌍 (x, y)는

$(1, 1)$, $(1, 2)$, $(2, 1)$, $(3, 1)$

의 4가지이므로 $x + 2y < 6$일 확률은

$$\frac{4}{36} = \frac{1}{9}$$

따라서 $x + 2y \geq 6$일 확률은

$$1 - \frac{1}{9} = \frac{8}{9}$$

> **함정 피하기**
> 어떤 사건이 일어나지 않을 확률을 이용하여 $x + 2y < 6$을 만족시키는 경우의 수를 구한 후, 주어진 확률을 구한다.

09 내일 비가 오고, 모레 비가 안 올 확률은

$$\frac{6}{10} \times \left(1 - \frac{3}{10}\right) = \frac{42}{100}$$

내일 비가 안 오고 모레 비가 올 확률은

$$\left(1 - \frac{6}{10}\right) \times \frac{3}{10} = \frac{12}{100}$$

따라서 구하는 확률은

$$\frac{42}{100} + \frac{12}{100} = \frac{54}{100} = \frac{27}{50}$$

10 민구, 천희, 수연 세 사람이 가위바위보를 내는 경우의 수는

$$3 \times 3 \times 3 = 27$$

민구만 이길 경우는

(가위, 보, 보), (바위, 가위, 가위), (보, 바위, 바위)

의 3가지이므로 그 확률은 $\frac{3}{27} = \frac{1}{9}$

민구와 천희가 같이 이길 경우는

(가위, 가위, 보), (바위, 바위, 가위), (보, 보, 바위)

의 3가지이므로 그 확률은 $\frac{3}{27} = \frac{1}{9}$

마찬가지 방법으로 생각하면 민구와 수연이가 같이 이길 확률도

$$\frac{3}{27} = \frac{1}{9}$$

따라서 민구가 이길 확률은

(민구만 이길 확률) + (민구와 천희가 같이 이길 확률)

$$+ (\text{민구와 수연이가 같이 이길 확률})$$

$$= \frac{1}{9} + \frac{1}{9} + \frac{1}{9}$$

$$= \frac{3}{9} = \frac{1}{3}$$

11 세 자리의 정수를 만드는 경우의 수는

$$5 \times 5 \times 4 = 100$$

짝수가 되려면 일의 자리 숫자가 0, 2, 4이어야 하므로 다음과 같이 나누어 생각한다.

(i) 일의 자리의 숫자가 0인 경우

백의 자리와 십의 자리에 올 수 있는 경우의 수는

$$5 \times 4 = 20$$

(ii) 일의 자리의 숫자가 2인 경우

백의 자리와 십의 자리에 올 수 있는 경우의 수는

$$4 \times 4 = 16$$

(iii) 일의 자리의 숫자가 4인 경우

백의 자리와 십의 자리에 올 수 있는 경우의 수는

$$4 \times 4 = 16$$

(i), (ii), (iii)에 의하여 짝수가 되는 경우의 수는

$$20 + 16 + 16 = 52$$

따라서 구하는 확률은

$$\frac{52}{100} = \frac{13}{25}$$

12 6명이 한 줄로 서는 모든 경우의 수는

$$6 \times 5 \times 4 \times 3 \times 2 \times 1 = 720$$

남학생 3명이 서로 이웃하여 서는 경우의 수는 남학생 3명을 하나로 생각하여 4개를 일렬로 세운 후 남학생 3명의 자리를 바꾸는 경우의 수와 같으므로

$$(4 \times 3 \times 2 \times 1) \times (3 \times 2 \times 1) = 144$$

따라서 구하는 확률은

$$\frac{144}{720} = \frac{1}{5}$$

함정 피하기

남학생 3명을 한 묶음으로 생각하고 그 남학생끼리 자리를 바꿀 수 있음을 유의한다.

13 철수가 이기면 ○, 지면 ×라 하면 3번의 경기에서 철수가 먼저 2번을 이겨서 승리하는 경우는 다음과 같다.

1번째	2번째	3번째
○	○	
○	×	○
×	○	○

한 경기에서 철수가 이길 확률이 $\frac{1}{3}$, 질 확률이 $\frac{2}{3}$이므로

철수가 2번째 경기에서 승리하는 확률은

$\frac{1}{3}\times\frac{1}{3}=\frac{1}{9}$

철수가 3번째 경기에서 승리하는 확률은

$\frac{1}{3}\times\frac{2}{3}\times\frac{1}{3}+\frac{2}{3}\times\frac{1}{3}\times\frac{1}{3}=\frac{4}{27}$

따라서 구하는 확률은

$\frac{1}{9}+\frac{4}{27}=\frac{7}{27}$

14 (i) (홀수, 3, 5)가 나올 확률은

$\frac{2}{3}\times\frac{1}{2}\times\frac{1}{6}=\frac{1}{18}$

(ii) (홀수, 5, 3)이 나올 확률은

$\frac{2}{3}\times\frac{1}{6}\times\frac{1}{2}=\frac{1}{18}$

(iii) (홀수, 4, 4)가 나올 확률은

$\frac{2}{3}\times\frac{1}{3}\times\frac{1}{3}=\frac{2}{27}$

(i), (ii), (iii)에 의하여 구하는 확률은

$\frac{1}{18}+\frac{1}{18}+\frac{2}{27}=\frac{5}{27}$

함정 피하기

첫 번째 나온 수는 홀수이고 두 번째와 세 번째 나온 수의 합이 8이 되는 경우를 나누어 주어진 확률을 구한다.

15 당첨 제비를 뽑는 경우를 ○, 뽑지 못하는 경우를 ×라 하면 수지가 당첨 제비를 뽑는 경우와 확률은 다음과 같다.

지수	미연	수지	확률
○	○	○	$\frac{3}{8}\times\frac{2}{7}\times\frac{1}{6}=\frac{1}{56}$
○	×	○	$\frac{3}{8}\times\frac{5}{7}\times\frac{2}{6}=\frac{5}{56}$
×	○	○	$\frac{5}{8}\times\frac{3}{7}\times\frac{2}{6}=\frac{5}{56}$
×	×	○	$\frac{5}{8}\times\frac{4}{7}\times\frac{3}{6}=\frac{5}{28}$

따라서 구하는 확률은

$\frac{1}{56}+\frac{5}{56}+\frac{5}{56}+\frac{5}{28}=\frac{21}{56}=\frac{3}{8}$

16 오른쪽 그림과 같이 $\overline{AB}$를 지름으로 하는 원 O의 원주 위에 점 P가 있을 때 △ABP는 직각삼각형이 되므로 원의 바깥쪽의 색칠한 부분에 점 P가 있을 때 △ABP는 예각삼각형이 된다.

따라서 구하는 확률은

$$\frac{(\text{색칠한 부분의 넓이})}{\square\text{ABCD}}=\frac{1-\frac{1}{2}\times\pi\times\left(\frac{1}{2}\right)^2}{1}=1-\frac{\pi}{8}$$

참고

△ABP에서 $\overline{AB}=p$, $\overline{PB}=a$, $\overline{PA}=b$이고, p가 가장 긴 변의 길이일 때

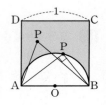

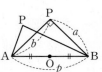

(1) ∠P=90°인 직각삼각형 ABP의 외심 O는 빗변 AB의 중점이므로 $\overline{AB}$는 △ABP의 외접원의 지름이 된다.

(2) ① $p^2<a^2+b^2$이면 ∠P<90°이고 △ABP는 예각삼각형이다.

② $p^2=a^2+b^2$이면 ∠P=90°이고 △ABP는 직각삼각형이다.

③ $p^2>a^2+b^2$이면 ∠P>90°이고 △ABP는 둔각삼각형이다.

본문 102~105쪽

01 ②	02 ⑤	03 ⑤	04 ③	05 ③	06 ②	07 ④
08 ②	09 ②	10 ①	11 ⑤	12 ④	13 ⑤	14 ①
15 ②	16 ①					

01 두 개의 주사위를 동시에 던져서 나오는 모든 경우의 수는
$6 \times 6 = 36$

오른쪽 그림에서 삼각형 PQR의 넓이
가 24이면

$\frac{1}{2} \times 2a \times 2b = 24$

$\therefore ab = 12$

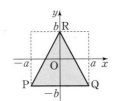

$ab = 12$를 만족시키는 순서쌍 (a, b)
는
$(2, 6), (3, 4), (4, 3), (6, 2)$
의 4가지이다.

따라서 구하는 확률은

$\frac{4}{36} = \frac{1}{9}$

02 한 개의 주사위를 두 번 던져서 나오는 모든 경우의 수는
$6 \times 6 = 36$

(i) 첫 번째 나온 눈의 수가 1인 경우

　두 번째는 어떤 수가 나와도 1은 그 수의 약수이므로 6가지
　이다.

(ii) 첫 번째 나온 눈의 수가 2인 경우

　두 번째는 2, 4, 6이 나와야 하므로 3가지이다.

(iii) 첫 번째 나온 눈의 수가 3인 경우

　두 번째는 3, 6이 나와야 하므로 2가지이다.

(iv) 첫 번째 나온 눈의 수가 4, 5, 6인 경우

　두 번째는 각각 4, 5, 6이 나와야 하므로 1가지씩이다.

(i)~(iv)에 의하여 첫 번째 나온 눈의 수가 두 번째 나온 눈의 수
의 약수인 경우의 수는
$6 + 3 + 2 + 1 + 1 + 1 = 14$

따라서 구하는 확률은

$\frac{14}{36} = \frac{7}{18}$

함정 피하기

첫 번째 나온 눈의 수에 대하여 각각이 두 번째 나온 눈의 수의 약수가 되
는 경우의 수를 확인한다.

03 5명이 월요일부터 금요일까지 물을 주는 순번을 정하는 경우의
수는
$5 \times 4 \times 3 \times 2 \times 1$

여학생 3명 중에서 2명을 뽑아 월요일과 금요일에 물을 주고 나
머지 3명을 화요일, 수요일, 목요일에 물을 주는 순번을 정하는
경우의 수는
$3 \times 2 \times (3 \times 2 \times 1)$

따라서 월요일과 금요일에 모두 여학생이 물을 줄 확률은

$\frac{3 \times 2 \times (3 \times 2 \times 1)}{5 \times 4 \times 3 \times 2 \times 1} = \frac{3}{10}$

따라서 월요일 또는 금요일에 남학생이 물을 주게 될 확률은

$1 - \frac{3}{10} = \frac{7}{10}$

04 두 명이 도로를 택하는 경우의 수는
$5 \times 5 = 25$

이때 두 명이 같은 도로를 택하는 경우의 수는 5이고,
이웃한 도로를 택하는 경우의 수는 $2 \times 4 = 8$이다.

따라서 구하는 확률은

$\frac{5}{25} + \frac{8}{25} = \frac{13}{25}$

05 카드에 적힌 수가 12의 약수인 경우의 수는 1, 2, 3, 4, 6, 12의
6이므로 그 확률은

$\frac{6}{15} = \frac{2}{5}$

이 사람이 거짓을 말할 확률은

$1 - \frac{4}{5} = \frac{1}{5}$

(i) 12의 약수를 뽑고 12의 약수라고 대답할 확률은

　$\frac{2}{5} \times \frac{4}{5} = \frac{8}{25}$

(ii) 12의 약수를 뽑지 않고 12의 약수라고 대답할 확률은

　$\left(1 - \frac{2}{5}\right) \times \frac{1}{5} = \frac{3}{25}$

(i), (ii)에 의하여 구하는 확률은

$\frac{8}{25} + \frac{3}{25} = \frac{11}{25}$

06 7개의 점 중에서 3개를 택하는 경우의 수는

$\frac{7 \times 6 \times 5}{3 \times 2 \times 1} = 35$

여기서 삼각형이 되는 경우는 l에서 2개, m에서 1개를 택하거나 l에서 1개, m에서 2개를 택할 때이므로 경우의 수는

$$\frac{3\times2}{2\times1}\times4+3\times\frac{4\times3}{2\times1}=30$$

따라서 구하는 확률은

$$\frac{30}{35}=\frac{6}{7}$$

07 첫 번째에 흰 공, 두 번째에 흰 공이 나올 확률은

$$\frac{4}{7}\times\frac{5}{8}=\frac{5}{14}$$

첫 번째에 검은 공, 두 번째에 흰 공이 나올 확률은

$$\frac{3}{7}\times\frac{4}{8}=\frac{3}{14}$$

따라서 구하는 확률은

$$\frac{5}{14}+\frac{3}{14}=\frac{8}{14}=\frac{4}{7}$$

08 6의 약수의 눈이 나올 확률은 $\frac{2}{3}$, 6의 약수의 눈이 나오지 않을 확률은 $\frac{1}{3}$이다.

주사위를 던져서 세 번째에 도형을 모두 칠해야 하므로 첫 번째와 두 번째에는 모두 6의 약수 또는 6의 약수가 아닌 눈이 나와야 한다.

첫 번째와 두 번째에는 6의 약수의 눈이 나오고 세 번째에 6의 약수의 눈이 나오지 않을 확률은

$$\frac{2}{3}\times\frac{2}{3}\times\frac{1}{3}=\frac{4}{27}$$

첫 번째와 두 번째에는 6의 약수가 아닌 눈이 나오고 세 번째에 6의 약수의 눈이 나올 확률은

$$\frac{1}{3}\times\frac{1}{3}\times\frac{2}{3}=\frac{2}{27}$$

따라서 구하는 확률은

$$\frac{4}{27}+\frac{2}{27}=\frac{6}{27}=\frac{2}{9}$$

09 정육면체의 꼭짓점 중에서 세 꼭짓점을 택하여 만들 수 있는 삼각형의 개수는

$$\frac{8\times7\times6}{3\times2\times1}=56$$

이때 직각이등변삼각형은 정육면체의 각 면마다 4개씩 만들어지므로 직각이등변삼각형의 개수는

$4\times6=24$

따라서 구하는 확률은

$$\frac{24}{56}=\frac{3}{7}$$

10 지원이가 화살을 두 번 쏘아 얻은 점수의 합이 19점 이상일 경우는 (10점, 10점), (10점, 9점), (9점, 10점)의 세 가지 경우이다.

(ⅰ) (10점, 10점)인 경우의 확률은

$$\frac{1}{6}\times\frac{1}{6}=\frac{1}{36}$$

(ⅱ) (10점, 9점)인 경우의 확률은

$$\frac{1}{6}\times\frac{1}{3}=\frac{1}{18}$$

(ⅲ) (9점, 10점)인 경우의 확률은

$$\frac{1}{3}\times\frac{1}{6}=\frac{1}{18}$$

(ⅰ), (ⅱ), (ⅲ)에 의하여 구하는 확률은

$$\frac{1}{36}+\frac{1}{18}+\frac{1}{18}=\frac{5}{36}$$

11 민성, 성주의 휴가 날짜 중 겹치는 날짜가 있을 확률은 1에서 민성, 성주의 휴가 날짜가 모두 다를 확률을 뺀 것과 같다.

민성, 성주 두 사람이 8일 중에 3일을 택할 때의 경우의 수는

$$\frac{8\times7\times6}{3\times2\times1}\times\frac{8\times7\times6}{3\times2\times1}=56\times56$$

민성, 성주의 휴가 날짜가 모두 다를 경우의 수는 민성이가 8일 중 3일을 선택하고 성주가 나머지 5일 중 3일을 선택하는 경우의 수이므로

$$\frac{8\times7\times6}{3\times2\times1}\times\frac{5\times4\times3}{3\times2\times1}=56\times10$$

따라서 구하는 확률은

$$1-\frac{56\times10}{56\times56}=\frac{23}{28}$$

12 낙하표시지역 전체에 대한 A, B, C 세 지역의 비율은 다음과 같다.

A지역 : $\dfrac{\pi\times10^2}{\pi\times30^2}=\dfrac{1}{9}$

B지역 : $\dfrac{\pi\times20^2-\pi\times10^2}{\pi\times30^2}=\dfrac{1}{3}$

C지역 : $\dfrac{\pi\times30^2-\pi\times20^2}{\pi\times30^2}=\dfrac{5}{9}$

(ⅰ) 두 사람 모두 A지역으로 착지하는 확률은

$$\frac{1}{9} \times \frac{1}{9} = \frac{1}{81}$$

(ⅱ) 두 사람 모두 B지역으로 착지하는 확률은

$$\frac{1}{3} \times \frac{1}{3} = \frac{1}{9}$$

(ⅲ) 두 사람 모두 C지역으로 착지하는 확률은

$$\frac{5}{9} \times \frac{5}{9} = \frac{25}{81}$$

(ⅰ), (ⅱ), (ⅲ)에 의하여 구하는 확률은

$$\frac{1}{81} + \frac{1}{9} + \frac{25}{81} = \frac{35}{81}$$

13 8장의 카드 중에서 2장을 뽑는 모든 경우의 수는

$$\frac{8 \times 7}{2 \times 1} = 28$$

두 수의 차가 7 이상일 확률이 $\frac{3}{14}$이므로 전체 28가지의 경우 중에서 두 수의 차가 7 이상인 것이 6가지 있어야 한다.

그런데 1, 2, 3, 4, 5, 6, 7 중에서 뽑은 두 수의 차는 모두 7 미만이므로

$(1, a), (2, a), (3, a), (4, a), (5, a), (6, a), (7, a)$

중에서 두 수의 차가 7 이상인 것이 6가지 있어야 한다.

$a - 6 = 7$

$\therefore a = 13$

14 A, B, C 세 명 모두 자유투를 성공시키지 못할 확률은

$$\left(1 - \frac{4}{5}\right) \times \left(1 - \frac{2}{5}\right) \times (1 - p) = \frac{3}{25}(1 - p)$$

따라서 적어도 한 사람이 자유투를 성공시킬 확률은

$$1 - \frac{3}{25}(1 - p) = \frac{119}{125}$$

$$\frac{3}{25}(1 - p) = \frac{6}{125}$$

$$1 - p = \frac{2}{5} \qquad \therefore p = \frac{3}{5}$$

15 남학생 5명 중에서 1명의 대표를 뽑을 때 동준 또는 도형이가 대표로 뽑힐 확률은

$$\frac{1}{5} + \frac{1}{5} = \frac{2}{5}$$

여학생 6명 중에서 3명의 대표를 뽑는 경우의 수는

$$\frac{6 \times 5 \times 4}{3 \times 2 \times 1} = 20$$

이 중에서 선미가 반드시 대표로 뽑히는 경우의 수는 나머지 5명 중에서 2명의 대표를 뽑는 경우의 수와 같으므로

$$\frac{5 \times 4}{2 \times 1} = 10$$

선미가 대표로 뽑힐 확률은

$$\frac{10}{20} = \frac{1}{2}$$

따라서 구하는 확률은

$$\frac{2}{5} \times \frac{1}{2} = \frac{1}{5}$$

16 현재 A팀은 2승, B팀은 1승을 한 상태이므로 B팀이 우승하려면 A팀이 2승을 더 하기 전에 B팀이 먼저 3승을 해야 한다.

이때 B팀이 우승하는 각각의 경우의 확률은 다음과 같다.

승승승 : $\frac{1}{2} \times \frac{1}{2} \times \frac{1}{2} = \frac{1}{8}$

패승승승 : $\frac{1}{2} \times \frac{1}{2} \times \frac{1}{2} \times \frac{1}{2} = \frac{1}{16}$

승패승승 : $\frac{1}{2} \times \frac{1}{2} \times \frac{1}{2} \times \frac{1}{2} = \frac{1}{16}$

승승패승 : $\frac{1}{2} \times \frac{1}{2} \times \frac{1}{2} \times \frac{1}{2} = \frac{1}{16}$

따라서 구하는 확률은

$$\frac{1}{8} + \frac{1}{16} + \frac{1}{16} + \frac{1}{16} = \frac{5}{16}$$

Level **3**　　　　본문 106~107쪽

01 ②　　**02** ⑤　　**03** ④　　**04** ⑤　　**05** ②　　**06** ③

01 모든 경우의 수는

$6 \times 6 = 36$

소수의 눈이 나오면 그 수만큼 위로 올라가므로 $+2, +3, +5$, 그 이외의 수의 눈이 나오면 그 수만큼 아래로 내려가므로 $-1, -4, -6$으로 나타낼 수 있다.

이때 주사위를 두 번 던진 후 미선이가 처음보다 한 계단 위에 있는 경우는

$(2, -1), (5, -4), (-1, 2), (-4, 5)$

의 4가지이므로 구하는 확률은

$$\frac{4}{36}=\frac{1}{9}$$

함정 피하기

소수의 눈이 나오면 계단을 올라가므로 눈의 수 앞에 +부호를, 그 이외의 수의 눈이 나오면 계단을 내려가므로 눈의 수 앞에 -부호를 붙여 나타낸 후, 두 수의 합이 1이 되는 경우를 찾는다.

02 모든 경우의 수는

$$6\times6=36$$

연립방정식 $\begin{cases}2x+ay=3 \\ -4x-by=b\end{cases}$ 의 해가 존재하지 않으려면

$$\frac{2}{-4}=\frac{a}{-b}\neq\frac{3}{b}\text{에서}$$

$$b=2a,\ b\neq-6$$

$$\therefore (a,\ b)=(1,\ 2),\ (2,\ 4),\ (3,\ 6)$$

즉, 해가 존재하지 않을 확률은

$$\frac{3}{36}=\frac{1}{12}$$

따라서 해가 존재할 확률은

$$1-\frac{1}{12}=\frac{11}{12}$$

03 학생 20명 중에서 2명을 뽑는 경우의 수는

$$\frac{20\times19}{2\times1}=190$$

(i) 2명 모두 혈액형이 A형이 나오는 확률

A형 5명 중에서 2명을 뽑는 경우의 수는

$$\frac{5\times4}{2\times1}=10$$

따라서 구하는 확률은 $\frac{10}{190}$

(ii) 2명 모두 혈액형이 B형이 나오는 확률

B형 8명 중에서 2명을 뽑는 경우의 수는

$$\frac{8\times7}{2\times1}=28$$

따라서 구하는 확률은 $\frac{28}{190}$

(iii) 2명 모두 혈액형이 O형이 나오는 확률

O형 7명 중에서 2명을 뽑는 경우의 수는

$$\frac{7\times6}{2\times1}=21$$

따라서 구하는 확률은 $\frac{21}{190}$

(i), (ii), (iii)에 의하여 뽑은 2명의 학생의 혈액형이 모두 A형, B형, O형인 사건은 동시에 일어나지 않으므로 구하는 확률은

$$\frac{10}{190}+\frac{28}{190}+\frac{21}{190}=\frac{59}{190}$$

04 1반과 2반이 경기를 하는 경우는 다음과 같다.

(i) 2반이 1반과 준결승에서 경기를 하는 경우

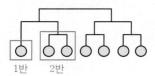

2반이 6개 반 중에서 1반을 포함한 조에 있고 1차전에서 이겨야 하므로 확률은

$$\frac{2}{6}\times\frac{1}{2}=\frac{1}{6}$$

(ii) 2반이 1반과 결승에서 경기를 하는 경우

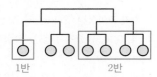

1반이 준결승에서 이기고, 2반이 6개 반 중에서 1반이 포함되지 않은 조에 있고, 1차전과 준결승에서 모두 이겨야 하므로 확률은

$$\frac{1}{2}\times\frac{4}{6}\times\frac{1}{2}\times\frac{1}{2}=\frac{1}{12}$$

(i), (ii)에 의하여 구하는 확률은

$$\frac{1}{6}+\frac{1}{12}=\frac{3}{12}=\frac{1}{4}$$

05 (i) 첫 번째 구슬을 꺼낼 때

수철이가 주머니 A에서 숫자 1이 적힌 구슬을 선택하고 지수가 주머니 B에서 그와 다른 숫자가 적힌 구슬을 선택할 확률은

$$\frac{1}{4}\times\frac{3}{4}=\frac{3}{16}$$

수철이가 주머니 A에서 숫자 2부터 4까지 적힌 구슬을 선택했을 때도 지수가 주머니 B에서 그와 다른 숫자가 적힌 구슬을 선택할 확률이 같으므로 구하는 확률은

$$\frac{3}{16}\times4=\frac{3}{4}$$

(ii) 두 번째 구슬을 꺼낼 때

수철이는 두 사람이 첫 번째 꺼낸 숫자가 적힌 구슬 2개를 제외한 나머지 2개의 구슬 중에서 한 개를 선택하고, 지수는 그

와 같은 숫자가 적힌 구슬을 선택해야 하므로 그 확률은

$$\frac{2}{3}\times\frac{1}{3}=\frac{2}{9}$$

(i), (ii)에 의하여 구하는 확률은

$$\frac{3}{4}\times\frac{2}{9}=\frac{1}{6}$$

함정 피하기

꺼낸 구슬을 다시 넣지 않으면 다음에 꺼낼 때 주머니 속의 구슬의 개수
가 달라짐에 유의한다.

06 다음 그림에서 색칠한 정사각형의 내부(경계선 포함)에 동전의
중심이 놓이면 동전이 타일 안에 완전히 놓인다.

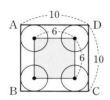

따라서 구하는 확률은

$$\frac{(\text{색칠한 부분의 넓이})}{\square ABCD}=\frac{6^2}{10^2}=\frac{9}{25}$$

+	2	4	8	6	2	4
3	5	7	1	⑨	5	7
9	1	3	7	5	1	3
7	⑨	1	5	3	⑨	1
1	3	5	⑨	7	3	5
3	5	7	1	⑨	5	7
9	1	3	7	5	1	3

따라서 2^a+3^b의 일의 자리의 숫자가 9인 경우는 5가지이므로
구하는 확률은 $\frac{5}{36}$

02 **풀이전략** 공의 총 개수와 주어진 확률을 식으로 나타낸 후 검은 공의 개
수를 구한다.

검은 공이 흰 공보다 더 많으므로 $n>3$이고 공의 총 개수는
$n+3$이다.
$(n+3)$개 중에서 2개의 공을 꺼내는 경우의 수는

$$\frac{(n+3)(n+2)}{2\times1}$$

서로 다른 색의 공이 나오는 경우의 수는 흰 공 3개 중 1개가 나
오고 검은 공 n개 중 1개가 나와야 하므로
$3n$
그 확률은

$$\frac{3n}{\dfrac{(n+3)(n+2)}{2}}=\frac{6n}{(n+3)(n+2)}=\frac{n}{7}$$

$(n+3)(n+2)=7\times6$
이때 n은 자연수이므로
$n=4$

Level 4 본문 108~109쪽

01 ② **02** 4 **03** ① **04** ④ **05** $\frac{216}{625}$ **06** ①

01 **풀이전략** a, b에 따라 2^a+3^b의 일의 자리의 숫자를 표로 나타낸 후 주어
진 확률을 구한다.

주사위를 두 번 던질 때, 일어날 수 있는 모든 경우의 수는
$6\times6=36$
$a=1, 2, \cdots, 6$일 때, 2^a의 일의 자리의 숫자는 순서대로 2, 4,
8, 6, 2, 4이다.
또, $b=1, 2, \cdots, 6$일 때, 3^b의 일의 자리의 숫자는 순서대로 3,
9, 7, 1, 3, 9이다.
2^a, 3^b의 일의 자리의 숫자의 합의 일의 자리의 숫자는 다음 표와
같다.

03 **풀이전략** 6개의 수 중에서 2개의 위치만 같게 배열하는 경우의 수를 구
한 후 주어진 확률을 구한다.

1, 2, 3, 4, 5, 6을 일렬로 배열하는 경우의 수는
$6\times5\times4\times3\times2\times1=720$
1, 2, 3, 4, 5, 6 중에서 2개만 위치가 일치하도록 배열하는 경
우는 우선 1, 2, 3, 4, 5, 6 중 2개를 뽑아 일치하도록 배열하고
나머지를 전부 다르게 배열하면 된다. 일치하는 두 개를 뽑는 경
우의 수는

$$\frac{6 \times 5}{2 \times 1} = 15$$

예를 들어 1, 3이 적힌 카드를 일치하도록 배열한 경우 나머지 카드를 전부 다르게 배열하면 다음과 같다.

즉, 나머지 카드를 전부 다르게 배열하는 경우의 수는 9이다.
따라서 2개는 일치하고 나머지 4개는 전부 다르게 배열하는 경우의 수는

$$15 \times 9 = 135$$

따라서 구하는 확률은

$$\frac{135}{720} = \frac{3}{16}$$

04 풀이전략 학년별로 조건에 맞는 좌석에 앉는 경우를 생각하여 주어진 확률을 구한다.

모든 경우의 수는
$$6 \times 5 \times 4 \times 3 \times 2 \times 1 = 720$$
(i) (11, 12), (21, 22), (13, 23)으로 앉는 경우
각 묶음을 각 학년에 배정하는 경우의 수는 $3 \times 2 \times 1 = 6$이고 그 각각에 대하여 학생 2명이 두 자리에 앉는 경우가 $2 \times 1 = 2$씩 있으므로 경우의 수는
$$6 \times 2 \times 2 \times 2 = 48$$
(ii) (11, 21), (12, 13), (22, 23)으로 앉는 경우
(i)과 같은 방법으로 경우의 수는 48
(iii) (11, 21), (12, 22), (13, 23)으로 앉는 경우
(i)과 같은 방법으로 경우의 수는 48
(i), (ii), (iii)에 의하여 구하는 확률은
$$\frac{48}{720} + \frac{48}{720} + \frac{48}{720} = \frac{144}{720} = \frac{1}{5}$$

05 풀이전략 이 질병에 완치될 확률과 완치되지 않을 확률을 이용하여 주어진 확률을 구한다.

1단계 치료 결과가 2단계 치료 결과에 영향을 주지 않고
1단계 치료와 2단계 치료에 성공할 확률이 각각 $\frac{2}{3}$, $\frac{3}{5}$이므로
완치된 것으로 판단될 확률은
$$\frac{2}{3} \times \frac{3}{5} = \frac{2}{5}$$
완치되지 않을 확률은
$$1 - \frac{2}{5} = \frac{3}{5}$$
4명 중에서 2명은 완치되고 2명은 완치가 되지 않을 확률은
$$\frac{2}{5} \times \frac{2}{5} \times \frac{3}{5} \times \frac{3}{5} = \frac{36}{625}$$
4명의 환자 중 2명의 환자가 완치된 것으로 판단되므로 4명 중 2명을 선택하는 경우의 수는
$$\frac{4 \times 3}{2 \times 1} = 6$$
따라서 구하는 확률은
$$6 \times \frac{36}{625} = \frac{216}{625}$$

06 풀이전략 5세트까지 가는 경우를 생각하고 각각의 경우의 확률을 구하여 주어진 확률을 구한다.

A팀이 5번째 세트에서 이기려면 4번째 세트까지 2경기는 이기고 2경기는 져야 된다.
4번의 세트까지 각각의 확률은
$$\frac{1}{3} \times \frac{1}{3} \times \frac{2}{3} \times \frac{2}{3} = \frac{4}{81}$$
이고 5번째 세트는 A팀이 이겨야 하므로
$$\frac{4}{81} \times \frac{1}{3} = \frac{4}{243}$$
또한, 한 세트마다 A팀이 이길 때 ○, 질 때 ×라 하면 4세트까지 경기 결과는 다음과 같이 6가지 경우가 있다.

1세트	2세트	3세트	4세트
○	○	×	×
○	×	○	×
○	×	×	○
×	○	○	×
×	○	×	○
×	×	○	○

따라서 구하는 확률은
$$\frac{4}{243} \times 6 = \frac{24}{243} = \frac{8}{81}$$

01 ④   **02** ④   **03** ②   **04** ⑤   **05** ⑤   **06** ⑤   **07** ②

08 ③   **09** ③

---

01 0, 1, 2, 3, 4, 5에서 서로 다른 4개를 택했을 때, 그 합이 3의 배수가 되는 경우는 0을 포함하는 경우와 0을 포함하지 않는 경우로 나눌 수 있다.

(i) 0을 포함하는 경우는 $(0, 1, 2, 3)$, $(0, 1, 3, 5)$, $(0, 2, 3, 4)$, $(0, 3, 4, 5)$의 4가지이므로 만들 수 있는 네 자리의 자연수의 개수는
$$4 \times 3 \times 3 \times 2 \times 1 = 72$$

(ii) 0을 포함하지 않는 경우는 $(1, 2, 4, 5)$의 1가지이므로 만들 수 있는 네 자리의 자연수의 개수는
$$4 \times 3 \times 2 \times 1 = 24$$

(i), (ii)에 의하여 구하는 자연수의 개수는
$$72 + 24 = 96$$

> **함정 피하기**
> 3의 배수는 각 자리의 숫자의 합이 3의 배수가 됨을 알고 주어진 경우의 수를 구한다.

02 1부터 999까지의 자연수를 001, 002, 003, …, 999와 같이 표현하여 생각하면 '3·6·9 게임'에서 말해야 하는 수는 각 자리의 숫자가 0, 1, 2, 4, 5, 7, 8 중 하나로 되어 있는 세 자리의 수이다. 이때 각 자리의 숫자가 모두 0인 경우, 즉 000은 말해야 하는 수에서 제외되므로 '3·6·9 게임'에서 말해야 하는 수의 개수는
$$7 \times 7 \times 7 - 1 = 342$$

따라서 '3·6·9 게임'에서 1부터 999까지의 자연수 중 말하지 않아야 하는 수의 개수는
$$999 - 342 = 657$$

03 각 가로줄에 있는 세 수의 합이 서로 같으려면 세 수의 합이
$$\frac{1}{2} \times (1+2+4+6+8+9) = 15$$가 되어야 한다.

즉, $(1, 6, 8)$과 $(2, 4, 9)$로 나누어 이들을 하나의 가로줄에 써 넣어야 한다.

$(1, 6, 8)$을 일렬로 나열하는 경우의 수는
$$3 \times 2 \times 1 = 6$$

$(2, 4, 9)$를 일렬로 나열하는 경우의 수는

$$3 \times 2 \times 1 = 6$$

이때 윗줄과 아랫줄을 바꾸는 경우의 수는 2이므로 구하는 경우의 수는
$$2 \times (6 \times 6) = 72$$

04 (i) 각 조의 경기 수는 4개 팀 중에서 자격이 같은 2개 팀을 뽑는 경우의 수와 같으므로
$$\frac{4 \times 3}{2 \times 1} = 6$$

따라서 8개 조에서 각각 6경기씩 치르므로 리그전의 경기 수는
$$8 \times 6 = 48$$

(ii) 16개 팀이 16강에 진출하여 승자 진출전을 하면 다음 그림과 같다.

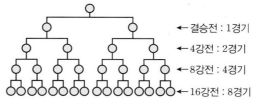

← 결승전 : 1경기
← 4강전 : 2경기
← 8강전 : 4경기
← 16강전 : 8경기

승자 진출전의 경기 수는
$$8 + 4 + 2 + 1 = 15$$

따라서 이 축구 대회의 본선 경기의 전체 경기 수는 리그전과 승자 진출전 경기 수의 합에 3, 4위전을 하는 1경기를 더한 것과 같으므로
$$48 + 15 + 1 = 64$$

> **실수하기 쉬운 부분 짚어보기**
> 리그전과 승자 진출전의 의미를 이해하고 각각을 나누어 경우의 수를 구한다.

05 생산된 총 부품 $(200+n)$개 중에서 불량품의 총 개수는
$10+5=15$(개)이고, 전체 불량품이 나올 확률이 $\frac{1}{20}$이므로
$$\frac{15}{200+n} = \frac{1}{20}, \ 200+n=300$$
$$\therefore n = 100$$

06 9개의 공 중에서 2개를 뽑아 만들 수 있는 모든 순서쌍 (a, b)의 수는
$$9 \times 8 = 72$$

$\frac{b}{a}$, $\frac{a}{b}$ 중 어느 하나가 정수인 순서쌍 (a, b)는

$(1, 2), (1, 3), (1, 4), (1, 5), (1, 6), (1, 7), (1, 8),$
$(1, 9), (2, 1), (3, 1), (4, 1), (5, 1), (6, 1), (7, 1),$
$(8, 1), (9, 1), (2, 4), (2, 6), (2, 8), (3, 6), (3, 9),$
$(4, 8), (4, 2), (6, 2), (8, 2), (6, 3), (9, 3), (8, 4)$
의 28가지

$\dfrac{b}{a}$, $\dfrac{a}{b}$ 중 어느 하나가 정수일 확률은

$\dfrac{28}{72} = \dfrac{7}{18}$

따라서 $\dfrac{b}{a}$, $\dfrac{a}{b}$ 모두 정수가 아닐 확률은

$1 - \dfrac{7}{18} = \dfrac{11}{18}$

07 4명의 학생이 우산을 임의로 집어 들 때, 일어날 수 있는 모든 경우의 수는

$4 \times 3 \times 2 \times 1 = 24$

4명의 학생을 A, B, C, D라 하고 각각의 학생의 우산을 a, b, c, d라 하면 4명의 학생이 모두 다른 학생의 우산을 집는 경우는 다음과 같이 9가지이다.

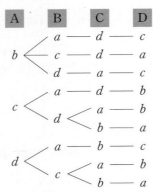

모두 다른 학생의 우산을 집을 확률은

$\dfrac{9}{24} = \dfrac{3}{8}$

따라서 적어도 한 명은 자신의 우산을 집을 확률은

$1 - \dfrac{3}{8} = \dfrac{5}{8}$

08 5명이 일렬로 앉는 모든 경우의 수는

$5 \times 4 \times 3 \times 2 \times 1 = 120$

부모 사이에 앉힐 1명을 선택하는 경우의 수는 3, 이 세 사람을 하나로 생각하여 3명을 일렬로 앉히는 경우의 수는

$3 \times (3 \times 2 \times 1) = 18$

이때 부모가 서로 자리를 바꾸는 경우의 수가 2이므로

$18 \times 2 = 36$

따라서 구하는 확률은

$\dfrac{36}{120} = \dfrac{3}{10}$

09 화살을 3번 쏘아 맞힌 부분의 숫자의 합이 4가 되는 경우를 순서쌍으로 나타내면 다음과 같다.

(ⅰ) $(0, 2, 2)$가 될 확률은

$\dfrac{1}{6} \times \dfrac{1}{3} \times \dfrac{1}{3} = \dfrac{1}{54}$

이와 같은 경우가 $(2, 0, 2)$, $(2, 2, 0)$이 있으므로 구하는 확률은

$\dfrac{3}{54} = \dfrac{1}{18}$

(ⅱ) $(1, 1, 2)$가 될 확률은

$\dfrac{1}{2} \times \dfrac{1}{2} \times \dfrac{1}{3} = \dfrac{1}{12}$

이와 같은 경우가 $(1, 2, 1)$, $(2, 1, 1)$이 있으므로 구하는 확률은

$\dfrac{3}{12} = \dfrac{1}{4}$

(ⅰ), (ⅱ)에 의하여 구하는 확률은

$\dfrac{1}{18} + \dfrac{1}{4} = \dfrac{2}{36} + \dfrac{9}{36} = \dfrac{11}{36}$

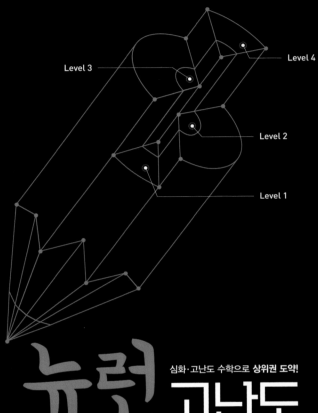

뉴런 고난도

심화·고난도 수학으로 **상위권 도약!**

수학 2(하)

정답과 풀이

중학 공부는
이 책 한권으로
완성!

전체 단원 100%
무료강의 제공!

교과서가 달라도
공부의 기본은 뉴런!

무료강의가 있으니까
혼자 공부해도 충분!

세상에 없던 새로운 공부법
EBS 중학 뉴런

국어 3 | 영어 3 | 수학 3(상) | 과학 3 | 사회 ② | 역사 ②

중학도 EBS!

EBS중학의 무료강좌와 프리미엄강좌로 완벽 내신대비!

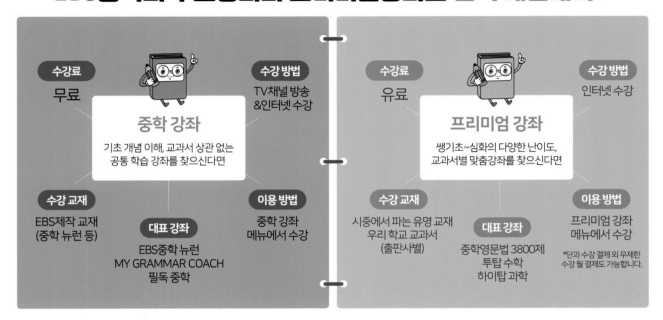

중학 강좌
기초 개념 이해, 교과서 상관 없는
공통 학습 강좌를 찾으신다면

- 수강료: 무료
- 수강 방법: TV채널 방송 &인터넷 수강
- 수강 교재: EBS제작 교재 (중학 뉴런 등)
- 대표 강좌: EBS중학 뉴런 MY GRAMMAR COACH 필독 중학
- 이용 방법: 중학 강좌 메뉴에서 수강

프리미엄 강좌
쌩기초~심화의 다양한 난이도,
교과서별 맞춤강좌를 찾으신다면

- 수강료: 유료
- 수강 방법: 인터넷 수강
- 수강 교재: 시중에서 파는 유명 교재 우리 학교 교과서 (출판사별)
- 대표 강좌: 중학영문법 3800제 투탑 수학 하이탑 과학
- 이용 방법: 프리미엄 강좌 메뉴에서 수강
  *단과 수강 결제 외 무제한 수강 월 결제도 가능합니다.

프리패스 하나면 EBS중학프리미엄 전 강좌 무제한 수강

내신 대비 진도 강좌

- ☑ 국어/영어: 출판사별 국어7종/ 영어9종 우리학교 교과서 맞춤강좌
- ☑ 수학/과학: 시중 유명 교재 강좌 모든 출판사 내신 공통 강좌
- ☑ 사회/역사: 개념 및 핵심 강좌 자유학기제 대비 강좌

영어 수학 수준별 강좌

- ☑ 영어: 영역별 다양한 레벨의 강좌 문법 5종/독해 1종/듣기 1종 어휘 3종/회화 3종/쓰기 1종
- ☑ 수학: 실력에 딱 맞춘 수준별 강좌 기초개념 3종/ 문제적용 4종 유형훈련 3종/ 최고심화 3종

시험 대비 / 예비 강좌

- · 중간, 기말고사 대비 특강
- · 서술형 대비 특강
- · 수행평가 대비 특강
- · 반배치 고사 대비 강좌
- · 예비 중1 선행 강좌
- · 예비 고1 선행 강좌

왜 EBS중학프리미엄 프리패스를 선택해야 할까요?

현직 교사들이
직접 참여하는 강의

타사 대비 60% 수준의
합리적 수강료

프리패스 회원만을
위한 특별한 혜택

자세한 내용은 EBS중학 > 프리미엄 강좌 > 무한수강 프리패스(http://mid.ebs.co.kr/premium/middle/index) 에서 확인할 수 있습니다.

*사정상 개설강좌, 가격정책은 변경될 수 있습니다.